教育部人文社科项目"基于ISCP范式的中国体彩业竞争环境评估与
法律规制改进研究"（18YJC890055）成果

公共规制视域下的
体彩监管法治与
新型体育事业发展

杨成　著

WUHAN UNIVERSITY PRESS
武汉大学出版社

图书在版编目(CIP)数据

公共规制视域下的体彩监管法治与新型体育事业发展/杨成
著.—武汉：武汉大学出版社,2024.2(2025.2重印)
　　ISBN 978-7-307-24028-5

　　Ⅰ.公…　Ⅱ.杨…　Ⅲ.体育—彩票—产业发展—研究—中国
Ⅳ.F726.952

　　中国国家版本馆 CIP 数据核字(2023)第 187902 号

责任编辑:胡　荣　　责任校对:汪欣怡　　版式设计:马　佳

出版发行：**武汉大学出版社**　　(430072　武昌　珞珈山)
　　　　　(电子邮箱：cbs22@whu.edu.cn　网址：www.wdp.com.cn)
印刷:湖北云景数字印刷有限公司
开本:720×1000　1/16　印张:15.5　字数:252 千字　插页:1
版次:2024 年 2 月第 1 版　　2025 年 2 月第 2 次印刷
ISBN 978-7-307-24028-5　　定价:69.00 元

目　　录

导　论

追根溯源，博彩业的合法化进程滥觞于 18 世纪的欧洲。西欧诸国认识到彩票对政府税收的增益效能而渐趋承认博彩的合法性，使其在国家公益事业、民生基建工程和贫困阶层援助等方面发挥重要作用。在中国视域下，彩票作为舶来品于晚清时期传入中国，被称为"洋赌"，又与麻将并列入"国赌"文化范畴。彼时，因清政府国家能力式微，无力对彩票博赌进行有效的法律监管，彩票业整体上处于泛滥状态，中国彩票业肇始之初确立了吕宋票、江南票等为表征的博文样态。20 世纪初期，上海、天津、广州等沿海开放程度较高的城市开始举行西式赛马活动，加之博彩文化的影响，构成中国体育彩票的早期形态。中华人民共和国成立初期，体育彩票曾作为资本主义文化的象征而受到禁止。直至 20 世纪 80 年代，随着中国体育事业的蓬勃发展，大型体育赛事的资金来源成为重要难题。在此背景下，国家开始批准发行亚运会体育基金奖券、亚运会基金奖券等形式的体彩。进而，为规范体育彩票运营市场，1994 年 3 月，国务院办公厅发布《关于体育彩票等问题的复函》(国办函[1994]30 号)中，同意天津等部分省(市)发行体育彩票；同年 4 月，经中央机构编制委员会批准，国家体委成立体育彩票中心，正式拉开中国体育彩票业发展的序幕。同时，国家体委发布《关于做好年度体育彩票销售工作的通知》和《体育彩票发行管理办法》，1998 年国家体育总局发布《体育彩票公益金管理暂行办法》，以及《体育彩票奥运年推广活动策划案》《体育彩票"十二五"规划》等文件。截至 2020 年 12 月 31 日，我国体育彩票销售额累计达到 21566.11 亿元，筹集体育彩票公益金 5654.38 亿元，为我国体育事业和其他社会事业发展提供了大量资金支持和保障。① 目前，体育彩票已由部门彩票上

---

① 廖倩雯：《新发展格局下数字经济驱动体育产业高质量发展研究》，载《吉林体育学院学报》2022 年第 4 期。

升为国家公益彩票。2021 年 10 月，国家体育总局《关于印发〈"十四五"体育发展规划〉的通知》(体发[2021]2 号)指出，坚持国家公益彩票定位，加强体育彩票管理，完善体育彩票风险防控长效机制；加强战略管理、运营管理、创新引领、人才保障，提高体育彩票发行销售的整体效能，推动体育彩票业安全健康持续发展。现如今，体育彩票已成为增加政府财政收入、促进地区经济增长和拉动消费需求的重要手段工具，也是全面落实全民健身工程计划和健康中国战略不可或缺的重要组成部分。在此意义上，体育彩票监管法治也被提升至一个新的高度，急需理论界予以回应。

同时，随着新一轮科技革命和产业变革叠速推进，当前经济社会发展已经步入数字经济时代。数字经济对于传统产业"优化升级生产、分配、流通、消费体系"，使各个环节有机关联、有序循环，推动高质量、高效益发展，真正做到"地尽其利、物尽其用"具有重要的价值和作用。根据《中国数字经济发展白皮书(2021)》，2019 年我国数字经济增加值达到 39.2 万亿元，占 GDP 比重攀升至 38.6%，数字经济对经济增长的贡献率达到 68.2%。[①] 其中产业数字化规模达到 31.7 万亿元，占 GDP 比重 31.2%，成为数字经济发展的强大引擎。体育产业作为幸福产业和民生产业，是国民经济新的增长点，在满足人民日益增长的美好生活需要方面发挥着不可替代的作用。2019 年颁布的《体育强国建设纲要》指出"要打造现代产业体系。加快推动互联网、大数据、人工智能与体育实体经济深度融合，创新生产方式、服务方式和商业模式，促进体育制造业转型升级、体育服务业提质增效"。数字经济是推动体育产业高质量发展的重要动力，体育产业的数字化也是新发展格局下优化我国经济产业结构、提升产业发展质量和水平的重要途径。数字经济时代，体育事业的数字化转型成为时代发展的必然趋势，同时电子竞技等新型体育事业亦层出不穷。上述诸端，皆需要公共规制法治予以回应。

无论是体育彩票监管法律制度，还是新型体育事业的实践发展，皆需将之置于广义的公共规制的范畴。基于此，本书对公共规制视域下的体彩监管法治与新型体育事业发展的研究设置为三编内容，共计十章。第一编涵盖三章，探讨公共

---

① 中国信息通信研究院：《中国数字经济发展白皮书：2021 年》，http：//www.caict.ac.cn/kxyj/qwfb/bps/202104/t20210423_374626.htm，访问日期：2022 年 10 月 5 日。

规制法治的一般理论；第二编涵摄四章，在法制度层面探讨我国体育彩票监管的规制法治问题；第三编包括三章，在实践层面探讨我国新型体育事业发展的规制实践问题。此外，本书还设置了附则部分，收录了《中华人民共和国体育法》《彩票管理条例》《彩票管理条例实施细则》《互联网销售彩票管理暂行办法》《体彩公益金管理暂行办法》五部现行有效的体育事业相关法律法规。详言之：

第一章："公共规制的概念界定与正当性边界"。公共规制是市场经济法治条件下国家干预方式和手段的称谓。本章主要采用文献分析的方法探究"管制"与"规制"的基本概念，以及国家实施公共规制的正当性边界。研究发现，无论是国家基于维护公共利益、弥补市场失灵的目的对市场经济的正当限制，还是不正当的国家限制竞争，本质上都是一种国家干预经济的行为。在学术研究中，这类国家干预行为经常被冠以"管制"一词，有时也称之为"规制"，二者基本属于同义替代。其目的在于治理市场失灵，本质上是一种国家干预方式。作为国家干预市场的行为，规制应当有其正当性边界。市场失灵构成规制的最基本理据，针对竞争机制的缺位性，要着重发挥经济性管制"替代竞争"的作用，即以管制的形式弥补竞争机制的缺位，发挥出类似竞争机制的效果。针对竞争机制的无效性，则要着重发挥社会性管制促进公共利益的作用。不正当管制主要表现为如下两种状态：一是违背替代竞争价值的经济性管制，二是违背公共利益价值的社会性管制。不正当性规制产生的原因则在于，公权力天然的"自我膨胀"属性使其很难满足于仅在市场失灵范围内施加管制措施，从而无时无刻不处于扩张的冲动过程中，同时政府干预行为对市场发挥出的改善效应具有或然性，且管制主体并非天然地以公共利益为目的，而是存在私益性的追求。

第二章："放松规制与防治规制机制"。本章主要通过文献分析和比较分析相结合的研究方法观察世界主要国家的放松规制运动与预防式规制机制，并在此基础上展望中国未来的放松管制运动。研究表明，管制型政府于第二次世界大战后的实践在 20 世纪 70 年代时已处于积重难返的情境，加之彼时经济学理论的若干成果又迎合了质疑管制的思维，最终促成了管制实践的一次革命，即放松管制运动。放松管制运动从欧美国家 20 世纪 70 年代末开始，一直持续到 21 世纪初，并在这过程中陆续将这一态势影响到亚洲、拉丁美洲等多数遵循市场经济体制的国家。放松管制运动本质上是在整体经济体制中降低不正当管制的存量，进而拓展市场在资源配置中所发挥作用的广度和深度的过程，更是国家自上而下系统开展的对国家限制竞争行为的体制性因素进行系统清理的改革运动。整体而言，放松管制运动的基本过程可以简练地概括为分权化策略、绩效化策略、组合优化策略和法治化策略四个方面。在中国视域下，放松管制运动属于社会主义市场经济体制建设的应有之义，应当在未来进一步深化改革的时期打破思维阻力，以ECOS 和 PPP 改革打下的良好基础为契机，开展一场真正意义上的中国版本的放松管制运动，实现准入管制的谦抑化和行为管制的再塑造，系统地改革我国纵横交错式的刚性管制结构，改变国家限制竞争发生的体制性基础，为平衡式规制机制的建立提供最良好的时机。

第三章："公共规制的成本收益评估与竞争评估"。本章主要通过文献分析和比较分析相结合的研究方法探讨公共规制影响评估的一般制度以及我国公共规制影响评估体系的构建问题。经研究表明，管制影响评估是伴随 20 世纪 70 年代西方国家放松管制运动陆续完善的一个制度体系，主要是放松管制运动中绩效化策略的体现。从历史来看，该制度最早源于财政与货币层面的管制影响评估，历经全面成本收益分析工具的引入而渐趋成熟，并最终演化出当前的"竞争评估"制度体系。管制影响评估在宪法实施层面可以节制公权力的资源与规模，在行政法制层面能够强化比例原则的可操作性，在反垄断层面可以创新国家限制竞争的规制模式。规制影响评估在我国规范性文件中已经萌芽，具备制度建构的可能性。我国未来管制影响评估制度的构建既要注意基于事前自我控制机制的管制一般影响评估，也要注意基于事前外部约束机制的管制竞争专门评估与倡导。具言之，一方面，可以考虑在国务院下设一个职能独立的办公室，全面引入成本收益分析工具，具体制度的实施应"抓大放小"，重点就那些可能对社会经济产生重大影响或额外成本的管制予以审核，从而促进制度实施的效率性。另一方面，需要在一般影响评估的基础上施加竞争专门评估与后续的竞争倡导，有针对性地完善我国当前的公平竞争审查制度。

第四章："我国体彩业竞争环境的缺陷评析与规制改进"。本章依照产业组织的 ISCP 分析范式依次对中国体彩业的法律制度、市场结构、市场行为和市场绩效四要素进行分析。经研究表明，中国体彩业竞争环境存在如下四个缺陷：角色不清晰的市场规制法律制度、双寡头垄断经营状态、消费者权利受损的不当经营行为、从公众向部门的福利转移。当中，制度要素构成了目前体彩业竞争环境不佳的核心要素，它既是造成结构、行为和绩效若干负面表现的直接原因，又是推动结构、行为和绩效三要素之间陷入恶性循环的根本原因。因此，市场规制法律制度的不佳是体彩业出现竞争乱象的根本症结：作为规制者的财政部无法真正落实其监管职责；而作为经营者的体彩管理中心又政企合一，诱发了道德风险。未来应当同时对体彩业的规制者和经营者作出制度改进：在规制者层面，要在对我国"政企一体式""委员会式""行业主管式"三种市场规制结构比较分析的基础上，采纳最适合体彩业的"行业主管式"规制结构，在财政部下设一个专司彩票监管的"彩票监督管理局"，统一负责彩票的全程规制。在经营者层面，要在参照我国铁路业市场规制法律制度改革有效经验的基础上，仿照中国铁路总公司的经营模式，依照《全民所有制工业企业法》成立"中国体育彩票总公司"，取代目前体彩管理中心的体彩经营职能。

　　第五章："我国体彩业职能重合行为的公共规制"。职能重合行为，是俄罗斯《保护竞争法》所规定的一类行政垄断行为，它是指公权力机关的管理性职能与经营主体的经营性职能相重合，相关主体既负责特定产业的生产、销售活动，又承担对该产业的行政监管，集"运动员"与"裁判员"于一身。本章主要通过文献分析和比较分析相结合的研究方法，探究中国体彩业存在的职能重合行为的表现与危害，中俄两国职能重合行为的反垄断法规制的比较与启示，以及我国体彩职能重合行为法律规制路径的建构问题。经研究表明，中国体彩业的现行经营体制，符合职能重合行为的外在表现，财政部门的体彩监管职权被虚化，体彩管理中心自我经营、自我控制，呈现出政企合一的特征。体彩业的职能重合行为，是造成中国诸多体彩乱象的根本性原因所在。与俄罗斯经验相比，我国《反垄断法》一方面未对职能重合行为做出明确规定；另一方面，又在反行政垄断执法体制上存在缺陷，导致中国体彩业的职能重合行为长期无法得到有效治理。未来我国要建立起一个"内外兼治"的法律规制框架，在外部干预机制上，要修改我国《反垄断法》的相关规定，为职能重合行为确立法律规制依据，并修正反垄断执法体制，提高行政垄断行为的执法效果；在内部改革机制上，要改革中国体彩经营的政企合一特征，实现体彩业经营者与监管者身份的分离。

　　第六章："我国互联网体彩销售监管的公共规制"。互联网体育彩票销售是提高体彩销售量、提振体彩业二次发展的有效手段。本章主要通过文献分析和规范分析相结合的方法,探究我国互联网体育彩票销售监管的法制演进路径、监管的缺陷与根源,以及法制改进对策。经研究表明,我国互联网体育彩票销售监管的法制演进路径可分为"试水"期和"高压"期两个阶段。当前,我国互联网体彩监管制度已经进入了一个不断放宽和收紧的"循环往复"怪圈,这违背了信赖利益保护原则,损害了法律制度的稳定性与可预期性,也背离了"互联网+"的社会经济发展趋势,阻滞了体彩业发展效率。出现这种困境的症结在于:一方面,我国体彩业本身的经营体制存在职能重合现象,这使其难以开展有效监管;另一方面,互联网商业模式存在效率和风险的双重放大功能,这提高了体彩销售的监管难度。未来我国互联网体彩销售监管制度应当向激励与管制并重的角度予以法制改进:首先,应当促成我国体彩业经营体制的改革,逐渐消除职能重合现象,确保有效监管;其次,应当在构建防范成瘾性消费机制的基础上,有序放开互联网体彩销售活动,促进互联网体彩销售的规范化运营和发展。

第七章:"我国体彩公益金制度的规制改进"。随着体育彩票公益金规模日渐增长,如何有效使用和管理公益金也成为社会各界关注的重大课题。本章采纳文献分析、实证研究与规范分析相结合的方法,阐释体彩公益金制度的基础理论和政策依据,考察我国体彩公益金制度的实践现状与困境,并提出规制改进建议。体彩公益金是由有关部门审核通过的,按照法定比例从体育彩票发行和销售收入中提取的专项用于我国体育事业发展的公共资金。公共产品理论和绩效管理理论可作为体彩公益金制度的理路基础。虽然我国从中央到地方制定了一系列的法规政策,但我国体彩公益金的规制实践仍然存在使用效率较低、"公益服务"理念宣传缺失、监督管理体制机制阙如和未能有效支持地方特色性体育活动等普遍性问题。应当提高体彩公益金使用效率,扩大受益群众范围;加大体彩公益金宣传力度,突出"公益服务"理念,应当拓宽宣传渠道和方式,夯实群众认知基础;健全体彩公益金监管机制,健全体彩公益金动态监管体系和绩效管理体系,强化监督管理能力;开展地方特色型体育活动,尤其是全民健身活动,提升群众认同感;完善体彩公益金管理体制机制,健全体彩公益金管理法律法规,强化对体彩公益金的预算编制管理工作,构建体彩公益金项目管理体系。

第八章:"我国赛马业的发展现状及规制实践改进"。本章主要采用文献资料、实地调研等研究方法，对湖北省武汉市商业赛马体育赛事发展中的风险进行研究，并结合赛马运动和赛马博彩的自身特点，讨论商业赛马风险体系构建的必要性，找出商业赛马体育赛事可能引发的风险，并针对这些风险进行评估、管理和控制，为商业赛马的风险管理体系的构建找到有效途径。经研究发现，商业赛马的风险控制是商业赛马得以发展的重要理论基础，是证明商业赛马在武汉发展可行性的重要体现。商业赛马存在法律政策、管理体制、经济、赛制、舆论以及社会道德与社会文化等方面的风险。为此，应当构建商业赛马赛事风险管理体系，提高风险管理意识，构建全面风险管理组织框架，优化组合各种技术方法，建立全面风险识别技术，构建商业赛马风险指标体系，定性、定量排列风险因子，强化风险意识，提高赛事风险评估水平，通过商业赛马管理内部控制系统与风险管理体系的结合提高决策层风险防范能力，建立透明、全面的风险沟通机制和风险管理后评价机制及风险管理持续改进机制。

第九章："我国电子竞技产业的发展现状及规制实践改进"。电子竞技是近年来在中国发展迅速的一项新兴体育形式，同时又是一项显露出重大经济效益的文化产业。本章主要通过文献分析和规范分析相结合的方法，探究电子竞技的法律性质、规制逻辑，并提出我国电子竞技规制实践的改进建议。经研究表明，电子竞技的法律性质具有两面性：它对未成年人具有诱发"成瘾性消费"的效果，有必要进行限制；但在体育法视野下，电子竞技又是一项应当受到鼓励的新兴竞技体育运动。我国对电子竞技的定位经历了从电子游戏向体育项目的转变，这使其法律规制逻辑从限制向激励演进，在促进电子竞技产业发展的同时，也出现了无法有效抑制成瘾性消费的缺陷。未来应当构建一个能有效平衡"限制"与"激励"两大举措的平衡式法律规制体系：在限制性措施方面，应当通过"运营平台-监护人"双层监管结构的形式，构建一个致力于未成年人保护的防沉迷体系；在激励性措施方面，应当构建白名单制度，将优质电子竞技项目纳入名录，施加相应的产业促进体系，并根据其发展状况适时对名录内容进行调整。

第十章："数字经济与体育产业融合发展的实践现状及规制改进"。体育产业数字化转型是数字经济时代的体育产业发展的必然路径选择，研究数字经济与体育产业的融合发展及其规制具有重要现实意义。本章采纳文献分析、实证研究与案例分析相结合的方法，在分析数字经济与体育产业发展态势的基础上，探寻数字经济与体育产业融合发展的动力、理论基础、应用实践、现实困境与改进路径等。经研究表明，产业政策的驱动力、市场需求的拉动力和企业竞争的推动力构成体育产业数字化转型的外在动力，而即降低体育产业的运行成本，深化体育产业分工与生产协同和网络外部性对体育产业高效发展的助力，构成体育产业数字化转型的内在动力。供需关系理论、产业融合理论、长尾效应理论和创新发展理论是推动数字经济与体育产业融合发展的重要理论基础。数字经济与体育产业的融合主要表现为竞赛表演业的数字化转型、体育中介服务业的数字化转型和体育制造业的数字化转型三个方面。以 vSports 体育价值链和中国移动咪咕公司直播 CBA 赛事是 5G、区块链等新型数字技术向体育产业渗透融合的典型应用场景。当前，我国数字经济与体育产业融合发展尚存在体育产业数字化转型的监管体系不健全、相关法律法规滞后、体育产业领域"数字鸿沟"与"数据孤岛"林立、体育企业数字化转型成本高且周期长、体育产业领域的数字化人才短缺与结构性失业风险并存等现实困境。为此，应当推进体育企业商业模式、体育产品、营销和管理的深度数字化转型，促进数字经济与体育制造业、服务业、培训业等体育产业深度融合，构建多元协同的体育产业治理模式，提升体育数字平台的治理能力，大力培养和引进体育产业领域的数字化人才，优化体育产业数字化治理的手段和方式。

　　本书是一部合作作品，在杨成教授的主导下，经由多位高校教师、博士的共同参与编写而完成。其中前八章主要由杨成、段宏磊、夏博负责，第八章至第十章主要由沈克印、潘玮、顾雨朦、沈斌等负责内容的资料整理及撰写工作等。在编写本书的过程中也参考引用了相关专家和学者的著作及其他资料，同时也得到了一些专家学者对本著作的悉心指导和帮助并提出了宝贵的建议，在此谨作说明和致以衷心的感谢。

　　由于撰写仓促，本人水平和能力有限，书中难免出现疏漏与不足，在此恳请各位专家、教授、同行以及读者提出宝贵的建议和意见，以帮助我们在今后的修订中能不断提高和完善。

理 论 编

公共规制法治的一般理论研究

第一章 公共规制的概念界定与正当性边界

第一节 规制的概念界定

一、规制的文献综述

无论是国家基于维护公共利益、弥补市场失灵的目的对市场经济的正当限制，还是不正当的国家限制竞争，本质上都是一种国家干预经济的行为。在学术研究中，这类国家干预行为经常被冠以"管制"一词。与其他学术名词不同，对管制进行概念内涵的精准界定是一项辛苦的工作，原因有二：其一，这一概念的适用具有严重的泛化倾向。它并不是一个绝对的政治学、法学、管理学或经济学词语，而是构成了各领域社会科学所共同探讨的话题，不同研究领域的学者在不同层面上对管制的概念内涵予以理解和使用，由此产生的文献资料蔚为大观。从该词语的使用历史来看，作为经济政策层面的管制始于19世纪中叶，而系统的管制理论则直到20世纪六七十年代才成型，通常以美国经济学家卡恩1970年出版的《管制经济学》（*The Economics of Regulation*）作为标志，随后则从经济学扩展至政治学、法学、管理学等领域，管制学说由此成为一个重要的跨学科研究领域和平台。① 其二，这一概念的使用也表现出语境极不统一的现状。除了"管制"一词以外，中国学者使用的类似词汇还包括"监管""管理""规制"，甚至在一些不

---

① 文学国主编：《政府规制：理论、政策与案例》，中国社会科学出版社2012年版，序言。

严谨的非学术著作中使用的"治理""管控"等词也具有与管制相类似的内涵。但从语源来看,这些词汇均源于英文中的 regulation,只不过翻译使用的语境有所不同而已。①

基于上述考虑,本章统一使用"管制"一词指代 regulation。在本章的不同语境中,除了"管制"一词外,还会使用"规制"一词,但后者在本章中只是作为一般语义进行使用,有运用法律制度进行执行、规范和调整的含义,并不直接表达 regulation 的学术性内涵,如本书提及的"国家限制竞争的法律规制",其中的"规制"即只是作为法学研究中的常用语境进行使用,与 regulation 的规范化含义无直接关系。

整体来看,对管制的研究通常脱离不了"市场失灵下的国家干预"这一范式,即认为国家为了克服市场失灵,以管制的形式对市场经济进行干预。比如,有学者认为管制是由行政机构制定并执行的直接干预市场配置机制或间接改变企业和消费者的供需决策的一般规则或特殊行为,② 正是由于管制的这一内涵和功能,对市场失灵的治理显然构成了评价相应管制效果的重要标准。③ 再如,有学者认为,我们的世界并非存在于一个如教科书所构建的完全竞争式的市场,而是处处存在市场失灵,此时就需要以政府管制的形式来予以处理。④ 管制学者 Anthony I. Ogus 则将现代工业化社会划分为市场体系(market system)与社群体系(collectivist system)两个部分,并认为维持前者正常运作的主要支撑工具是私法,

---

① 将 regulation 译为"管制"的代表性译著可参见[美]丹尼尔·F. 史普博著:《管制与市场》,余晖、何帆、钱家骏等译,格致出版社、上海三联书店、上海人民出版社 2008 年版,或[美]W. 基普·维斯库斯、小约瑟夫·E. 哈林顿、约翰·M. 弗农著:《反垄断与管制经济学(第四版)》,陈甬军、覃福晓等译,中国人民大学出版社 2010 年版。将 regulation 译为"监管"的代表性译著可参见[美]理查德·吉尔伯特:《产业监管的范式及其政治经济学》,载《比较》第 13 辑,中信出版社 2004 年版。而"规制"一词则是在日本学者翻译 regulation 的基础上直接转译的结果,参见[日]植草益著:《微观规制经济学》,朱绍文译,中国发展出版社 1992 年版,后记。

② [美]丹尼尔·F. 史普博著:《管制与市场》,余晖、何帆、钱家骏等译,格致出版社、上海三联书店、上海人民出版社 2008 年版,第 45 页。

③ [美]丹尼尔·F. 史普博著:《管制与市场》,余晖、何帆、钱家骏等译,格致出版社、上海三联书店、上海人民出版社 2008 年版,第 10~11 页。

④ [美]W. 基普·维斯库斯、小约瑟夫·E. 哈林顿、约翰·M. 弗农著:《反垄断与管制经济学(第四版)》,陈甬军、覃福晓等译,中国人民大学出版社 2010 年版,第 2~3 页。

而在后者的领域当中，则发生了市场失灵，为了满足集体和公众利益，必须诉诸管制。① 国内学者对管制的研究遵循了类似的范式，如认为管制是政府针对微观经济层面上的部分市场失灵而制定的公共政策和行政法律制度，它是行政机构通过法律授权的形式，制定并执行的直接干预市场配置机制或间接改变企业和消费者供需决策的一般规则或特殊行为。② 更有学者一针见血地指出，在市场力量无法达到的地方，或者市场失灵可能会对整个社会的福利造成损害的情况下，政府的管制之手就显现了。③

综上所述，管制的目的在于治理市场失灵，管制的性质为一种国家干预方式，这可以视为当前管制研究的最基本共识。来自经济学、管理学、法学的不同学者即使对管制内涵和外延存在分歧，也几乎均未脱离前述基本结论所奠基的语境基础，但通常会对管制究竟治理何种类型的市场失灵，管制究竟表现为何种形式的国家干预存在分歧，这种分歧的普遍性十分广袤，以至于在国内目前的研究成果中，有学者索性放弃追求统一的管制定义，而是根据管制概念的前述分歧，从多个不同的概念外延层面对管制进行概念界定。如有代表性论述将管制分为三种概念层面，最广义的管制涵盖任何非市场的资源配置形式；较广义的管制则仅指政府对微观经济进行干预的一系列活动；而最核心意义上的狭义管制则仅指以替代竞争为目的的经济性管制和以维护系统安全为目的的社会性管制。④ 类似的范式在国外学者的研究中也存在，如倾向于以广义和狭义两个层面理解管制，前者涵盖国家干预经济的所有宏观和微观职能，而后者则仅指国家对微观主体的控制或干预。⑤

① 参见 Anthony I. Ogus, *Regulation*：*Legal Form and Economic Theory*，Oxford：Hart Publishing，2004，pp. 1-3.

② 余晖：《管制与自律》，浙江大学出版社 2008 年版，第 43 页。

③ 文学国主编：《政府规制：理论、政策与案例》，中国社会科学出版社 2012 年版，第 19 页。

④ 张江莉：《反垄断制度与政府管制》，北京师范大学出版社 2011 年版，第 4~8 页。较为类似的另一个研究成果可参见段宏磊：《国家干预经济的类型化谱系与治理行政垄断的再思考》，载刘大洪：《经济发展中的法治与效益研究(2014)》，湖北人民出版社 2015 年版。

⑤ 张红凤：《西方规制经济学的变迁》，经济科学出版社 2005 年版，第 3 页。

二、管制概念的三个层次

鉴于管制概念的复杂性，笔者亦采纳了在不同外延层面对管制进行理解的进路，即将管制分为广义、中义和狭义三个层面分别进行概念界定。

广义的管制概念，一言以蔽之，即"管制＝国家干预"，任何国家对经济的干预形式均被视为一种管制，此时管制与市场共同构成了资源配置的非此即彼的两种形式，"非市场即管制"。[①] 在经济学界或法学界，均对这种广义的管制进行了类型化，且这种类型化的基本成果是高度类似的。在管制经济学的经典理论中，认为市场失灵的存在印证了国家干预的必要性，由此衍生出三种不同功能范畴的干预手段：宏观调控、微观监管和微观管理。[②] 而在法学界，尤其是以国家干预经济为研究核心的经济法学界，亦存在十分类似的观点，即根据国家干预经济形式的不同将经济法的体系分为宏观引导调控法、市场规制法和国家投资经营法，[③] 三个部分所对应的宏观调控行为、市场规制行为和国家投资经营行为与经济学中的宏观调控、微观监管和微观管理在内涵上几乎是一一对应的。在另外一些文献中，也是采用了十分类似的逻辑对国家干预经济进行了"三分法"，只不过采用的语境有所不同，如有学者分别称之为宏观调控（macro-economic control）、市场规制（regulation）、公共投资和管理（public investment and management）。[④] 再如，有些论著以国家干预经济行为类型的不同对经济法上的权力进行划分，进而总结出三种国家干预权力即宏观调控权、市场规制权和政府参与权，其各自的内涵和逻辑也是十分相似的。[⑤] 本章基于叙述简要的考虑，将这三种广义的国家管制经济的行为分别简称为调控、管制和投资，此时的"管制"一词即为中义的管

[①] 张江莉著：《反垄断制度与政府管制》，北京师范大学出版社 2011 年版，第 7 页。

[②] 余晖著：《管制与自律》，浙江大学出版社 2008 年版，第 41～46 页。

[③] 漆多俊著：《经济法基础理论（第四版）》，法律出版社 2008 年版，第 20～21、166～170 页。

[④] 盛学军、陈开琦：《论市场规制权》，载《现代法学》2007 年第 4 期。

[⑤] 韩志红、宁立志等著：《经济法权研究》，武汉大学出版社 2012 年版，第 40 页。该书作者同时认为，与宏观调控权和市场规制权作为纯粹的权力的属性不同，政府参与权由于是国家以经营者的身份直接参与市场经营，既属于权力，又属于权利。

制。换言之，广义与中义的管制概念之间的区别可用等式表述为："管制（广义）= 调控+管制（中义）+投资"。

调控、管制与投资三种行为存在根本性的区别。调控是以政府借助市场手段影响宏观经济变量的形式，间接对市场经营主体产生影响，比如货币政策的收紧或放宽、税率的提高或降低，等等，它并不直接影响主体的权利和义务，而是通过后者趋利避害的"理性经济人"逻辑，来对宏观经济产生调节作用。而管制则是由政府制定直接的法律、政策或规范，直接对市场经营主体的权利或义务产生影响，与调控相比，管制有明显的直接性和强制性，比如要求经营者的生产、经营活动遵守产品质量，不得实施限制竞争行为，等等。与调控和管制不同，投资是政府运用国有资产直接参与市场经营活动，从而完成在提供公共服务和社会保障等方面一般的市场经营主体难以完成的任务。打一个比方，如果市场经济是一场足球比赛，那么赛场上踢球的就是经营者，而观众就是消费者。此时，国家对这场比赛的干预主要体现为三种身份：其一为"安保员"，即守在球场门口维持秩序、负责整场比赛的安全、稳定和平衡，而不参与对具体赛事状况的管理，这便是调控；其二为"裁判员"，即对赛场上的经营者行为进行规范和限制，必要时还会出示红牌将不合格的运动员罚下，这便是中义的管制；其三，当赛场上的运动员不足 22 人，比赛难以进行，或运动员质量堪忧，观众纷纷退场时，为了让比赛能继续下去，国家以"运动员"的身份直接上台参与比赛，以弥补在市场机制下产生的运动员的数量不足或质量缺陷，这便是投资。

与中义的管制相比，狭义的管制概念可简单表述为"管制（狭义）= 管制（中义）-反垄断"，即除去反垄断措施之外的其他所有中义层面上的管制。之所以做此区分，原因在于反垄断措施相对于其他管制措施所具有的独特性。从前述市场经济运行的"足球场"之类比来看，反垄断与狭义的管制均符合一个典型的"裁判员"身份，即以强制性的形式直接影响市场经济参与者的权利和义务，从而实现对市场失灵的治理。但是，反垄断的若干特殊性又使其经常被单独抽离出来，形成一个与其他管制相并行的概念，这种特殊性主要体现在如下几个方面：其一为管制目标的特殊性。反垄断目标通常是单一的，即经济效率，或即便有多重目标，对效率的追求也通常处于优先地位;① 而狭义管制的目标则是多样化的，既包含一定的经济效益目的，又包含一定的社会公益性目标，甚至在一定情形下还包括实现产业政策、维护国家安全，等等。其二为管制机理的特殊性。狭义的管制以强制性和直接性的国家干预进行，是以直接替代市场机制的形式治理市场失灵，比如要求经营者生产、经营的商品必须符合产品质量要求；而反垄断追求的是创造或保持市场竞争所需要的条件，是以刺激市场机制恢复作用而非取而代之的形式治理失灵。② 其三为管制手段的特殊性。狭义管制对市场经营主体的干预形式通常是事前的、持续性的和行政强制性的，也更注重对经营主体个体行为的矫正；而反垄断的方式则是事后的、间接的和司法性的，更偏重对市场竞争整体结构的矫正。③ 正是由于反垄断在中义管制体系中的独特性，很多学者将其剥离出典型管制的概念体系。在管制经济学中，更是有众多学者出于管制与反垄断的这种剪不断、理还乱的复杂关系，索性以"管制与反垄断经济学"的词语称呼之。④

---

① 对于反垄断目标的一元性和多元性，向来存在分歧，美国现行反托拉斯实践是遵循经济效率的一元性目标的典型国家，尽管如此，对这一元的效率目标的判断基准亦存在分歧，目前比较符合共识的结论是潜在的帕累托效率指导下的配置效率最优标准，这亦是"消费者福利"（consumer welfare）一词的经济学表达。参见［美］赫伯特·霍温坎普著：《联邦反托拉斯政策：竞争法律及其实践（第3版）》，许光耀、江山、王晨译，法律出版社2009年版，第80~82页。我国是进行多元反垄断目标立法的国家，《反垄断法》第一条将立法目标宽泛地界定为"预防和制止垄断行为，保护市场公平竞争，提高经济运行效率，维护消费者利益和社会公共利益，促进社会主义市场经济健康发展"。但尽管如此，从这一条的文义解释来看，其核心语境涉及的竞争、消费者利益、经济发展等，均未脱离效率这一标准的指导。同样的逻辑亦在欧盟竞争法中有所体现，其将反垄断目标设置为建立一个竞争不受扭曲的经济一体化共同市场。因此，多元性反垄断目标的界定仍然无法改变其他目标对效率的遵从，随着近年来芝加哥学派影响的加深，国际反垄断立法的这一趋势愈发明显，参见王晓晔著：《反垄断法》，法律出版社2011年版，第28~29页。

② 参见 Stephen Breyer, *Regulation and Its Reform*, Cambridge: Harvard University Press, 1982, pp. 156-157.

③ 肖竹著：《竞争政策与政府规制——关系、协调及竞争法的制度构建》，中国法制出版社2009年版，第60~69页。

④ 国外的典型样本可参见：［美］W.基普·维斯库斯、小约瑟夫·E.哈林顿、约翰·M.弗农著：《反垄断与管制经济学（第四版）》，陈甬军、覃福晓等译，中国人民大学出版社2010年版。国内的典型样本可参见山东大学反垄断与规制经济学研究基地编：《反垄断与规制经济学学术年鉴2013卷》，经济科学出版社2013年版。近年来，随着管制经济学研究的深入，国内已经出现多个以"管制与反垄断"或"规制与反垄断"为名称的研究机构，如山东大学反垄断与规制经济学研究基地、江西财经大学产业经济研究院规制与竞争研究中心，等等。中国人民大学出版社近年来还组织了名为"规制、竞争与公共商事系列"的法学译丛计划。当然，将管制与反垄断合并在一起作为一个经济学研究方向的做法亦存在例外，亦有论著将狭义的管制进行自成体系地研究，如王雅丽、毕乐强编著：《公共规制经济学（第3版）》，清华大学出版社2011年版。

将反垄断从管制的中义概念抽离的另一个意义在于,它有利于建立起判断管制正当性的标准。与反垄断相比,狭义的管制在实施过程中是各种目标衡平的结果,在多重目标交织下,有时可能会使管制机构容忍甚至鼓励反竞争的市场结构,① 这便与反垄断的价值出现背离。尤其是在产业政策乃至行业利益影响管制决策的情况下,管制手段不但有可能违背治理市场失灵的目的,发生反竞争的效果,甚至会为特定的在位经营者利益进行背书,这便明显地与反垄断措施中"保护竞争但不保护竞争者"的法谚相悖。② 此外,与反垄断事后的、间接的、司法性的审查方式相比,管制的事前的、持续性的和行政强制性的实施手段本身即更有可能对市场竞争进行不正当干预。换言之,管制的内核被天然地嵌入了一个有可能与反垄断的价值理念相违背的灵魂,作为捍卫市场自由竞争精神的反垄断法,就有必要对这些管制作出评价,进而厘定一个管制正当与否的边界,从而维护反垄断法的理念与信仰不受到来自管制力量的排斥或挤压。这也正是反垄断法享有"经济宪法"或"市场规制基本法"美誉的原因所在,即它应当构成判断其他政府管制手段正当与否的基石性制度。

在剥离反垄断这一特殊管制形式的情况下,狭义管制可进一步类型化为社会性管制与经济性管制两种。一般认为社会性管制是以保障劳动者和消费者安全、健康、卫生和环境保护等社会公益性标准为目的所进行的管制;③ 而经济性管制则是对存在自然垄断和信息不对称等问题的部门,以防止无效率资源配置发生和确保需要者对产品和服务公平利用为主要目的的管制。④ 正是由于社会性管制和

---

① 肖竹著:《竞争政策与政府规制——关系、协调及竞争法的制度构建》,中国法制出版社 2009 年版,第 60 页。

② 语源为 1962 年美国最高法院在布朗鞋业诉美国一案中所提出:"整体来看,立法历史表明国会关心对竞争而非竞争者的保护……"Brown Shoe Co. v. United States, 370 U. S. 294, (1962).

③ 由于对社会公益性标准的判断涉及非常复杂的问题,这一标准过于宽泛,而经常引起对社会性管制的外延界定过宽的批评,在美国学界,经常以社会公益问题最为集中的健康管制、安全管制和环境管制三个方面对社会性管制的外延进行框定,因此,社会性管制有时被简称为 HSE 管制(Health, Safety and Environmental Regulation)。参见文学国主编:《政府规制:理论、政策与案例》,中国社会科学出版社 2012 年版,第 29,272~273 页。

④ 参见 Anthony I. Ogus, *Regulation: Legal Form and Economic Theory*, Oxford: Hart Publishing, 2004, pp. 4-5;王雅丽、毕乐强编著:《公共规制经济学(第 3 版)》,清华大学出版社 2011 年版,第 19~21 页。

经济性管制的此种基于管制目标上的区别，在管制立法中，二者的法律形式有较大不同。社会性管制通常是以特定社会问题为导向进行立法，如典型的社会管制立法《消费者权益保护法》《食品安全法》《环境保护法》等；而经济性管制则通常是以特定行业为导向进行立法，比如具有一定自然垄断属性而需要以经济性管制替代竞争的行业立法，如《电力法》《电信条例》《民用航空法》等，再比如具有较强信息不对称性而需要经济性管制解决信息福利问题的行业立法，如《银行业监管法》《证券法》等。

经过前述纷繁的分析，本章梳理出了三个不同层面的管制内涵，三者之间的概念相容关系可以通过公式简易地表达如下：

$$国家干预 = 管制（广义）$$
$$= 管制（中义）+ 投资 + 调控$$
$$= 管制（狭义）+ 反垄断 + 投资 + 调控$$
$$= 社会性管制 + 经济性管制 + 反垄断 + 投资 + 调控$$

在本书通篇所探讨的语境中，如没有特别说明，使用的"管制"一词均为最典型意义上的狭义管制内涵，社会性管制和经济性管制构成了其最重要的两大表现形式。在这种概念体系下，反垄断构成了与管制相并行的概念。这一界定与当前经济法学界对"市场规制法"的研究有所差别，按照通说的市场规制法范畴，它既包含反垄断法，又包含一系列社会性管制和经济性管制立法，其对管制的理解更接近中义的管制；而经济法中作为基础理论的国家干预学说[①]则更类似广义的管制。为了能在论述中实现对这些近似词汇的明确区分，笔者在本章中表达中义的管制时，通常以"管制与反垄断"这种合称的形式进行指代，或直接按法学研究语境称之为"市场规制法"，而广义的管制则一律使用学界较通用的"国家干预"一词。

---

① 在经济法基础理论研究中的国家干预学说亦存在学术语境的差别，比如李昌麒教授的"需要国家干预说"、漆多俊教授的"国家调节论"、杨紫烜教授的"国家协调论"，等等。

第二节　公共规制的正当性边界

一、正当规制的基本理据

恰如前述所分析，市场失灵显然构成了管制的最基本理据。对于市场失灵的具体表现，学界论述纷繁多样，比如有的学者将市场失灵分为微观经济层面的失灵和宏观经济层面的失灵两类，前者表现为垄断和不正当竞争、外部性、内部性、公共物品、非价值性物品、风险，后者则表现为公平分配和经济稳定性。[①]还有的学者将市场失灵的表现分为垄断、市场的不普遍、信息在量上的不充分和在分布上的不均匀、外部性问题、市场运行存在成本、经济周期。[②]另一些分类则更为简化，将市场失灵分为市场障碍、市场唯利性及市场调节的被动型和滞后性三个方面。[③]

笔者认为，之所以认为市场在资源配置中处于决定性的作用，很大程度上在于"竞争机制"能够得以启动，即各经营者在理性经济人思维的驱动下，主动地通过价格、数量、市场等核心市场要素开展竞争，优胜劣汰的过程便是资源优化配置的过程。从这个角度来看，市场机制的本质是竞争机制，市场失灵的本质是竞争机制的失灵，要么是竞争机制缺位，根本未发挥应有的作用；要么则是竞争机制在特定领域所能发挥的作用是片面性的。因此，可以将市场失灵简化为两种情形：第一类为竞争机制的缺位性，即竞争机制在特定领域根本无法启动，从而无法开启资源优化配置的路径。比如在自然垄断领域，由于沉没成本巨大、市场需求的经营者数量极少、存在天然准入壁垒等一系列特征，即使在自然垄断行业

---

① 余晖著：《管制与自律》，浙江大学出版社 2008 年版，第 36~39 页。

② 种明钊主编：《国家干预法治化研究》，法律出版社 2009 年版，第 2~3 页。与此类似的一个观点则是将市场失灵的表现分为市场的不完全、市场的不普遍、信息不充分和偏在、外部性问题、公共产品、存在经济周期，参见李昌麒、应飞虎：《论经济法的独立性——基于对市场失灵最佳克服的视角》，载《山西大学学报(哲学社会科学版)》2001 年第 3 期。

③ 漆多俊著：《经济法基础理论(第四版)》，法律出版社 2008 年版，第 20 页。

实现自由竞争，竞争的最终结果也必然是垄断。① 因此，在这一领域，竞争机制由于经营者数量极少而根本无法启动，建立在竞争机制基础上的价格竞争、质量竞争等也必然"皮之不存，毛将焉附"。再比如在提供金融服务等信息偏在极为严重的领域，由于此类行业的产品交易信息极度不对称，消费者难以甄别其获取的服务是否优质，基于优胜劣汰逻辑的竞争机制作用便难以发挥，反而可能会"劣币驱逐良币"，在这种市场透明性严重不足的情况下，金融业整体也易于发生系统性风险，甚至导致严重的社会危机。② 第二类为竞争机制的无效性，即在竞争机制已经启动的情况下，其在解决具有社会公益性的特定问题上的效果是有限的。市场竞争之所以有利于资源优化配置，核心在于经营者自发的逐利目的而产生的竞争效果，这决定了竞争机制在解决不同资源配置问题上的效果是相异的。对于私人物品，竞争机制可有效促进资源优化配置；而对于具有强烈非竞争性和非排他性的公共物品，意图通过竞争机制让以逐利为目的的经营者提供，则是虚妄的，此时外在于市场的不容易受到私人利益驱动影响的政府的作用就更应该受到重视，③ 比如环境保护、国防安全、基础设施建设，等等。

竞争机制的缺位性和无效性，几乎能够涵盖最典型的市场失灵的若干表现。在管制研究体系下，这也为管制正当性提供了最有力的理据。针对竞争机制的缺位性，要着重发挥经济性管制"替代竞争"的作用，即以管制的形式弥补竞争机制的缺位，发挥出类似竞争机制的效果。比如在自然垄断领域，针对数量极少的在位经营者，以价格管制的形式限制其盈利范围和涨价倾向，从而发挥出类似竞争机制之下价格竞争的效果；再比如在信息偏在领域，以信息管制的形式对经营者课以严格的强制性信息披露义务，保证消费者的知情权，从而修正"劣币驱逐良币"现象，促进优胜劣汰。针对竞争机制的无效性，则要着重发挥社会性管制促进公共利益的作用，比如在目前市场经济运行中最受到关注的 HSE（Health, Safety and Environment）管制领域，即为了维护普遍受到关注的公共利益问题，当前的社会性管制主要集中于工作场所的健康与安全（Health）、产品质量与安全

---

① 刘大洪、谢琴：《自然垄断行业改革研究——从自然垄断行业是否为合理垄断的角度出发》，载《法学论坛》2004 年第 4 期。

② 朱崇实主编：《金融法教程（第三版）》，法律出版社 2011 年版，第 46~47 页。

③ 胡乐明：《公共物品与政府的作用》，载《财经研究》2001 年第 8 期。

（Safety）、环境保护（Environment）三个方面。①

二、不正当规制的表现与成因

"国家干预的正当性来源于被反复讨论的市场失灵问题，市场失灵的范围就是国家干预的边界，理想中的政府与市场的互动性关系是：市场失灵则政府干预，市场恢复则干预退出。"②以弥补竞争机制的缺位性和无效性为目的成为管制具有正当性的基本理据。换言之，在理想的社会中，市场的决定性作用和管制的正当性是一个彼此互动的谱系：哪里有竞争机制的缺位，哪里就应当有经济性管制；哪里有竞争机制的无效，哪里就应当有社会性管制；而哪里的市场竞争机制仍是客观有效的，就不应当存在管制，应当优先发挥市场的决定性地位。此时如果仍然施加管制，这便超出了其正当性边界，将有可能产生管制力量对市场机制的损害，即"管制失灵"，产生了不正当管制。

不正当管制主要表现为如下两种状态：其一，违背替代竞争价值的经济性管制（以下简称"不正当的经济性管制"）。这种管制并未发挥经济性管制上以效率为目的的替代竞争作用，要么在仍能实现有效竞争、市场机制能够发挥作用的领域实施了并不必要的管制；要么是管制手段过于刚性，从而超出了市场失灵的限度，演变为对管制行业利益的变相维护。比如在自然垄断行业管制中经常实施的价格管制，其用意在于以该手段替代竞争性行业的价格竞争效果，从而防止行业暴利；但是，如果以价格管制的形式将行业定价限制在一个极不合理的高度，则不但替代竞争的目的无法实现，反而会维护行业在位经营者的垄断地位，使经济

---

① 在美国对管制的研究和实践中，社会性管制经常被等同于 HSE 管制，其原因除了对社会性管制中的"社会公共利益"的具体外延进行限定之外，还因为经济性管制和社会性管制分界线的不明确性，并非所有的管制措施都可以依据经济性管制的"替代竞争"和社会性管制的"维护公益"作出泾渭分明的区分。参见文学国主编：《政府规制：理论、政策与案例》，中国社会科学出版社 2012 年版，第 272~273 页。因此，在美国的一些典型管制与反垄断著作中，索性直接以"健康、安全与环境管制"取代"社会性管制"一词，如［美］W. 基普·维斯库斯、小约瑟夫·E. 哈林顿、约翰·M. 弗农著：《反垄断与管制经济学（第四版）》，陈甬军、覃福晓等译，中国人民大学出版社 2010 年版。

② 刘大洪、段宏磊：《谦抑性视野中经济法理论体系的重构》，载《法商研究》2014 年第 6 期。

性管制的目标走向完全不同的反面。在我国，这种不正当经济性管制比较严重的领域，通常会伴随在位经营者对高额垄断利润的攫取，并因此诱发寻租创租空间，极容易成为近期经济体制改革格外关注的对象，这方面的一个典型是近两年受关注度颇高的食盐专营制度，2014 年年底，工信部已确认内地将逐步取消食盐专营制度。① 其二，违背公共利益价值的社会性管制（以下简称"不正当的社会性管制"）。这种管制并未实现在健康、安全、环境等方面的社会公益性目标，第一种表现是管制手段过于柔性，并无法有效实现对背德行为的治理，比如我国目前严峻的食品安全问题；第二种表现则较特殊，这种管制政策的制定表面上看起来是以维护公共利益为目的的社会性管制，但实际上是以公共利益的名义制造并不需要的竞争壁垒，行限制竞争之实，构成了对市场决定性地位的倾覆。比较典型的一个例子是在 2007—2008 年发生的国家质检总局产品安全监管案：② 2007 年 12 月，国家质检总局发布了《关于贯彻〈国务院关于加强食品等产品安全监督管理的特别规定〉实施产品质量电子监管的通知》，要求从 2008 年 7 月 1 日起，食品、家用电器、人造板等 9 大类 69 种产品要加贴电子监管码才能生产和销售。而该电子监管码及其监管网络是国家质检总局从 2005 年 4 月开始不断推广的一家名为"中信国检信息技术有限公司"经营的，它由中信 21 世纪电讯与国家质检总局信息中心、华信邮电合资注册。据此，北京兆信信息技术有限公司、东方惠科防伪技术有限责任公司、中社网盟信息技术有限公司、恒信数码科技有限公司四家防伪企业认为这一强制推广电子监管网经营业务的行为损害了全国防伪行业的利益，遂因此而提起诉讼。本案是在《反垄断法》实施第一天的 2008 年 8 月 1 日起诉的，被称为"行政垄断第一案"。

　　不正当管制之所以产生，是由如下几方面的原因造成的：其一，公权力天然的"自我膨胀"属性使其很难满足于仅在市场失灵范围内施加管制措施，而是无时无刻不处于扩张的冲动过程中，当这一管制权力的行使超越了市场失灵的界限，就会造成对市场竞争机制的破坏。其二，即便是在管制权力仅局限于市场失

---

　　① 徐华：《食盐专营取消在即，食安监管有待跟进》，载《食品安全导刊》2014 年第 28 期。

　　② 李昱、刘筱君：《以行政垄断为视角——评中国反垄断法第一案》，载《辽宁法治研究》2009 年第 2 期。

灵的场合，管制失灵也仍然可能发生。其根源在于，与市场通常能有利于资源优化配置的盖然性结论不同，经济学研究认为政府的干预行为对市场发挥出的改善效应是或然性的。① 这是因为管制天然地有利于效率或公益的结论不仅建立在市场自行运转会发生失灵的前提下，还建立在管制过程是无交易成本的这一重要假设之上。② 申言之，作为一个外在于市场的官僚集团，管制机构的行为很难超越市场自发运转的效果而发挥出更优作用：在管制实施过程中，对市场失灵的准确察知是需要成本的；确定何种管制工具能扭转这一失灵也是需要成本的；在解决前二者的前提下，管制工具真正发挥治理失灵的效果，也通常需要很强的时滞性，并调动足够多的社会成本。如果将这一系列成本考虑在内，管制是否真正具有实效将有可能变得可疑，如果忽略这些潜在成本强行以一个并不适宜的管制体系作用于市场，其产生的管制失灵对市场机制的危害程度可能与市场失灵同等重要。③ 其三，再后退一步，即便一个严谨的管制能够解决其成本问题，其在运行过程中也难免会遭受扭曲，超出了市场失灵的必要范畴，其根源在于管制主体并非天然地以公共利益为目的，而是存在私益性的追求。著名的"管制俘获"理论即认为，在经济管制实施过程中，与其本应遵循的以替代竞争方式实现效率的追求不同，管制机构在运行过程中反而逐渐被它所针对的行业利益集团"俘获"，在实证研究下，实际的管制结果经常被证明反而是有利于被管制行业攫取经济利益的。④

三、规制与国家限制竞争的逻辑关系

国家限制竞争行为之所以产生，是因为在当代社会，政府本身即负有广泛的

---

① 这在经济学当中被总结为两个对比性明显的原理："市场通常是组织经济活动的一种好方法"和"政府有时可以改善市场结果"。参见[美]曼昆著：《经济学原理·微观经济学分册》，梁小民译，北京大学出版社 2009 年版，第 10~13 页。

② 参见 Richard A. Posner, "Theories of Economic Regulation", *Bell Journal of Economics and Management Science*, Vol. 5, No. 2, 1974.

③ 参见 Charles Wolf, "A Theory of Non-Market Failure", *Journal of Law and Economics*, 1978, No. 2.

④ 参见 George J. Stigler, "The Theory of Economic Regulation", *Bell Journal of Economics*, 1971, No. 2.

参与和干预市场竞争的权力，这即是政府管制市场竞争的权力，它的正当性依据在于市场机制具有失灵的可能。十八届三中全会上我们提出了要发挥市场在资源配置中的决定性作用，其取代了曾经的"基础性作用"一词，意味着市场地位的重塑。通常认为，在具备一系列条件的情况下，市场于资源配置中的作用将是富有效率的，这些条件通常包含市场的普遍性、收益的递减性、处于完全竞争状态和信息完全条件下的确定性，等等。但在现实中，这些条件通常总处于一定程度的匮乏状态，这便会造成市场失灵，它成为政府作为一个非市场化的外部主体干预市场经济的根本理由，这即是政府管制权力的正当性依据。[1]

在很多情况下，政府的这些管制行为是推行其公共政策目标的重要方式，也会由于对市场失灵的精确治理而产生对竞争的促进作用以及更多的消费者福利。[2] 因此，在当代社会中，政府管制市场的行为是必需的。但问题在于，管制行为并不必然地有利于市场竞争，它在有些情况下反而会产生反效果，出现"管制失灵"，使其超出了市场失灵的必要范围而产生了不必要的社会成本。"管制有时会超越其社会正当性，进而产生对竞争的不正当限制作用。与私人限制竞争通常可以通过竞争法的实施予以打击相比，管制规划却通常是合法的，如果以相应程序予以采纳和实施，将会产生对社会的潜在限制竞争损害，这一问题亟待解决。"[3]这种脱离市场失灵范畴、产生限制竞争效果的不正当管制便是国家限制竞争。换言之，国家限制竞争内生于管制的异化，如果能控制住管制的异化路径，国家限制竞争也便能在很大程度上得到制约。

管制异化导致国家限制竞争的这一演化路径多种多样，但最经反复探讨的莫过于公共选择理论[4]下的寻租行为。"公共选择释明，管制有时是一种基于利益

---

① 余晖著：《管制与自律》，浙江大学出版社 2008 年版，第 35 页。

② OECD：《竞争评估工具书原则 2.0》，第 7 页。

③ Michal S. Gal, Inbal Faibish, "Six Principles for Limiting Government-Facilitated Restraints on Competition", *Common Market Law Review*, 2007, Vol. 44, No. 1.

④ 本章对公共选择理论的介绍综合参考了如下文献资料：（1）文学国主编：《政府规制：理论、政策与案例》，中国社会科学出版社 2012 年版，第 87~89 页。（2）[美]霍温坎普著：《联邦反托拉斯政策：竞争法律及其实践（第三版）》，许光耀、江山、王晨译，法律出版社 2009 年版，第 784~786 页。（3）[美]詹姆斯·M. 布坎南著：《宪法秩序的经济学与伦理学》，朱泱、毕洪海、李广乾译，商务印书馆 2008 年版，第 72~89 页。后文再提及相关理论的介绍时，不再重复以上注释。

集团实施的寻租行为。在此影响下，法律和管制会倾向于使精心组织的小的利益群体而非社会整体受益。这些利益群体利用政府干预使其免于反垄断法。"[1]在极端情况下，国家会由于这种寻租导致私人经济利益驱动下的败德行为，进而以治理市场失灵为幌子实施不必要的管制，在很多法域中，这种管制会产生所谓的"政府管制抗辩"（Regulated Conduct Defence）问题，即经营者基于政府管制要求所采取的行为可以免于适用反垄断法，进而产生抑制竞争的效果，[2]国家限制竞争行为便产生了。这些经营者当中若存在国有企业，管制异化的不良影响尤甚，其根源在于，国有企业附带有"政府控制"这一显著的共同特征，[3]它们会使公共选择过程的成本大为降低，甚至会令管制主体带有直接的私益性倾向。因此，在国有企业实施的限制竞争行为中，反垄断主管机构很难完全摆脱政府角色在这当中的不良影响。[4]此时，政府管制与政府投资行为相叠加，其限制竞争效果尤为严重。

即便在不存在公共选择或国有企业干扰的情况下，管制也有可能异化为国家限制竞争，因为在很多情况下，政府管制所引起的对竞争的不正当限制与政府的主观意识——故意或过失毫无关系。[5]有些时候，管制行为即使基于良善地克服市场失灵的正当考虑，也同样会发生限制竞争的后果。比如国家基于错误的信息判断，误认为不存在市场失灵的领域发生了失灵；甚至国家的管制行为确实是针对市场失灵而实施的，但由于对市场经营信息判断的错误，使其产生了意想不到的负面效果。换言之，即便管制是出于目的正当性条件下实施的行为，有时候也会因为操作不当而造成不必要的社会成本，进而异化为国家限制竞争。"当政策决定者更多地关注于干预经济的直接成本时，（管制）对竞争的扭曲作用很容易

---

[1] D. Daniel Sokol, "Limiting Anti-Competitive Government Interventions that Benefit Special Interests", *George Mason Law Reviews*, 2009, No. 1.

[2] 参见 OECD, Regulated Conduct Defence, DAF/COMP（2011）3, Overview.

[3] 参见 OECD, State Owned Enterprises and the Principle of Competitive Neutrality, DAF/COMP（2009）37, Executive Summary.

[4] 参见 OECD, State Owned Enterprises and the Principle of Competitive Neutrality, DAF/COMP（2009）37, Executive Summary.

[5] 参见 D. Daniel Sokol, "Limiting Anti-Competitive Government Interventions that Benefit Special Interests", *George Mason Law Reviews*, 2009, No. 1.

被忽视，尤其是当这种对竞争的限制需要较长的时期方能显露时。"①为了能预防这一点，英国的竞争主管机构公平贸易局(Office of Fair Trading, OFT)甚至为管制部门罗列了一个"傻瓜"式的表格，将各种政府管制的目的、理由、工具和可能造成的限制竞争效果进行了一览式的罗列，以实现对国家限制竞争和管制关系的"速查"，进而起到对国家限制竞争行为的防范作用，笔者对其进行了翻译，参见表1.1。②

表 1.1　　　　政府管制的目标、理由、工具和对竞争造成的风险

目标	干预理由	工具	对竞争造成的风险
改变消费者行为	某些消费者行为可能会对社会产生负面影响，如酗酒、肥胖	教育、最低标准、信息披露、税、规章、政府定价、限制供应	限制特定商品的供应或政府定价会严重阻碍竞争，并为整体消费者提高价格。 消费者具有异质性，消费和行为的彼此不同使得供应端干预与政府定价的作用迟缓，并会影响到消费者整体。
支持具体的市场、产地或产品	为充分适应经济上的和消费倾向的转变，政府可能希望发展特定市场或产品。 如果脱离干预，相应的市场和产品可能并不存在，如低碳技术	补贴、规章、指标、政策宣布	产生"挑选赢家"的风险。如果政府支持对不同的企业产生不同的影响，或者通过对在位经营者施加优势产生进入壁垒，竞争会被扭曲。 政府支持会扭曲资源优化配置。经济以生产了消费者并不需要的产品告终。 私人市场更有利于资源优化配置。
产业重组	为降低经济的负面干扰、长期的经济窘势或变化带来的影响而进行有序重组	规章、创造市场、供应、减免税	通过补贴支持产业可能会使低效率的企业仍然留在市场，而又未对优势企业实现充分奖励，可能会阻碍创新。影响正常的市场进入和退出，而这恰是竞争过程的关键环节。 鼓励并购会对竞争具有潜在的长期负面影响。

---

① OFT, *Government in Markets*: *Why Competition Matters—A Guide for Policy Makers*, 2009, p. 16.

② 参见 OFT, *Government in Markets*: *Why Competition Matters—A Guide for Policy Makers*, 2009, p. 17.

续表

目标	干预理由	工具	对竞争造成的风险
供应安全性	为了确保现代产业化经济的运转，有必要确保特定必要的供应链的安全性	补贴、减免税、规章	培育垄断供应者，鼓励并购以及保护在位经营者免于竞争对消费者和其他经济领域产生的严重负面影响。 此类市场会投入其他生产。这会导致价格提高和抑制创新。

　　上述分析表明，国家限制竞争是管制异化的产物，因此，对国家限制竞争的规制也将转换为对管制异化的防范、控制和救济问题。按照管制的实施过程，可以将政府管制分为决策阶段、执行阶段和发生效果阶段。而基于"防患于未然"的考虑，一个健全的国家限制竞争行为规制体系应当既包含对具有限制竞争效果的行为的规制，又包含对可能具有限制竞争效果的行为的规制。所谓"具有限制竞争效果"，即指管制已到了发生效果的阶段，此时已产生了不可逆的危害竞争机制的后果，而有必要以反垄断执法或诉讼的形式予以查处；所谓"可能具有限制竞争效果"，即指管制尚处于决策和执行阶段，但基于管制失灵的情形，未来有可能异化为具有限制竞争效果的行为。在我国目前对行政垄断问题的讨论中，多数文献的讨论囿于从反垄断执法或诉讼的形式对国家限制竞争问题的查处，换言之，这些研究偏重的是对已然产生危害后果的违法行为的一种事后的补救式规制。而一个更为理想的规制机制则应当在管制的决策和实施环节即发挥作用，进而以管制异化为国家限制竞争设置一道事前的预防式规制机制，OECD 在竞争政策圆桌论坛中即已认识到这一机制的必要性，进而认为有必要"在政府管制措施制定和实施阶段"即要进行若干有助于"缓解管制与竞争法潜在冲突的制度安排"。[1] 这些制度安排不仅仅是对行政主体的公共行政行为施加控制机制，有些情况下，它们还会直接反馈到立法机关的立法阶段，毕竟有些政府管制的政策依据是直接建立在全国统一立法层面的。从我国学界目前的研究倾向来看，这种从管制过程的初始阶段即施加控制的制度设计逻辑，目前仍未构成我国反国家限制竞争研究学者的主要关注视野。从国际上对国家限制竞争的规制方式来看，不同

――――――――――――

[1]　参见 OECD, Regulated Conduct Defence, DAF/COMP (2011)3, Executive Summary.

国家的做法也大相径庭，有些国家与 OECD 的竞争政策主张颇为详尽，即比较偏重于在管制的决策和实施阶段进行预防式规制，如欧美等发达国家；有些国家则与我国相类似，更偏重于在管制产生危害竞争后果时进行以反垄断执法和司法为主要特征的补救式规制，如俄罗斯、乌克兰、越南等国。

综上所述，一个理想的针对国家限制竞争的法律规制体系不应当仅致力于对已然产生危害后果的国家限制竞争进行事后的补救式规制，而应当致力于管制实施的全过程，在决策和实施阶段即对其异化进行有效的防控。这种针对国家限制竞争的全程跟进式的规制逻辑，是基于确保政府管制市场过程的正当性的必要制度考虑。这一规制思维也将贯穿全书，成为一个系统地解决我国国家限制竞争问题的指导思想。

国家限制竞争也是国家干预经济的一种体现，只不过与致力于弥补市场失灵的正当国家干预不同，国家限制竞争显然是一种国家对经济的不当干预。它是政府以一种直接影响经营者或消费者权利和义务的形式所施加的作用于微观经济活动的行为，但其非但没有治理市场失灵，反而产生了不合理限制竞争的效果。从国家限制竞争的这种实际表现来看，由于它涉及对经营者或消费者直接行为自由的限制，这种微观干预活动显然不属于调控或投资，而是一种管制，既有可能是不正当的社会性管制，也有可能是不正当的经济性管制。当然，将国家限制竞争的性质定位为不正当管制，并不意味着它与投资、调控两类国家干预行为一定是彼此独立、互不关联的，在以国有经济为主体的我国，国家限制竞争频发的领域经常容易积聚在那些国有资本占据主体地位的行业，从而呈现出"管制+投资"的现象，即在国家限制竞争的行为支撑下，一方面为民营资本或外国资本进入这类行业塑造了较高的准入壁垒；另一方面，国家投资企业则因此获取了相较其他经营者更为有利的优势地位。对此问题，我国学界多有指摘，如有论述认为："目前我国垄断行业中行政干预太强，非市场机制配置资源的能力过大。具体表现在国有资本比重过大，存在'一股独大'现象。"[①]而这种基于政府控制背景下的经营

---

①　戚聿东主编：《垄断行业改革报告》，经济管理出版社 2011 年版，第 17 页。

行为，由于其不可避免地存在公权力背景，显然为反垄断的正当执法过程制造了挑战。①

国家限制竞争并没有穷尽不正当管制的全部行为，二者实际上属于包含和被包含的关系，国家限制竞争属于不正当管制概念集合中的子集。除国家限制竞争以外还有其他表现的不正当管制，比如在社会性管制中的食品安全质量管制，由于在这一领域中存在的管制方式错误、政府不作为、管制执法实效差等问题，中国目前的食品安全问题非常窘迫，市场失灵未能得到真正有效的治理，但这种不正当管制并未带来对竞争机制的限制性作用，只是使食品安全这一关乎社会公共福祉的问题存在极大风险。在现实生活中，不正当管制的负面表现非常多样，对竞争机制的限制只是其中之一。

国家限制竞争构成不正当管制概念集合的子集这一结论，既揭示出国家限制竞争的管制实质，又打通了管制理论与国家限制竞争研究予以联动的桥梁，进而构成了本书研究的一个重要分析视野。与中国当前国家限制竞争治理问题的若干困境相比，西方发达国家不正当管制发生的频率则整体较低，治理国家限制竞争行为的疑难问题也相对较少。其原因是多样性的，如西方国家市场经济体制的成熟和完善、渐进式的法治国家建设经验，等等。但如果从管制层面进行探究，如今西方发达国家政府管制经济的这一良性格局，与20世纪70年代末逐渐开始的"放松管制"运动的作用休戚相关。在放松管制之前，欧美发达国家也在第二次世界大战后践行了30年左右的管制型政府，彼时的西方世界，政府对市场竞争的限制局面也是非常普遍的。这一现象积累到20世纪70年代时，已经到了积重难返的地步，进而导致政府财政负担大、宏观经济形式窘迫、市场竞争活力低下、经营者的合规负担重等一系列的问题，这是放松管制运动开启制度改革的基本社会背景。也正是由于放松管制的有效开展，西方国家才得以系统地革除了国家限制竞争行为发生的体制性根源，政府管制行为在这一改革运动后得到了系统的修正和重构，市场经济重新焕发出竞争活力。

放松管制运动在治理国家限制竞争方面的成熟经验对当前的我国来说，其价

---

① 参见 OECD, State Owned Enterprises and the Principle of Competitive Neutrality, DAF/COMP（2009）37, Executive Summary.

值举足轻重。在整体经济形势上，我国目前所处态势的多个方面均与 20 世纪 70 年代初放松管制前的欧美国家存在耦合：伴随 40 余年改革开放的渐进式实践，市场经济体制与竞争机制得到了较大程度推广，纯粹的计划经济时代已经一去不复返；但是，国家对经济的不正当管制仍然较为深厚，尤其是在若干经济性管制较普遍的特殊行业，国家限制竞争的现象尤为明显。如今，市场经济改革始终难以深入的若干"垄断行业"成为我国改革的最后一道堡垒，民营进入这些行业时通常面临着极高的准入壁垒，在位国有经营者的垄断地位难以打破，这一现象严重影响了市场竞争活力。无怪乎有学者急迫地呼吁"推进垄断行业改革，使市场在更大范围内发挥资源配置的基础作用是完善社会主义市场经济体制的题中之义与迫切需求"①。除此之外，随着社会的快速发展，在公共服务方面的政府责任亦日益扩张，政府财政尤其是地方政府财政的负担加重；在宏观经济增长方面，我国近两年亦有增速放缓的趋势，未来经济形势面临一定压力。这一切表现均与 20 世纪 70 年代初的欧美国家状况巧合地交错在了一起。而我国目前对国家限制竞争法律规制问题的探讨，则在一定程度上对这一系统清理不正当管制的改革运动有所忽视，仍然主要停留在《反垄断法》对"滥用行政权力排除、限制竞争"相关规定的研究上。这实际上是对国家限制竞争的研究停留于行为外在表现，而忽视其在管制体制上的深刻根源的体现。从未来的制度改进方向来看，只有真正抑制住管制异化为国家限制竞争的路径，才能真正根治这一问题。

---

① 戚聿东主编：《垄断行业改革报告》，经济管理出版社 2011 年版，第 2 页。

第二章 放松规制与防治规制机制

第一节 放松规制运动与预防式规制机制

一、管制型政府：国家限制竞争的西方面孔

"管制，还是不管制，这是一个问题"，它并不见得比哈姆雷特那终极的生命追问更容易回答。① 不管是计划经济还是市场经济，东方国家还是西方国家，对这一问题的回答都曾辗转反复，且均曾犯过类似的错误。一方面，市场失灵的发生已经是一个不容回避的现实问题，由此呼唤政府管制；但另一方面，很多管制的实施无法有效弥补市场失灵，反而会产生一系列比原本的市场失灵更棘手的负面影响。这种过于轻信管制对市场失灵的纠正作用，进而导致不正当管制对竞争机制的损害的情形，在全球不同经济制度、不同发展阶段的国家均有不同层面的体现。即使是在欧美等最重视市场经济和竞争机制的国家，也曾在第二次世界大战之后的很长一段时间呈现出国家对经济的管制日渐膨胀的现状，这在当时的西方社会已经是一个普遍趋势。② 以现在的眼光来看，彼时西方国家由于管制扩张而产生的国家限制竞争行为泛化的现象，与如今中国在探讨的行政垄断治理问题，并没有本质区别。这种管制型政府的实践所造成的国家限制竞争日益积累，

---

① "Regulation, or De-regulation, that's a question!"语出文学国主编：《政府规制：理论、政策与案例》，中国社会科学出版社 2012 年版，序言。

② 顾丽梅：《规制与放松规制——西方四国放松规制的比较研究》，载《南京社会科学》2003 年第 5 期。

终于在 20 世纪 70 年代引发了欧美发达国家一连串的经济和政治问题，从而构成了放松管制运动开展的基本社会背景。

众所周知，第二次世界大战对人类社会的创伤深切且痛楚。战争也对全球的经济体制格局产生了重要的影响，在西方国家，窘迫的战后衰败呼吁一个具有强制执行力的国家在短时间内振兴经济形势，从而为管制权力的扩张埋下了社会基础；同时，第二次世界大战前凯恩斯主义和罗斯福新政所产生的余势也在战后持续扩大影响，微妙地迎合了萧条期呼唤管制型政府的意识形态。管制理论的历史考察表明，尽管管制在人类社会中的实践源远流长，但如果说现代意义上的管制政府之理论基础，则非凯恩斯主义莫属。而在东方国家，第二次世界大战后的苏联、东欧和中国等社会主义国家高度集中的计划经济体制实践短时间内取得了巨大的成功，这为国家对经济的普遍干预进一步创造了社会基础。因此，在战后直至 20 世纪 70 年代中后期的历史时期内，国际整体经济形势偏向于干预主义而非自由主义，由此构成了管制扩张的温床。一个典型体现是，20 世纪五六十年代是欧、亚、非多国反垄断立法集中的时代，尤其是欧洲，其反垄断立法的历史一度因为战争或经济动荡而耽搁，在第二次世界大战后，其发展进程终于走上正轨。① 表面看来，这有利于重塑市场竞争机制并对管制的扩张现象产生遏制作用，"但是这些法律几乎都通过适用除外或豁免的方式为经济衰退时期的放松适用留下了后路"②。换言之，彼时的反垄断立法在管制扩张的时代背景下，其适用范围均不同程度遭受了限缩，目的便是为管制权力的实施提供足够空间。

管制型政府的实践在战后的欧美国家实践了 30 年左右的光景，至 20 世纪 70 年代时期，其负面效应已经积压到了极严重的地步：首先，从整体宏观经济形势来看，以美国为代表的西方国家开始呈现出"滞胀"的经济状态，这严重挑战了彼时曾经普遍信奉的凯恩斯主义的干预理论，③ 迫使决策层对宏观经济决策进行

---

① ［美］戴维·格伯尔著：《全球竞争：法律、市场和全球化》，陈若鸿译，中国法制出版社 2012 年版，第 182~187 页。

② 应品广：《经济衰退时期的竞争政策：历史考察与制度选择》，载顾功耘、罗培新：《经济法前沿问题（2011）》，北京大学出版社 2011 年版。

③ "滞胀"的全称是"停滞性通货膨胀"（stagflation），指经济处于停滞、失业以及通货膨胀同时持续高涨的经济现象。由于早期凯恩斯主义认为失业率与通货膨胀率通常处于反比关系，即高失业率伴随低通胀率，或低失业率伴随高通胀率，这也构成了其若干扩张式的国家干预手段的重要理论基础。因此，"滞胀"经济形势的出现严重挑战了凯恩斯主义。

反省。其次，在政府层面，政府管制的膨胀现象对国家政府组织产生了严重的负面影响，一方面以管制为本的公共管理模式"强调以某种单一的、细致的、普遍适用的规则来规范所有的政府行为"，① 从而使政府组织日渐缺乏创新性和灵活性，呆板的官僚式管理愈发明显；另一方面，管制膨胀产生了政府机构臃肿、人员冗繁等问题，从而大大提高了政府运转的成本，各国在不同层面出现了财政赤字，以美国为例，20 世纪 70 年代美国的管制机构和法规呈倍数增长，这导致联邦管制预算从 1970 年的 8.66 亿美元增长到 1979 年的 55 亿美元，增加了 6 倍；②常设全职岗位从 28000 个增加到了 81000 个。③ 最后，也是最重要的，普遍管制型的政府大大增加了国家限制竞争行为发生的频率，管制实施过程中权力寻租行为不断泛化，这加速了管制机构的"自我积累"过程，④ 即由于管制的实施提高了行政官员政治晋升和寻租的机会，在此激励下，他们更倾向于为相应管制的实施寻求正当化借口，并进一步扩大和增加这种管制，从而导致管制的"圆球"越滚越大；以各种不正当管制的形式实施的国家限制竞争行为也加重了企业经营的负担，导致其在国际市场上丧失了重要的竞争力，美国 20 世纪六七十年代的研究表明这一负担增加的比例甚至达到了 50%，从而使美国企业在国际市场竞争中的价格优势受到重创。⑤

二、放松管制运动的理论依据

社会经济形势的急转直下迫使欧美国家的决策层开始反思管制型政府的弊端。与此同时，西方这一时期的若干新生经济学理论也对国家管制经济实践的反

---

① 顾丽梅：《规制与放松规制——西方四国放松规制的比较研究》，载《南京社会科学》2003 年第 5 期。

② ［美］凯斯·R. 桑斯坦著：《权利革命之后：重塑规制国》，钟瑞华译，中国人民大学出版社 2008 年版，第 18 页。

③ 参见 Stephen Breyer, *Regulation and Its Reform*, Cambridge：*Harvard University Press*，1982, p. 1.

④ 卢颂华：《美国放松规制改革的发展与启示》，载《行政论坛》2002 年第 3 期。

⑤ ［法］亨利·勒帕日著：《美国新自由主义经济学》，李燕生译，北京大学出版社 1985 年版，第 157 页。

思奠定了理论基础，如可竞争市场理论①、管制俘获理论②、公共选择理论，等等。

可竞争市场理论认为，当一个市场处于不存在严重的进入和退出障碍的"可竞争"的状况时，即便在位经营者处于较高的垄断地位，由于潜在经营者的压力，市场上的经营者也会保持良好的经济效率，而并不会轻易滥用市场支配地位；否则，以滥用行为攫取垄断利益的做法很容易给潜在的竞争对手释放一个可逐利的信号，从而激励其进入市场与在位经营者展开竞争。这一理论衍生出所谓的"潜在竞争者效应"观念，它挑战了以替代竞争为目的实施的经济性管制，认为在可竞争市场状态前提下，经济性管制并无必要，或其力度应有所收敛。以价格管制为例，如果市场处于准入壁垒并不高的状态，即使对在位的具有垄断地位的经营者未予价格限制，其为了防止潜在竞争者进入市场，也会以富含效率的形式进行定价，从而防止价格暴涨。

管制俘获理论和公共选择理论在管制效果的实证研究上则更像是一对孪生姊妹，③ 它们打破了管制措施的实施被认为天然地有利于促进效益、公益等社会福

---

① 本章对可竞争市场理论的介绍综合参考了如下文献资料：（1）文学国主编：《政府规制：理论、政策与案例》，中国社会科学出版社 2012 年版，第 89 页。（2）[美]霍温坎普著：《联邦反托拉斯政策：竞争法律及其实践（第三版）》，许光耀、江山、王晨译，法律出版社 2009 年版，第 36~37、783~784 页。（3）J. Brock, Contestable Markets and Theory of Industry Structure：A Review Article, 91 J. Ool. Econ. 1055(1983)。（4）[美]理查德·A. 波斯纳著：《反托拉斯法（第二版）》，孙秋宁译，中国政法大学出版社 2003 年版，第 161~162 页。后文再提及相关理论的介绍时，不再重复注释。

② 本章对管制俘获理论的介绍综合参考了如下文献资料：（1）文学国主编：《政府规制：理论、政策与案例》，中国社会科学出版社 2012 年版，第 72~74 页。（2）[美]霍温坎普著：《联邦反托拉斯政策：竞争法律及其实践（第三版）》，许光耀、江山、王晨译，法律出版社 2009 年版，第 784~786 页。（3）[美]W. 基普·维斯库斯、小约瑟夫·E. 哈林顿、约翰·M. 弗农著：《反垄断与管制经济学（第四版）》，陈甬军、覃福晓等译，中国人民大学出版社 2010 年版，第 41~42 页。（4）W. A. Jordan, "Producer Protection, Prior Market Structure and the Effects of Government Regulation", *Journal of Law and Economics*, 1972, No. 1.（5）George J. Stigler, "The Theory of Economic Regulation", *Bell Journal of Economics*, 1971, No. 2. 后文再提及相关理论的介绍时，不再重复注释。

③ 霍温坎普直言管制俘获理论实际上是公共选择理论的具体化，参见[美]霍温坎普：《联邦反托拉斯政策：竞争法律及其实践（第三版）》，许光耀、江山、王晨译，法律出版社 2009 年版，第 785 页。这种修辞的意蕴在于，公共选择理论和管制俘获理论实际上都揭示了管制决策作出和实施的过程并不天然地以促进公众福祉为目的，而是同质性强的小利益集团俘获的结果，公共选择理论将这一研究投注到整体政治运作格局之中，进而探讨选民、政治人物和政府官员在民主体制或其他类似的社会体制下的互动，常被视为政治经济学的理论；而管制俘获理论则将视野放到具体的受管制领域或行业，其结论更为微观和精细，常被视为法律经济学的理论。

祉的幻想，而是特殊利益集团俘获管制者的结果。在公共政策择取过程中，与普遍性的公众需求相比，同质性强的小利益集团反而更能有效地表达并实现其利益诉求，其手中的选票会成为其向政客购买公共政策的对价，[①] 最终的结果便是，法律的制定与实施很可能代表了少数人而非多数人的利益；在管制领域，这一逻辑的表现是管制者与被管制者并非总是针锋相对的，而是有时是一对利益共同体，管制者为了保证官僚岗位的不受裁撤和财政拨款的充实，会倾向于强化所在领域管制的正当性，而被管制者则希望受到公共政策的庇佑而非打压，最终的结果是行业私益偷换了公众福祉，成为管制决策和实施时的标准，致力于弥补市场失灵的管制行为最后却异化成了国家限制竞争，彼时在对国家若干管制行业的实证研究印证了这一结论。

综上所述，一方面，管制型政府于第二次世界大战后的实践在 20 世纪 70 年代时已处于积重难返的情境，宏观经济形势的窘迫、微观经济活力的不足以及政府财政负担均迫使欧美国家进行政策反思和改革，战后对政府管制正当性的信心大为减弱；另一方面，彼时经济学理论的若干成果又迎合了质疑管制的思维，对竞争和市场的信心增强，古典自由主义的思潮一定程度回流。[②] 这种综合社会背景最终促成了管制实践的一次革命，即放松管制运动，以美国这一"领头羊"为先锋，放松管制运动从欧美国家 20 世纪 70 年代末开始，一直持续到 21 世纪初，并在过程中陆续将这一态势影响到亚洲、拉丁美洲等多数遵循市场经济体制的国家，至今在个别国家的个别行业或领域仍有所持续。这一运动本质上是在整体经济体制中降低不正当管制的存量，进而拓展市场在资源配置中所发挥作用的广度和深度的过程，更是国家自上而下系统开展的对国家限制竞争行为的体制性因素进行系统清理的改革运动。在我国，体制性因素被普遍视为国家限制竞争行为频发的症结，因此，系统地梳理欧美国家放松管制运动的整体过程，对我国国家限

---

① 之所以同质性小的利益集团更容易以选票购买到公共政策，是因为与社会公众相比，这一群体的诉求单一且集中。如同性恋群体几乎都倾向于享受到一个同性恋婚姻合法化的公共政策，而异性恋群体尽管在人数上远大于同性恋，但他们对公共政策的需求是多样化的，不利于在公共选择中换取同质性的公共政策。

② 将放松管制的理论基础总结为"对竞争和市场的信心增强"和"对管制过程的信心减弱"的论述援引自[美]霍温坎普著：《联邦反托拉斯政策：竞争法律及其实践(第三版)》，许光耀、江山、王晨译，法律出版社 2009 年版，第 783~786 页。

制竞争问题的规制极具借鉴意义。

值得注意的是,尽管放松管制运动具有改革政府干预手段并扩张市场机制作用的内涵,但这一概念并不笼统地涵盖任何在同一时期进行经济体制改革的国家。事实上,在放松管制运动持续进行的 20 世纪七八十年代,苏联、东欧以政治剧变的形式经历了体制变革,我国则以改革开放的形式既保证了社会稳定,又实现了经济体制的转轨。如果是以这些改革的结果来判断,它们确实也实现了管制体制的放松,但是,其性质与以欧美国家为首的放松管制存在极大不同:一方面,欧美国家的放松管制是在市场经济体制本身已然建成的情势下开展的,改革运动仅旨在进一步扩展市场的力量,限缩政府的不正当管制,而苏联、东欧的政治剧变与我国的改革开放尽管发生于类似的时间,但其实质是完成市场机制在这些国家从无到有的剧变;另一方面,欧美国家的改革无论是从目的还是结果上来看,均聚焦于管制的放松,而社会主义国家则是在对整体国家经济和政治体制进行一次系统修正,管制的放松只是这次改革的"附带品",且从整体存量上来看,尽管不正当管制在改革后确实大大减少,但仍然未达到放松管制运动国家所取得的卓越成果。至今,在与我国反行政垄断立法中模式较类似的俄罗斯、乌克兰等国,国家限制竞争仍是一个备受关注的问题。

三、放松管制运动的基本过程

放松管制运动涉及多个国家和地区,并辐射到众多受管制的行业或领域,且每一地域或市场上的表现也均具有微妙的差别,但整体而言,放松管制运动的基本过程可以简练地概括为分权化策略、绩效化策略、组合优化策略和法治化策略四个方面,[①] 经过这一系列制度规划,国家限制竞争在西方发达国家的发生频率大降,市场在资源配置中的作用得到强化。

(一) 分权化策略

分权化策略是指下放政府管制权力,通过将以前政府普遍实施的部分职能转

---

① 对这四种策略的总结援引了卢颂华文献当中的提法,参见卢颂华:《美国放松规制改革的发展与启示》,载《行政论坛》2002 年第 3 期。但下文所叙述的各策略的具体内容在参阅其他国内外文献的基础上进行了修正,与该文献的具体范畴存在差别。

向市场或社会中介组织的形式，进行管制的"卸载式"改革，从而缩小政府管制规模，降低国家限制竞争行为的发生频率。这其中的一个重要体现是若干受管制行业经营者以民营化替代国有企业的过程，在此之前，欧美国家以政府投资的形式在若干特殊行业推行国有化进程。国有化可以说是一种最极端和刚性的管制，[①] 因为它相当于以准入管制的形式直接将民营企业排除在相关市场之外，替代为公权力的独占式经营。从这个角度来看，民营化的过程本身既是一种管制权力的下放，与此同时，它还有利于若干关联问题的解决。比如社会资本在公共服务行业的涌入有利于缓解财政压力；再如，对被管制者民营化身份的再造，也有利于打破管制者和被管制者的政企同盟，减少管制俘获的发生比率，进而抑制以保护在位经营者为目的的国家限制竞争行为。

分权化策略的直接功能是若干受管制行业"管制指数"的降低，所谓行业管制指数，是采用定量方法对若干行业尤其是管制较深切的垄断行业进行的管制测度，[②] 如果行业管制指数高，则表明政府管制规模偏大，潜在的不正当管制的存量也通常较高。比较有公信力的是 OECD 管制指数，即对每个产业从进入壁垒、公共所有权、市场结构、纵向一体化、价格管制等方面进行评价的测度方法。[③] 以英国、美国为例，依照 OECD 的统计，1975 年二者在航空、电信、电力、天然气、邮政、铁路、公路七大受管制行业的管制指数分别为 4.8 和 3.7，而在 2003 年，二者已经分别降低到了 1.0 和 1.4。[④]

(二) 绩效化策略

绩效化策略是指对政府管制的决策和实施施加一个以经济分析工具为主要形式的控制策略，实现管制措施设置的科学化，从而在不正当管制真正发挥出限制

[①]　参见 Anthony I. Ogus, *Regulation: Legal Form and Economic Theory*, Oxford: Hart Publishing, 2004, p. 265.

[②]　戚聿东等著：《中国垄断行业市场化改革的模式与路径》，经济管理出版社 2013 年版，第 468~480 页。

[③]　根据产业的不同，管制指标可能存在若干差别。具体的介绍可参见戚聿东等著：《中国垄断行业市场化改革的模式与路径》，经济管理出版社 2013 年版，第 480~489 页。

[④]　转引自戚聿东等著：《中国垄断行业市场化改革的模式与路径》，经济管理出版社 2013 年版，第 495 页。

竞争的效果之前，即对其予以清理、修正或废除。正当管制的前提是市场失灵，即在市场本身无法保证资源优化配置的情况下，则要发挥管制对市场的纠偏性作用，而 20 世纪 70 年代欧美泛化的管制体系则远超管制的正当性边界，一个典型体现便是管制在寻租和扩权冲动下的不断膨胀，导致管制成本日趋推高。此时，不正当的管制不但没有弥补市场失灵而推进资源的优化配置，反而更加导致了资源的浪费，这也是彼时欧美国家发生严重财政赤字的重要原因；而在经济运行方面，若干行业的市场经营行为开始在管制化的背景下运行，进而呈现出国家限制竞争下的畸形运作局面。为了对此进行系统地治理，在放松管制的历史时期内，日渐衍生出一整套名为"管制影响评估"（Regulatory Impact Analysis，RIA）的促进管制行为绩效化的机制。它是以经济学上的成本收益分析为主要工具，以确保政府管制行为在实现治理市场失灵的正当性要求前提下，又不会产生国家限制竞争等过高社会成本和风险的现象为根本目的，对政府管制实施的一种以考察其是否符合经济绩效要求为主要内容的控制机制。

　　从管制影响评估的历史发展过程来看，它主要包含三个阶段①：第一阶段是从 20 世纪初到 20 世纪 70 年代初，即放松管制运动全面开展的前夕，这是管制影响评估的制度雏形阶段，彼时尚不存在普遍性的制度实践，但在一些纯粹财政货币层面的政府管制行为上，存在一些原理相类似的机制，如评估某一项公共事业管制的资金收益是否大于成本、政府管制经济的行为是否会造成不必要的通货膨胀，等等。第二阶段是从 20 世纪 70 年代到 21 世纪初，这是管制影响评估制度的成熟期，以 1981 年美国里根总统第 12291 号总统令《联邦规制》第 2 条为标志，开始引入一个全面的成本收益分析工具，管制影响评估制度真正开始系统地影响行政机构的组织和行为，放松管制运动也因为这一绩效化策略的全面引入开始加速推进。在这一阶段内，欧美发达国家得以系统地对国家限制竞争的体制性基础进行卸载。第三阶段是 21 世纪以来，基于进一步防止政府管制行为可能产生的限制竞争效果，再加上国际反垄断学术研究中对国家限制竞争法律规制的日趋重视，管制影响评估在保留既有运转机理的前提下，升格为"竞争评估"（Competition Assessment），即系统地评估管制对竞争机制可能产生的影响，防止

---

　　①　在本章第二节，会对管制影响评估的三个发展阶段有更进一步的论述。

对竞争产生不正当的妨碍效果。目前，为了保证制度运转最大限度的效率，已经有多个国家或地区将成熟的管制影响评估和竞争评估整合为一揽子体系，这成为西方国家规制国家限制竞争行为的最核心经验。

(三) 组合优化策略

组合优化策略是指在放松管制运动过程中对政府管制结构进行科学调整，并非对所有类型的管制都进行放松，而是在管制结构优化、合理的前提上进行甄别，"有所为、有所不为"。

组合优化策略的第一个体现是着重放松以行业为导向的经济性管制，但在以现实公益性问题为导向的健康、安全与环境等社会性管制等方面则并未放松，甚至还有加强的趋势。之所以做此区分，是因为经济性管制致力于弥补竞争机制的缺位性，意图发挥替代竞争的作用，因此它通常直接作用于市场准入资格、定价机制、产品标准、市场划分等直接的生产要素，一旦操之过猛，就容易发生偏差，使目标从竞争之替代演变为竞争之"取代"，这个时候，国家限制竞争就产生了。这会令管制正当与否经常"一念成佛，一念成魔"，比如，自然垄断领域中的准入管制旨在扶持一个优质的经营者进入独占性市场，但在发生权力寻租的场合，这种管制就变成对在位垄断者的培育。相比经济性管制，社会性管制以弥补市场在解决社会公益性问题上的乏力为目的，在这些领域中，市场本身是力不能及的，因此，其产生国家限制竞争的可能性较低。如果忽视经济性管制和社会性管制的这一差别，强行在两个领域均放松管制，就有可能造成政府在推进公众福祉问题上的缺位。因此，放松管制运动并非纯粹意义上对所有管制的放松，而是表现为经济性管制和社会性管制的"此消彼长"般的结构优化过程。美国学者曾将这　过程与 20 世纪 30 年代的情况进行了对比，在 20 世纪 30 年代，美国为了应对经济形势而设置了一系列扩张管制权力的经济性管制机构，但从 20 世纪六七十年代开始，伴随前述经济性管制机构的缓慢放松，与之对应的是与环境保护以及劳动者、消费者、穷人、残障人士等民权运动的保护相契合的社会性管制机构的膨胀，这一现象被美国学者称为"权利革命"[1]。

---

[1]　[美]凯斯·R. 桑斯坦著：《权利革命之后：重塑规制国》，钟瑞华译，中国人民大学出版社 2008 年版，第 26~27 页。

组合优化策略的第二个体现是，即使在放松管制所偏重的经济性管制领域，也在甄别不同行业特性的基础上存在明显的结构性偏重，主要致力于管制较为普遍、不正当管制频率更高的自然垄断行业，如航空、铁路、电力、电信、公路、有线电视、天然气等领域。① 在放松管制前，这些行业所具有的自然垄断属性被认为属于市场失灵的多发地带，也便成为彼时管制体系建立的重要理论基础。但随着理论和实践的进展，一方面管制俘获和公共选择揭露了管制实践存在私益性的异化倾向；另一方面，自然垄断领域也在市场需求扩大和科技进步的环节中不断限缩，如传统上被视为自然垄断的电力行业，其实只有高压输电和低压配电环节是自然垄断的，而电力设备供应、电力生产和供应均可实现有效竞争，在后者范围内并无必要施加太过深切的经济性管制。② 此时，如果在这些行业再继续保持高度的管制结构，那便是在放任国家限制竞争行为不予治理。因此，严谨来讲，放松管制的核心实际上是国家限制竞争最频发的若干特殊行业经济性管制之放松，而不是其他。

(四) 法治化策略

法治化策略是指注重立法、修法和废法等活动在放松管制运动中的重要作用，保证管制改革有法可依。这一点可从美国管制传统最浓郁和深厚的铁路行业改革得到明显体现③：美国的铁路行业堪称管制传统最深厚的"重灾区"，对铁路的管制历史基本上与管制本身的历史一样长，1887 年成立的州际商务委员会(Interstate Commerce Commission，ICC)即负责铁路管制，它是美国第一家在联邦层面成立的独立管制机构④，州际商务委员会成立的法律依据——1887 年的《州际商务法》(*An Act of Interstate Commerce*)也经常被视为现代管制立法起源的标识

---

① 戚聿东等著：《中国垄断行业市场化改革的模式与路径》，经济管理出版社 2013 年版，第 496~499 页。

② 刘大洪、谢琴：《自然垄断行业改革研究——从自然垄断行业是否为合理垄断的角度出发》，载《法学论坛》2004 年第 4 期。

③ 王立平：《规制与放松规制：美国铁路体制改革的启示》，载《郑州航空工业管理学院学报》2007 年第 6 期。

④ 宋华琳：《美国行政法上的独立规制机构》，载《清华法学》2010 年第 6 期。

性事件。① 但到了 20 世纪 70 年代，面对普遍性的管制所致的国家限制竞争的伤害，美国铁路行业已经到了崩溃边缘，许多铁路公司濒于破产。在这一背景下，一系列的铁路行业放松管制法案在美国陆续通过，如 1970 年将铁路客运业务与货运业务分离的《国家铁路客运法案》(Rail Passenger Service Act)；组建联合铁路公司的 1973 年《地区铁路改组法》(Regional Rail Reorganization Act) 和 1976 年的《铁路复兴与管制改革法》(Railroad Revitalization and Regulatory Reform Act)；进一步放松政府管制、赋予铁路公司更多经营自主权的 1980 年的《斯塔格斯铁路法》(Staggers Rail Act)；最终，在 1995 年《州际商务委员会终止法案》(ICC Termination Act) 为这一管制改革进程"一锤定音"，它撤销了存在超过一个世纪的州际商务委员会，并于 1996 年成立了地面运输委员会 (Surface Transportation Board)，赋予其执行经放松管制后美国所有运输业的全部管制职能。

事实上，美国在放松管制运动中这种对法治化策略的重视绝非铁路行业的"一家独秀"，几乎任何一个受到放松管制运动辐射的行业均在不同层面受益于立法运动的推动：如针对航空运输业的 1977 年的《航空运输放松管制法》和 1978 年的《航空放松管制法》、1978 年针对电力行业的《公用事业管制政策法》、1980 年针对地面运输的《激动运输法》和《家用货物运输法》、1982 年针对城市公共交通的《公共汽车管理改革法》、针对电信市场的 1984 年《电信电缆法》、1995 年的《通讯竞争与解除管制法》、1996 年的《联邦通信法》，等等。② 诸如此类的例子不胜枚举。

四、预防式规制机制的经验与启示

(一) 预防式规制机制的功能与启示

一言以蔽之，发达国家对国家限制竞争进行规制的经验是：以放松管制运动

---

① 如文学国主编：《政府规制：理论、政策与案例》，中国社会科学出版社 2012 年版，第 9 页。再如[美]W. 基普·维斯库斯、小约瑟夫·E. 哈林顿、约翰·M. 弗农著：《反垄断与管制经济学(第四版)》，陈甫军、覃福晓等译，中国人民大学出版社 2010 年版，第 5 页。

② 文学国主编：《政府规制：理论、政策与案例》，中国社会科学出版社 2012 年版，第 557 页。

的开展作为对国家限制竞争进行系统治理的历史机遇，以管制影响评估作为规制国家限制竞争的核心制度，以扩张反垄断法的调整范围作为规制国家限制竞争的必要补充。在这一制度结构中，在管制决策和实施环节发挥作用的管制影响评估是最核心和最有效的制度经验，它将大部分管制在真正产生限制竞争的危害后果之前即予以修正或清理。

从这一规制体系建立的背景来看，西方国家与当前的我国并没有本质区别：20 世纪 70 年代的西方国家虽然具有一个普遍性的市场经济体制背景，但却经历了 30 年左右管制型政府实践，政府管制的普遍扩张和异化导致若干领域的竞争机制无法充分发挥作用，国家限制竞争行为频发。而当前的我国也是在经历过高度集中的计划经济体制后，以改革开放逐渐确立起了社会主义市场经济体制，但若干垄断行业改革的滞后、国家过度管制经济的习惯性做法未经修正、地方经济利益驱动下的地方保护主义等问题也使中国的行政垄断成为一个备受关注的问题。甚至在其他因素上，20 世纪 70 年代的西方国家也与我国目前具有若干相似性，如财政负担加重、宏观经济开始呈现出发展压力，等等，也与我国目前的地方债务问题、经济转型问题相耦合，相关问题都与不正当管制的过度扩张具有一定的因果关系。也正是由于这个背景，西方国家开展了一场轰轰烈烈的放松管制运动，开始清理和改变国家限制竞争的体制性基础。而管制影响评估这一最有效的规制经验也是伴随放松管制运动的开展而得到发展的。与事后的执法和司法不同，管制影响评估直接作用于国家限制竞争的源头——政府管制的决策和实施，从而展现出巨大的制度功能。经过这一预防式规制机制，以反垄断事后执法或诉讼的形式处理国家限制竞争的压力大大减少。因此，在西方国家的反垄断立法中，通常不会专门设置一个对国家限制竞争行为进行规制的章节，而是采取了更低调和谦抑的做法，如限缩反垄断法适用除外制度的范围、扩张反垄断法规制行为的范围等，其目的仅是为国家限制竞争的事后规制提供制度准据。

西方发达国家的上述规制经验，长期被我国反垄断法的比较研究所忽视，这一忽视建立在"西方国家不反行政垄断"这个误解之上。而这一误解的产生是由如下两个因素造成的：第一是"行政垄断"和"国家限制竞争"的东西方语境差异；第二则是在以预防式规制机制为核心要素的西方国家经验中，反垄断立法文本中规制国家限制竞争的法律制度的"存在感"较低，难以引起充分关注。事实上，西方国家以事前的预防式规制为主的国家限制竞争规制机制具有极强的借鉴意义，它直接作用于国家限制竞争发生的体制性基础，有利于实现国家限制竞争问题的根治。与经营者实施的限制竞争行为相比，在具体执法和司法过程中处理国家限制竞争行为是非常困难的，因为它具有先天地抗拒法律实施的公权力背景。而预防式规制的做法则有利于直接控制国家限制竞争的源头，它直接扼住了政府管制行为异化的体制性基础，有利于从整体程度上降低国家限制竞争的现实存量和未来增量。这便解释了为何管制影响评估制度在放松管制运动期间能够得以飞速发展，毕竟该运动的开展急需这一管制影响评估作为其重要的制度基础；这也能解释为何西方国家在放松管制运动后，国家限制竞争已经是一个小概率事件，其已经不再作为一个急迫性的社会问题而存在。

(二) 预防式规制机制的适用前提

预防式规制机制所具有的上述制度功能弥足珍贵，它有利于我们在反行政垄断立法讨论中若干观念性桎梏的更新，以事前规制的形式探寻规制国家限制竞争的新的制度路径。但是，预防式规制机制却又是一个难以通过单纯的立法修正而予以简易法律移植的制度，因为这一机制对所在国家的观念、制度和意识形态都有极高的要求，这一系列适用前提的转化并非一蹴而就。

首先，预防式规制机制对一个国家法治化建设程度的要求极高。上文已述，管制影响评估的实质是增强了行政法上比例原则的可操作性，它为政府管制的决策和运作过程施加了一个控制机制，从而开启了内源于政府部门本身的管制自控体系。因此，如果是处于一个国家法治化建设程度较低的国家，由于程序正义、公权力限制等观念尚未普适人心，这一制度能否在现实中真正发挥充分作用，将是十分可疑的，反而有可能由于配套机制的不充分而造成制度运转流于表面，难以真正对国家限制竞争行为起到预防性的系统清理作用。

其次，预防式规制机制要求一个国家有普遍性的竞争机制和竞争文化观念。推动管制影响评估制度建立、完善和发展的一个重要因素便是相应国家本身存在着一个普遍性的市场经济体制，以及与该体制相绑定的在社会中普遍存在的竞争文化观念。正是由于这些因素的存在，西方国家的放松管制运动才能和管制影响评估制度形成相互补充和增进的"互助式"发展结构。也正是由于这一因素，在放松管制后的时代，国家限制竞争在西方国家已不是一个高频率事件，由此造成立法没有压力像中国一样，必须建立一个系统的反国家限制竞争立法结构以回应社会问题，转而采取了一个法律宣示性效果极弱的做法：单纯扩张反垄断法调整范围的立法策略，这也正是与中国相类似的反行政垄断立法多存在于发展中国家，而发达国家的立法文本中多不具有这一特点的原因。

最后，预防式规制机制要以存在一个独立、统一、权威、高效的反垄断主管机构为制度前提。如今的管制影响评估已经从一般的成本收益分析工具的运用进化到对其竞争影响的专门评估。与一般影响评估相比，管制的竞争评估更能实现对国家限制竞争行为的准确识别和修正，其制度价值更大。但是，这一机制通常是以管制机构将相关政策法规交由反垄断主管机构予以评估的形式进行的，因此，该制度充分发挥作用的前提必须是国家存在一个独立、统一、权威、高效的反垄断主管机构，该机构能够广泛地对其他管制机构乃至立法机关产生执法影响，不受到非反垄断因素的干扰；该机构亦能最大限度地整合一个国家的竞争执法职权，从而保证竞争评估和竞争倡导制度的专司性与权威性。反垄断主管机构的这种建制要求是预防式规制机制能够真正发挥作用的机构前提，也是西方国家反垄断法律实施的重要经验总结。

从我国目前的情况来看，上述三大前提均有不同层面的缺失，如果说法治化程度和竞争观念的培育因为我国四十多年改革开放的实践而有了充分改观的话，那么对一个独立、统一、权威、高效的反垄断主管机构的需求，在目前尚未完成。因此，尽管西方国家的预防式规制机制极具借鉴价值，但它并不是仅靠法律条文修正所能完成的任务，而有必要从整体制度健全的角度予以渐进式推行。

第二节　中国开展放松管制运动的未来展望

在中国视域下，国有企业中的混合所有制（Enterprises of the Composite-Ownership System，以下简称 ECOS）改革和公共事业中的公私合作制（Public-Private-Partnership，以下简称 PPP）改革尝试提供了从事放松管制运动的可行性基础，但同时，我们不能过于乐观，毕竟目前的改革实践仍与真正的放松管制路径相去甚远，后者需要从奠定基本的法制基础、从纵向和横向两个方面系统地实施放松管制等方面稳步实行。而这些内容显然还未构成我们改革实践中所关切的问题。从西方国家放松管制的基本过程来看，这一改革活动极度有利于一个系统的国家限制竞争的规制体系的形成，因此，有必要尽快抓住近两年 ECOS 和 PPP 改革的机遇，开展一场真正意义上的放松管制运动，为国家限制竞争平衡式规制机制的建立提供一个坚实的体制基础。

一、打破放松管制的思维阻力

如果说中国与西方国家的放松管制运动存在什么意识形态的不同，那便是对中国管制体制改革与否的讨论，除了需承担起为经济社会发展背书的责任之外，还总是与公有制在若干特殊领域中保持垄断地位的"政治正确性"问题藕断丝连。在法律层面，它还涉及《宪法》中国有经济条款的解释问题："到底是优先考虑公有制条款或国有经济条款，还是优先考虑市场经济条款？"[①]在十八届三中全会之前的很长一段历史时期内，特殊行业的改革一度被视为充满着艰深的政治、经济和社会公益方面的阻力，这成了放松管制运动在中国开展的一个不可回避的难题。但是，笔者认为，这一思维阻力其实早已不复存在。

从政治角度来看，我国以公有制为主体的意识形态被写进宪法，这似乎成为特殊行业保持国有经济为主体的政治正确的理据。但这一逻辑的疏漏在于，非公经济亦被明确为我国基本经济制度的组成部分，且混合所有制改革的发展方向并未有悖国有资本的主体地位，只是更强调非公资本在特殊行业促进效益和有利竞争的作用。事实上，从国企改革的进程来看，混合所有制本身即是在减少政治风险下的折中产物，它的实践"可以在一定程度上缓解国有企业内部人对所有权改革的抵触"[②]，十八届三中全会以后，《中共中央关于全面深化改革若干重大问题的决定》中若干语词的变化进一步消除了这一政治上的桎梏：混合所有制被明确作为国企改革的重要方向，且尤其指出要"鼓励发展非公有资本控股的混合所有制企业"；已经去除了类似在"关系国家安全、国民经济命脉"的行业中坚持国有

---

① 应品广著：《法治视角下的竞争政策》，法律出版社 2013 年版，第 210 页。
② 张文魁著：《中国混合所有制企业的兴起及其公司治理研究》，经济科学出版社 2010 年版，第 79 页。

经济主体地位的语句，而着重指出国有资本的投资目标为"提供公共服务、发展重要前瞻性战略型产业、保护生态环境、支持科技进步，保障国家安全"，并要划转部分国有资本充实社会保障基金，即国有资本的作用更突出其社会福利作用。这些分析表明，我国目前在特殊行业对非公资本的歧视性准入管制已经不存在政治上的理由，而它们所产生的国家限制竞争现象则应该成为未来放松管制的改革重点。

　　从经济角度来看，被要求国有经济必须占有主体地位的特殊行业中，有相当一部分在传统上被视为自然垄断行业，这成为国有资本进驻并占据垄断地位的正当理由。自然垄断通常投资规模大且回收慢，而国有经济资本雄厚，相较非公资本便更有力参与自然垄断行业的经营；自然垄断领域的产品具有一定的公共服务属性，这便更与国有经济的社会公益性相切合；另外，由于自然垄断行业通常只能允许经营者寡头或独占经营，将其交由非公资本的做法，也会引发公益性设施控制于私人企业时侵袭民主与公平价值的恐惧，而国有经济则通常不会产生这种怀疑。但是，自然垄断行业的若干特殊属性并不天然地与国有经济相联系，而只是意味着在私人企业难以经营时，国有经济对自然垄断行业的发展承担着最终的保证责任。[①] 伴随社会经济的发展，自然垄断行业也是一个外延日渐限缩的词语，市场需求的扩大或科技的进步均能打破特定领域的天然进入壁垒，从而使私人经营者进入行业参与竞争变为可能；对自然垄断的深入研究则表明可以进行竞争性业务与垄断业务的剥离，而前者并不需要寡头或独占经营，完全可以实现适度竞争。另外，由国有资本控制自然垄断行业的做法也并不天然地有利于经济民主与公平，尽管与非公经济相比，国有经济更容易承担一定的社会公益性职能，从而有利于自然垄断业务中普遍可获得性的实现，但这是以增强管制者与经营者之间的亲密联系为代价的。由于资本的国有性质，国有企业天然地带有一定公权力属性，很容易与管制者达成共谋，从而导致权力寻租，消解管制手段的有效性，"政府决策权会成为利益集团的俘虏；此外，非友善的政府还可以通过国有

---

　　① 谢地编著：《自然垄断行业国有经济调整与政府规制改革互动论》，经济科学出版社2007年版，第17页。

化来提升强权，最终反而降低了社会福利";① 而在非公资本参与甚至是控股的企业中，管制者就会因为共同利益的薄弱而难以被俘获，管制失效的问题也将因此而受到有效遏制，作为不正当管制的国家限制竞争也会由于体制基础的消解而得到系统治理。

从社会公益角度来看，特殊行业中涉及多项公共服务与社会福利事业，只有保证这类行业对社会大众具有普遍的可获得性，才能保证社会公众利益的实现，而国有资本的一元化也因此得到了庇佑。这一论证过程的粗糙之处在于：其一，即便是公共服务与社会福利行业，公益也并不是其全部价值追求，在保证基本公共利益的前提下，效益目标也应当受到必要性的关注。非公资本适度进入公共服务性行业能有效地促进竞争和缩小政府在提供公共产品时的财政负担，而这正是20世纪七八十年代以来国际上私有化运动同时得到左右翼政府支持的原因——它既增加了财政收入和扭转了国企的低效率，又有利于缩减政府规模。② 其二，兴办国有企业也并不是实现社会公共利益的唯一办法，某些社会目标需要政府本身来完成，还有一些则可以通过政府对私有企业的其他柔性管制来实现，③ 这恰恰成为对非公资本抛弃歧视性准入管制，引导和规范其在特殊行业参与竞争的理据。因此，非公资本获准进入部分具有社会公益性的行业当中，与国有资本组合成混合所有制企业，恰恰有利于政策偏向和商业价值的中和，从国外实证研究的结果来看，不论是发达国家还是发展中国家的混合所有制企业，均对此结论有所印证。④

综上所述，放松管制运动并不存在政治、经济和社会各方面的风险性，它的

---

① ［美］热拉尔·罗兰主编：《私有化：成功与失败》，张宏胜、丁淼、孙琪等译，中国人民大学出版社2013年版，第20页。

② ［美］热拉尔·罗兰主编：《私有化：成功与失败》，张宏胜、于淼、孙琪等译，中国人民大学出版社2013年版，第1页。

③ 参见 Andrei Shleifer, "State versus Private Ownership", *Journal of Economic Perspectives*, 1998, No. 4.

④ 来自发达国家的实证研究可参见 Stephen Brooks, "The Mixed Ownership Corporation as An Instrument of Public Policy", *Comparative Politics*, 1987, No. 1; 来自发展中国家的实证研究可参见 Hamid Beladi, Chi-Chur Chao, "Mixed Ownership, Unemployment and Welfare for Development", *Review of Development Economics*, 2006, Vol. 10, No. 4.

开展恰属于我国社会主义市场经济体制建设的应有之义。应当在未来进一步深化改革的时期实现这一思想解放,为放松管制运动的顺利开展铺平制度基础。

二、在放松管制运动中实现管制结构的再造

放松管制运动的开展绝非"去管制化"如此野蛮和反智,而是意味着对政府管制理念和逻辑的一种重塑。我国目前纵横交错式的政府管制体制,之所以存在对竞争的不正当限制现象,一个重要原因是在众多行业和领域均以准入限制的形式取代过程限制。换言之,对某一问题的政府管制本可以通过对经营者施加额外责任、约束其经营行为等经营过程的管制来实现,但在现实中,管制政策多通过扼住经营者"瓶颈"的形式来实现——直接设置较高的准入壁垒,令不符合要求的经营者难以进入相关市场。而这种粗暴化的管制策略是不符合竞争评估中的比例原则的——它在防止风险的同时一并限制了竞争所带来的效益,对社会造成了过高成本。在这种体制下,不但市场竞争环境会受到影响,消费者利益也会难以受到重视:在单一资本来源控制的经营结构下,"生产者(特别是垄断厂商)更容易组织起来影响政府,因此有利于生产者的管制措施必然是中国经济政策的主流措施。只有在特殊情况下(比如通货膨胀压力增大、食品安全风波蔓延),消费者的利益才会被突然重视"。①

从这个角度来看,放松管制运动的开展绝非简单地去管制化,而是实现管制结构的再造:降低准入管制产生的壁垒作用,重建健全的行为管制。一方面,要在中国的若干特殊行业和领域"去资本歧视",打破准入管制对非国有资本施加的"傲慢与偏见",原则上对国有资本和非公资本适用平等的准入资格要求,在第四章对民航业样本的研究中,这一逻辑即可显见。类似的策略应在中国的区域性国家限制竞争中也得到贯彻,即打破对外地经营者施加的歧视性准入待遇,促进全国统一市场的构建。另一方面,在降低准入管制的同时,则要进行行为管制的制度再造,以确保在对市场经营者开放准入领域的同时,相关的社会公益性问题不受侵扰。这正是欧美国家在 20 世纪 70 年代放松经济性管制的同时,增强了社会性管制的根本原因所在。

---

① 应品广著:《法治视角下的竞争政策》,法律出版社 2013 年版,第 87 页。

　　具体来说，在非公资本由于准入管制去资本歧视性而得以顺利进入相应领域的背景下，可能面临两种急需规制的风险：其一为发生非公资本"私益"对"公益"的侵蚀，即特殊行业或领域中涉及的国计民生、公共利益乃至国家安全由于非公资本的进入而受到减损。如在城市基础设施建设中公私合作制的推进，非公资本过于以自身收益为目标，而造成基建普遍服务目的的丧失，或公共服务价格水平提高，等等。其二则恰好相反，即以"公益"为噱头侵蚀非公资本之"私益"，即非公资本仅在形式上进入相应领域，但仍然遭受公权力制约，无法实质享有经营决策权，在既得利益所造就的政策偏好之下，政府部门可能仅立足于以非公资本解决在提供公共服务或其他政府责任上的财政压力，而并无真正让非公资本参与经营并盈利的实质目的。两种风险均有可能产生，有必要以健全非公资本进入后的行为规制体系的方式，替代进入前的准入壁垒体系，从而充分保证市场机制与政府干预的有效中和，实现整体效益的最大化。

　　对于第一种风险，理想的做法是在降低准入管制之后，以优化投资和经营过程中的信息管制和标准管制的做法予以避免。比如要求在关涉普遍服务性、网络互联互通、公共服务等领域中，严格落实经营者的信息披露制度以及限制其盈利比率的价格管制制度，确保这些行业中的社会福祉在非公资本进入后不会受到减损。此时，管制影响评估即应发挥其应有的作用，比如在 PPP 的特许经营权授予过程中，除了对参与竞标的经营者予以基本的标准考察外，还应当要求其出具对未来一定时期内公共服务水平的评估，以确保未来公共物品的提供能稳中有升；另外，政府也应当在 PPP 达成前对此项协议未来财政的承受能力和取得收益予以预估，以确保此项 PPP 协议是"划算"的。除此之外，通过"黄金股"确保政府在私营企业中的特殊权利，在投资或经营协议中对非公资本进行义务约束等，也均是防止私益侵蚀公益的有用手段。

　　相比第一种风险，第二种风险或许是在政府权力法治化程度尚较低的我国尤其需要防范的。随着政府经济能动性的提高，在保障公共利益的名义下，某些地区通过改变交易规则或进行产权控制，对市场资源配置进行干预，这种"越俎代庖"般的不正当政府投资行为，[①] 在非公资本获准进入的场合下，有可能进一步

---

① 刘大洪、郑文丽：《政府权力市场化的经济法规制》，载《现代法学》2013 年第 2 期。

异化为对其经营自主权的直接侵犯,还会有损政府公信力,后续将难以再行树立改革权威。对于此问题,应当剥离政府在实施 ECOS 和 PPP 改革时的身份混同,实现"经营者"与"管制者"的分离。申言之,由于放松管制中的 ECOS 和 PPP 均涉及国有资本的参与经营,管制者与被管制者存在来自国有资本的天然联系,这便有可能造成执法偏离,有损非公资本参与者的合法权益。因此,有必要以直属国务院管理的形式设立一个专司放松管制职责的办公室,从而实现对直接操作 ECOS 或 PPP 改革的行政机构①的分离,保证有效执法。除此之外,还有必要以健全司法审查机制的形式保证对非公资本参与者权益受损时的权益补救,比如鉴于政府在达成公私合作时的信息和权力优势,可以规定在某些情况下应适用举证责任倒置;再比如为了防止政府寻租行为所造成的国有资产流失或相应行业公共利益的减损,可普遍性地推行公益诉讼制度,等等。

综上所述,我国未来应当以 ECOS 和 PPP 改革打下的良好基础为契机,开展一场真正意义上的中国版本的放松管制运动,实现准入管制的谦抑化和行为管制的再塑造,系统地改革我国纵横交错式的刚性管制结构,改变国家限制行政发生的体制性基础,为平衡式规制机制的建立提供良好的时机。

---

① 由于 ECOS 和 PPP 改革均涉及多种行业或领域,实施过程中涉及的机构其实非常庞杂,但从宏观的主导机构来看,ECOS 主要涉及企业国有资产投资结构的调整问题,其牵头者应为国资委;而 PPP 多为公共事业领域,实际上多由各级财政部门予以牵头负责。

第三章　公共规制的成本收益评估与竞争评估

第一节　公共规制影响评估的制度概览

一、管制影响评估的概念界定

管制影响评估(Regulatory Impact Analysis，RIA)是伴随 20 世纪 70 年代西方国家放松管制运动陆续完善的一个制度体系，它主要是前述放松管制运动中绩效化策略的体现。从制度表征上来看，管制影响评估是经济学上的成本收益分析(Cost-Benefit Analysis)渗透到政府管制运行过程的典型体现，即以经济学方法预测和考察管制对市场的实际影响，从而判断其是否符合经济绩效要求，进而决定对其是否有必要予以维持、修正或取消。面对瞬息万变的社会经济运作状况，管制必须要随时调整其实施工具以应对现实需求，尤其是在发生市场失灵的情况下，有必要以政府管制的形式发挥对市场机制的纠偏性作用；但是，公权力时刻存在扩张和异化的冲动，尤其是在以管制为主导的公共管理模式下，它愈发地强调行政行为的命令与服从机制，这便更有可能使政府管制在制定和实施过程中加速出现"自我积累"过程，从而使其在正当性范围之外变异运行，国家限制竞争便是其在市场竞争领域产生不良影响的最典型体现。此时，如何以一个科学的标准将管制限定在正当性边界之内，保证其在维护公共利益和治理市场失灵之外，不会徒生管制失灵问题，就成了放松管制运动时期西方国家经济体制改革的核心命题，这也正是管制影响评估制度产生的现实根源。通过借助经济学工具的绩效化审查，管制更能保证其制定和实施过程是"划算"的。

　　不同的文献对管制影响评估有不同的称谓，有的直接称之为管制的"成本收益分析"①，相类似的称谓还有"成本效益分析方法及其评估机制"②，美国的经济学者还有的将其称为管制的"监督过程"。③ 而"管制影响评估"这一称谓则是经济合作与发展组织(以下简称 OECD)的规范性称谓，在国内学术研究中也多有援引。④ 使用"成本收益分析"一词的相关文献大多基于美国放松管制的经验基础，研究以经济学上的成本收益分析为主要工具，以确保管制符合比例原则、防止国家限制竞争为根本目的，对管制实施的一种以考察其是否符合经济绩效要求为主要内容的控制机制。⑤ 毫无疑问，如果要在当今世上寻得一个管制影响评估制度运用最娴熟和深入的国家，美国当之无愧，这与该制度所依托的研究范式——法经济学，在产生和发展过程中美国本土所发挥的举足轻重的作用休戚相关。⑥ 但是，放眼全球范围，随着放松管制运动在发达国家的开展，这一制度的实际表现早已不局限于美国，在制度建设语境中直接援引"成本收益分析"这一经济学话语体系的却主要是美国，其他富含影响力的管制影响评估制度，如欧盟的管制影响评估框架、OECD 的管制质量与绩效指引、OECD 竞争评估工具书等，⑦ 本质上也是以经济学工具对管制予以绩效化审查的有效实践，但它们多以更贴合政治

---

　　① 刘权：《作为规制工具的成本收益分析——以美国的理论与实践为例》，载《行政法学研究》2015 年第 1 期。

　　② 冯玉军著：《法经济学范式》，清华大学出版社 2009 年版，第 123~126 页。

　　③ ［美］W. 吉普·维斯库斯、小约瑟夫·E. 哈林顿、约翰·M. 弗农著：《反垄断与管制经济学(第四版)》，陈甫军、覃福晓等译，中国人民大学出版社 2010 年版，第 21 页。

　　④ 中国这方面的代表性文献有席涛：(1)《政府监管影响评估分析：国际比较与中国改革》，载《中国人民大学学报》2007 年第 4 期。(2)刘东洲：《比较西方监管影响评估分析标准——以美国、欧盟与经济合作与发展组织为参照》，载《北京工商大学学报(社会科学版)》2008 年第 4 期。

　　⑤ 中国这方面的代表性文献有：(1)刘权：《作为规制工具的成本收益分析——以美国的理论与实践为例》，载《行政法学研究》2015 年第 1 期。(2)石涛：《政府规制的"成本-收益分析"：作用、内涵及其规制效应评估》，载《上海行政学院学报》2010 年第 1 期。(3)蒋红珍：《政府规制政策评价中的成本收益分析》，载《浙江学刊》2011 年第 6 期。它们均以美国作为唯一的制度考察对象。

　　⑥ 关于美国在法经济学思想脉络中作用的详述可参见易宪容：《法经济学的思想轨迹与当前发展》，载《江西社会科学》1996 年第 7 期。

　　⑦ 席涛：《政府监管影响评估分析：国际比较与中国改革》，载《中国人民大学学报》2007 年第 4 期。

或法律语境的词汇描述该制度，没有直接援引"成本收益分析"的语境。因此，如果以"成本收益分析"直接称呼管制影响评估，会产生该制度专属美国的误解，且成本收益分析是一个未经法学语言消化的纯经济学词语，将其直接纳入法学分析语境，容易产生概念范畴的理解偏差，比如，它容易被不具有经济学知识构成的学者误以为纯财政预算层面的评估审查，这不利于共同研究语境的养成。另外，从这一制度的晚近发展态势来看，其内涵和表现也日渐超越经济学上的成本收益分析工具，而呈现出多样化的制度特色，在这一趋势下，若再单纯以成本收益分析称呼，则有可能限缩该制度在实践演化中的生命力。因此，本章以内涵更为广袤的"管制影响评估"一词对其进行概括。

二、管制影响评估制度的沿革

(一)早期雏形：财政与货币层面的管制影响评估

管制影响评估制度的早期雏形可以追溯至 20 世纪初美国的管制立法，如1902 年美国的《河流与港口法》和 1936 年美国的《防洪法案》均存在具有对管制效果进行评估的粗略规定。[①] 但是，以现在的眼光看，彼时的制度设计非常粗糙和促狭，基本上局限于财政预算和货币资金领域，即纯粹在可以量化为资金数量的层面衡量成本收益的绩效性，此时的管制影响评估与其说具有防止国家限制竞争的性质，不如说只是在会计层面衡量一下管制的实施"值不值"。对相关成本收益分析进行规定的管制领域也通常局限在物质构造性较强、管制实施的成本和收益方便以货币进行量化的领域，如港口建设、河流治理等的公共事业建设。而一个成熟、全面的成本收益分析则"既包括可以计量的措施，也包括成本和效益难

---

① 1902 年《河流与港口法》规定："工程师委员会应当考虑这些工程的现有商业的数量与性质或即将受益的合理前景，和这些工程相关的最终成本，包括建设和维护成本，相关的公共商业利益，以及工程的公共必要性，建设、保持、维护费用的妥当性。"参见 River and Harbor Act of 1902, 32 Stat. 331, 372(1902). 1936 年《防洪法案》规定防洪工程的建构"可能获得的收益应当超过估算的成本"。参见 Flood Control Act of 1936, 33 USCS § 701a(1936). 两部法律规定均转引自刘权：《作为规制工具的成本收益分析——以美国的理论与实践为例》，载《行政法学研究》2015 年第 1 期。

以数量化但又必须考虑的定性措施"①，如管制对主体行为产生的影响，社会意识形态的转化，等等，这些通常无法体现在财政资金层面的直接改变，因此，这一时期的管制影响评估尚不具有防止国家限制竞争的制度意义。

直至美国尼克松政府时期，一个审查程序得以制定，它旨在一定程度上获知管制的成本及其经济影响，这应当是现代意义上的管制竞争评估制度的雏形，但由于这一审查程序是非正式的，其实际发挥的作用很有限。真正将财政预算层面的管制竞争评估推向高潮的是 1974 年福特政府时期颁布的第 11821 号总统令，它要求管制机构为其所有主要的规范性文件准备"通货膨胀影响报告"，并评价相关新的法规可能具有的成本与价格影响，白宫成立了工资与物价稳定委员会（Council on Wage and Price Stability）来管理这一工作。② 从此开始，管制影响评估制度与放松管制运动同期进入迅速发展过程，这一总统令的历史意义重大，因为它在美国开启了以总统令的形式促进成本收益分析的先河，并促进了管制影响评估开始逐渐突破财政货币层面的限制，从制度雏形走向完善和成熟。

（二）制度完善：全面成本收益分析工具的引入

从福特政府开始，美国管制影响评估制度历经卡特政府、里根政府、老布什政府、克林顿政府、小布什政府和奥巴马政府陆续通过颁发总统令的形式予以改进和完善，进而形成一个以全面纵深的成本收益分析方法对管制进行绩效化审查的制度体系。通过表 3.1 可以了解每届政府在推动管制影响评估制度发展上的主要贡献。③

---

① 冯玉军著：《法经济学范式》，清华大学出版社 2009 年版，第 112 页。

② ［美］W. 吉普·维斯库斯、小约瑟夫·E. 哈林顿、约翰·M. 弗农著：《反垄断与管制经济学（第四版）》，陈甬军、覃福晓等译，中国人民大学出版社 2010 年版，第 21 页。

③ 表 2.1 所列举的每位总统令的内容和改革状况是在综合如下文献的基础上予以整理的结果：（1）［美］W. 吉普·维斯库斯、小约瑟夫·E. 哈林顿、约翰·M. 弗农著：《反垄断与管制经济学（第四版）》，陈甬军、覃福晓等译，中国人民大学出版社 2010 年版，第 21～25 页。（2）吴秀尧：《奥巴马政府监管的行为法经济学分析——"成本收益国家"在"行为时代"的人性化改革》，载《时代法学》2013 年第 4 期。（3）刘权：《作为规制工具的成本收益分析——以美国的理论与实践为例》，载《行政法学研究》2015 年第 1 期。（4）美国国家档案馆网站（National Archives）的相关内容：http://www.archives.gov/federal-register/codification/，访问日期：2018 年 4 月 30 日。除表格所列内容外，历届总统还有其他总统令亦涉及管制影响评估，但不涉及制度改进的未在表格中列出。

表 3.1　　　　美国历次政府总统令对管制影响评估的阶段式改进过程

时间	政府	总统令	取得的突破
1974	福特	第 11821 号总统令《通货膨胀影响声明》	要求管制机构为其所有主要的规范性文件准备"通货膨胀影响报告",从而评价管制可能具有的成本与价格影响
1978	卡特	第 12044 号总统令《改善政府管制》	为通货膨胀要求加上成本收益测试,管制影响必须确保选择了成本最低的可接受方案
1981	里根	第 12291 号总统令《联邦管制》	提出了一个成熟的成本收益标准
1993	克林顿	第 12866 号总统令《管制计划与审查》	针对成本收益分析中许多政策结果的难以量化性,加强对其质的方面的考虑
2002	小布什	第 13258 号总统令《修正 12866 号管制计划与审查总统令》	使经济学原则更充分指导对管制进行的分析;推行"需迅速处理信件"机制以鼓励管制机构创新监管方法
2012	奥巴马	第 13610 号总统令《识别和减少管制负担》	运用成本收益分析对现存的重要性管制进行回顾性审查

在整个发展过程中,里根总统在 1981 年颁布的第 12291 号总统令《联邦管制》第 2 条具有革命性的意义,它正式形成了一个成熟的成本收益分析要求,[①]这是管制影响评估制度走向成熟的标志。拜此所赐,与此同期开展的放松管制运动获得了更为坚实的制度基础,自此之后开始加速进行,在美国日益取得显著成效。[②] 根据该条规定,针对管制颁布新的法规、审核既有法规或提出管制的立法提案时,所有管制机构都应当同时符合如下绩效化审查的构成要件:(1)对计划实施的政府行为的必要性及其后果具备完备信息;(2)管制对社会的潜在收益超过了潜在成本;(3)管制必须以社会利益最大化为目标;(4)在所有可选择的管

①　参见 Ronald Reagan, Executive Order 12291: Federal Regulation, 3CFR128, 2(1981), http://www.archives.gov/federal-register/codification/executive-order/12291.html, 访问日期: 2018 年 4 月 30 日。

②　陈世香:《新公共管理运动期间美国政府规制改革的基本内容及启示》,载《武汉大学学报(人文科学版)》2005 年第 1 期。

制方案中择取对社会净成本最小的方案；（5）应在考虑受管制影响的特定产业状况、国民经济状况以及未来将要采取的其他管制行为后，以实现社会总的净收益最大化为目标，确定管制的优先次序。

很显然，成本收益分析是美国管制影响评估最核心的关键词，也是经济学分析范式直接影响管制立法和实施的明显佐证。在其他发达国家或地区，管制影响评估制度也具有不同层面的体现。在英国，从 1979 年撒切尔夫人上台执政后开展了放松管制的运动，对管制开展绩效化审查的机制建设也同样如火如荼，最典型的便是 1985 年《附加负担白皮书》的出台，该报告建议所有政府部门都要提出税务执行费用评估，以采取控制措施，这类似财政与货币层面的管制影响评估。在 1994 年则制定了《减少国家干预经济和执行法案》，开始系统地减少管制负担，在这一过程中，英国政府还常态性地公布规制影响分析指南，为管制影响评估提供进一步的指引。① 欧盟自 2002 年颁布管制《影响评估指引》(*Impact Assessment Guidelines*) 之后，其区域范畴内的统一管制影响评估制度建设速度飞快。② OECD 近年来也在管制影响评估方面的制度建设上发挥了重要作用，2005 年出台了《OECD 管制质量与绩效指引原则》(*OECD Guiding Principles for Regulatory Quality and Performance*)。③

(三) 新发展：管制的竞争评估与竞争倡导

1981 年里根总统开启的管制影响评估的成熟系统，致力于对一切不符合绩效性要求的不正当管制进行审查，由于国家限制竞争行为本质上是一种典型的不正当管制，因此，管制影响评估能直接减少国家限制竞争的发生频率。从制度目的上看，管制影响评估并非单独服务于反垄断，并不具有国家限制竞争性质的其他不正当管制，如对经营自由的过度控制、管制权力的寻租行为等，在这一评估

---

① 文学国主编：《政府规制：理论、政策与案例》，中国社会科学出版社 2012 年版，第562 页。

② 席涛：《政府监管影响评估分析：国际比较与中国改革》，载《中国人民大学学报》2007 年第 4 期。

③ OECD Guiding Principles for Regulatory Quality and Performance，英文全文下载网址为 http：//www. oecd. org/fr/reformereg/34976533. pdf，访问日期：2018 年 4 月 30 日。

系统中也能得到有效制约。但在进入 21 世纪后，管制影响评估开始有了新发展，其中最重要的体现是管制影响评估过程面向国家限制竞争问题的精细化，它单独衍生出了一类名为"竞争评估"（Competition Assessment）的制度体系，专门用于管制对市场竞争影响所产生的评估，其制度设计目标直指管制行为中国家限制竞争的防止和控制。在竞争评估之前，以成本收益分析的一般形式对冠字号的评估可称为"一般评估"，它实质上是在管制机构内部予以自我控制，或依赖行政部门上下级之间的政治监督关系而进行，在美国，这一过程由管制决策机构自身实施，并附加专门机构白宫管理与预算办公室（Office of Management and Budget）施加监督。与之相比，管制的竞争专门评估则通常交由反垄断主管机构专司进行。近年来，竞争评估制度发展迅速，OECD 在 2009 年通过了《对竞争评估的理事会建议案》，在 2010 年则出台了《竞争评估工具书》（Competition Assessment Toolkit）为各国在这方面的制度变革提供一个简易指引，并在 2011 年进行了 2.0 版本的修正。[1]

在日本，早在 2001 年 6 月即颁布了《政府政策评估法》确立了针对政府政策的竞争评估机制，2010 年 4 月日本又引入了 OECD 竞争评估工具书中的竞争评估制度，将其作为日本政府政策事前评估的一部分。[2] 日本的竞争评估过程已经成为一个标准化的行政流程，日本公平交易委员会在这一过程中对管制可能造成的限制竞争效果施加了全方位的评估，这一过程的具体运作状况可以参见图 3.1。[3] 依照图 3.1，日本的竞争评估其实主要由两个步骤构成，即评估"是否会对市场竞争产生影响"和评估"对市场竞争产生什么影响"。

竞争评估制度的产生是基于越来越多的国家对以下事实的认同：最大化有效竞争的程度是实现经济增长及社会福利最大化的根本。[4] 因此，与不正当管制可

---

① 工具书包含两卷，分别是"原则"（Competition Assessment Principles）和"指南"（Competition Assessment Guidelines），OECD 提供的 2011 年 2.0 版两卷中文版分别参见：http://www.oecd.org/daf/competition/98765436.pdf，http://www.oecd.org/daf/competition/98765437.pdf，访问日期：2018 年 4 月 30 日。其中 2009 年《对竞争评估的理事会建议案》可参见原则卷第 53~56 页。

② 应品广著：《法治视角下的竞争政策》，法律出版社 2013 年版，第 195 页。

③ 图 3.1 的原型参见应品广：《法治视角下的竞争政策》，法律出版社 2013 年版，第 196 页。此处是参照该文献的图表格式，对若干学术词语进行调整后（如将"规制"一词改译为"管制"），以 Office Publisher 软件绘制后，再转化为图片 jpg 格式插入本章生成。

④ OECD：《竞争评估工具书原则 2.0》，第 32 页。

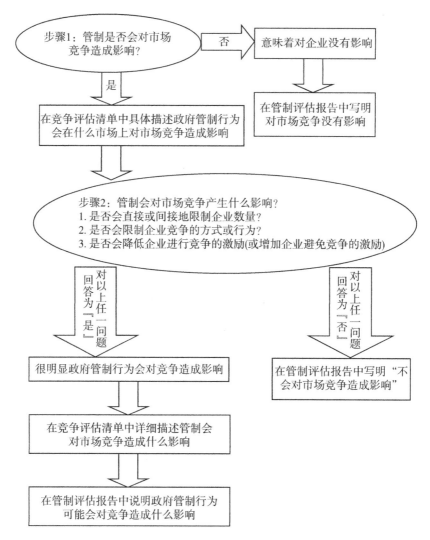

图 3.1　日本的竞争评估清单

能产生其他的高成本问题相比，其对市场竞争有可能产生的限制所造成的危害就有可能更大、也更深远。而依靠这种专门针对管制是否限制竞争问题的评估，可以得出管制"对竞争的限制的成本与收益是否符合比例原则的要求"[①]的结论，进

---

　　① 张占江：《政府反竞争行为的反垄断法规制路径研究——基于路径适用的逻辑展开》，载《上海财经大学学报》2014 年第 5 期。

而决定是否有必要予以实施、修正或索性废除。由此可见，竞争评估与一般评估的指导思想并无不同，其只不过是成本收益分析工具在市场竞争影响评估问题上的精细化，因此，评估工具书针对竞争评估和管制影响的一般评估特意作出了"整合"的倡导，目的是能最大化地减少由于评估程序的繁琐、负责机构的多样化所产生的成本和时滞问题，进而促进二者的功能组合。在管制影响的一般评估中，对成本和收益的分析往往是对可能发生的结果进行比较，这种比较是在现有的经济和管制环境中进行的，并且不允许影响这些环境的主要参数有相关变化。与之相比，竞争专门评估更着眼于未来，关注特定变化对决定竞争强度的市场条件的影响，同时也关注政策可能产生的与经济效率和消费者福利相关的结果。①因此，竞争评估既是管制影响评估的深化和发展，又是防止国家限制竞争问题在整体不正当管制治理问题中具象化的体现。

竞争评估的另外一个制度改进体现在评估主体开始从"自检"走向"外包"。从里根总统以来，日臻成熟的管制影响评估的主要形式是为管制的实施施加一个事前的控制要求，即按照成本收益分析方法建立若干标准，管制机构只有在确保同时符合这些要求的前提下方可开展相关行为，②而这种控制要么依赖于管制机构的自律，要么则依赖于行政机构上下级关系之间的政治监督关系。但是，伴随社会经济的深度发展，管制这一依托于自我控制的审查过程愈发难以拿捏，为了回应现实需求，管制必须不断深入微观经济运作的整体过程以实现其正当性目的。在确保治理市场失灵或公众福祉的目的达成的前提下，管制机构陷入一个对管制信息的偏在与自负的陷阱中：它不是直接的市场经济参与者，所以难以对这种积极干预的姿态可能出现的负面作用精准知晓，在大部分情况下，它又可能过于自信而倾向于低估管制的消极影响。此时，再轻易地相信一个来源于行政机构本身的管制影响评估能够防止不正当管制的产生，是虚妄的，而更有必要将这种

---

①　OECD：《竞争评估工具书原则2.0》，第33页。

②　严格地说，在奥巴马政府时代，他通过建立"回顾性审查"机制的形式，要求对已实施的规制也进行评估审查，使其发挥出一定程度的溯及力，令其在事前审查之余，还具有一定程度的事中和事后审查的功能，但并未本质改变成本收益分析的经典框架。参见 Barack Obama，"Executive Order 13610：Idetifying and Reducing Regulatory Burdens"，*Federal Register*，2012，Vol. 77，No. 93，http：//www. gpo. gov/fdsys/pkg/FR-2012-05-14/pdf/2012-11798. pdf，访问日期：2018 年 4 月 30 日。

职责"外包"给一个更精通市场经济知识结构的专业部门去处理。而在管制的竞争评估制度下，承担评估职责的主体通常不内源于管制机构本身或其上级，而是专门的竞争主管机构。尽管同属政府部门，但竞争主管机构专司市场经济的反垄断执法、反不正当竞争执法以及相关的消费者保护问题，其对市场经营信息的偏在性最弱，最有可能预估一项管制所可能产生的社会成本与潜在收益。因此，从管制影响的一般评估到竞争评估，仍然是将管制的绩效审查从自我约束走向外部控制的体现。①

管制的竞争评估并不仅停留于竞争主管机构对政府管制的竞争影响作出评价，在竞争主管机构识别出管制存在国家限制竞争性质时，还会进一步对相应管制的改进和修正提出相关意见，这被称为竞争倡导（competition advocacy）。作为一个宽泛的概念，竞争倡导可以是反垄断主管机构运用其在竞争、经济和消费者保护方面的专业知识推进一切形式的政府决策加强在促进竞争和消费者选择上的作用的过程。② 甚至有研究认为它应涵盖反垄断主管机构实施的除正式行政执法以外的所有改善竞争环境的行为。③ 这当中除了会对经营者实施的限制竞争行为进行倡导之外，该制度最大的价值便是易于针对法律、政策的制定机构和管制机构而实施，目的在于促进管制以有利于竞争的方式设计和执行。④ 严格地说，竞

---

① 同时，由于管制影响的一般评估和竞争评估所存在的这种主体不一致的问题，也造成了二者在整合时的困难，参见 OECD：《竞争评估工具书原则 2.0》，第 32 页。从未来发展来看，如果将管制一般评估和竞争评估整合在同一个制度当中，会明显有利于评估的效率，但也会产生若干疑难问题：制度的整合必然以两种评估的实施主体合一为前提，如果是管制机构吸收反垄断主管机构进行整体评估，则有可能架空反垄断主管机构的应有权力，造成竞争评估的软约束；因此，长远来看，由反垄断主管机构吸收管制机构进行一般评估与竞争评估合一的"大评估"制度更为科学，但这需要对反垄断主管机构在建制、人员和专业性上进行多方面的重新构建，并非一蹴而就的问题。

② 参见 James C. Cooper, Paul A. Pautler, Todd J. Zywicki, "Theory and Practice of Competition Advocacy at the FTC", *Antitrust Law Journal*, 2005, Vol. 72, No. 3.

③ 有研究认为竞争倡导其实在规制国家限制竞争之外，也存在若干在规制经营者的限制竞争行为方面的重要制度，比如知名的企业合规指引（Compliance Guidance）即是反垄断主管机构协助、引领经营者构建符合反垄断规定制度的行为。更全面的对竞争倡导制度路径的介绍可参见张占江：《竞争倡导研究》，载《法学研究》2010 年第 5 期。本章对竞争倡导概念的使用局限在其规制国家限制竞争方面的作用，即被实施竞争倡导的主体通常局限为公权力主体，针对其他主体的竞争倡导则在所不论。

④ 张占江：《竞争倡导研究》，载《法学研究》2010 年第 5 期。

争倡导并不必然是紧随在竞争评估之后予以实施的制度，① 竞争评估是对决策阶段的管制予以评估，而竞争倡导则既有可能是对竞争评估认为限制竞争的管制决策进行的倡导，又有可能是对已经实施的管制的具体操作规则进行的倡导，在后者情况下，竞争倡导已从管制的决策阶段进入实施阶段。

在欧美发达国家的经典反垄断法律制度中，对经营者实施的限制竞争行为的查处构成了其核心职能体系，而对政府管制依照反垄断基本价值运行的确保则难以直接发挥行政执法的作用。此时，以竞争倡导的形式解决管制政策可能发生的与竞争政策的冲突就显得尤为必要，它有利于从存量和频率上直接降低国家限制竞争发生的可能。与事后的国家限制竞争执法相比，竞争倡导实际上是以对国家限制竞争进行事前规制的形式进行治理。②

在目前的全球反垄断实践中，很多国家都已在不同程度上发挥了竞争评估和竞争倡导的作用，美国重要的反垄断主管机构联邦贸易委员会（FTC）在 20 世纪七八十年代放松管制运动开展的同时便开始注重发挥竞争倡导的作用，其核心关注领域从起初的贸易、运输、医疗等联邦政府管制领域逐渐扩展至州和地方政府层面的管制行为，在确保管制政策符合竞争机制上发挥了重要的作用，其主要实施形式是 FTC 对管制机构签发"倡导函"，还包括作出的正式评论以及在法庭上

---

① 对于竞争评估与竞争倡导两个概念的关系也存在不同层面的理解。学者张占江是中国研究竞争评估与竞争倡导的佼佼者，在他的最初研究中是将竞争评估视为竞争倡导制度体系中的一环，二者是包含与被包含的关系，参见张占江：《竞争倡导研究》，载《法学研究》2010 年第 5 期。但在之后的论述中，张占江改变了对这一概念体系的认定，而是更倾向于竞争评估与竞争倡导属于具有关联性但并不彼此包含的两个概念，他认为竞争评估是"竞争主管机构或其他机构通过分析、评价拟定中（或现行）的法律可能（或已经）产生的竞争影响，提出不妨碍法律目标实现而对竞争损害最小替代方案的制度"。而竞争倡导则是在竞争评估发现法律存在对竞争的损害，需要提出改进方案时，通过与其他政府机构的对话、沟通，提出避免或减少法律对竞争损害的替代方案。由此可见，此时他界定的竞争倡导概念更像是在竞争评估得出不利结论后的一种跟进措施，参见张占江：《政府反竞争行为的反垄断法规制路径研究——基于路径适用的逻辑展开》，载《上海财经大学学报》2014 年第 10 期。本章对竞争倡导和竞争评估概念关系的使用与张占江后期的观点更相近，但竞争倡导的实施其实并不必然以竞争评估为前提，后文会对此详述。

② 张占江：《政府反竞争行为的反垄断法规制路径研究——基于路径适用的逻辑展开》，载《上海财经大学学报》2014 年第 10 期。

以非当事人身份提供的意见("法庭之友"意见, amicus curiae briefs)。① FTC 近年来还形成了一个"倡导档案"(Advocacy Filings), 当政府部门作出影响市场竞争和消费者利益的公共管制决策时, FTC 会提交意见函对相关的决策提供专业建议。② 而澳大利亚、韩国等国在这方面的成果则更为直接, 它们通过这种竞争主管机构的外部绩效性审查实现了对管制规范性文件的清理和修改, 韩国在2004—2012 年的此项成果多达 324 项, 澳大利亚则从 1995 年开始, 尽数清理了 1800 多项管制。③

三、管制影响评估的制度功能

(一)宪法实施层面: 节制公权力的资源与规模

从限制公权力的层面推动保障人权, 是宪法实施矢志不渝的重要价值。④ 但在公共行政扩张的今天, 对公权力资源和规模的必要节制却越来越难以实现, 根源在于"今天的行政早已不再是'消极国家'时代的国防、外交、警察、税收等'最弱意义的'国家职能的实现活动。政府对经济的管制、对民众福利的保障、对诸如环境、劳工等领域的社会性管制等活动, 事实上将行政活动推到了所有社会问题的最前沿"⑤。19 世纪自由国家时期的公共行政逻辑强调要将行政活动限制在最小范围内, 在维持基本社会秩序的前提下, 要保留个人生活的充裕空间。⑥ 但进入 20 世纪后, 社会经济的迅速发展导致行政权的广度和深度开始大

---

① 参见 James C. Cooper, Paul A. Pautler, Todd J. Zywicki, "Theory and Practice of Competition Advocacy at the FTC", *Antitrust Law Journal*, 2005, Vol. 72, No. 3.

② 参见 Federal Trade Commission, "Advocacy Filings", https://www.ftc.gov/policy/advocacy/advocacy-filings? combine = &field_matter_number_value = &field_advocacy_document_terms_tid = All&field_date_value[min] = &field_date_value[max] = &items_per_page = 20&page = 39, 访问日期: 2018 年 4 月 30 日。

③ 张占江:《论政府反竞争行为的反垄断法规制体系建构》, 载《法律科学》2015 年第 4 期。

④ 韩大元:《宪法实施与中国社会治理模式的转型》, 载《中国法学》2012 年第 4 期。

⑤ 王锡锌:《依法行政的合法化逻辑及其现实情境》, 载《中国法学》2008 年第 5 期。

⑥ 蔡乐渭:《论公共行政变迁背景下行政法发展的新趋势》, 载《国家行政学院学报》2009 年第 1 期。

为拓展，新时代的权利观念不再仅是消极防止来自公权力的侵害，而是需要以公共财政作为成本支出换取积极实现，"由权利诱出公共支持"①。在这样的背景下，公权力呈现出一种积极的扩张倾向，这也是第二次世界大战后西方国家开始践行管制型政府的重要原因。

然而，即便在这样一个呼唤公共行政对我们的权利需求予以积极回应的时代，公权力骨子里潜伏着的扩张与变异倾向也从未改变，20 世纪 70 年代欧美国家管制型政府的积重难返即是典例。在一个管制实施更普遍的时代，如何将其有效地限定在正当性范围内，对公权力的资源和规模予以节制，这一在自由资本主义时期老生常谈的话题，此时便有了新的探讨价值。管制影响评估制度的产生和发展为这一问题的解决提供了一个有效的工具，经济学上成本收益分析的引入，使得积极的管制过程究竟是在回应权利需求抑或悄无声息地发生权力变异，开始有了一个颇为明朗的判断基准。而在新时代竞争专门评估机制的引入，又令这种"以各种各样的方式和手段插手经济生活"的管制被限定在一个"行之有效的行为界限"之内——保证自由开放的市场经济机制不受国家行为的不合理限制。② 这便能保证公共行政行为在回应积极性的新型权利需求的同时，又能将其势力限定在正当性的边界之内——一方面解决了社群体系（collectivist system）下国家干预的必要性问题，另一方面又没有干扰市场体系（market system）下私人、私经济组织对经济目标的自由追求。③

（二）行政法治层面：比例原则可操作性的强化

从基本原理来看，管制影响评估其实并没有脱离行政法研究的传统语境——比例原则。通说认为，比例原则由适当性原则、必要性原则和均衡性原则构成，三者呈现出一种结构层次：首先经过适当性审查，即确保行政措施适合于实现所

① ［美］史蒂芬·霍尔姆斯、凯斯·R. 桑斯坦著：《权利的成本：为什么自由依赖于税》，毕竞悦译，北京大学出版社 2011 年版，第 164 页，

② ［德］乌茨·施利斯基著：《经济公法（2003 年第 2 版）》，喻文光译，法律出版社 2006年版，第 161 页。

③ 参见 Anthony I. Ogus, *Regulation: Legal Form and Economic Theory*, Oxford: Hart Publishing, 2004, pp. 1-3.

追求的目标；其次进行必要性审查，即在所有符合适当性要求的措施中，选取对公民权利侵害最小的手段；再次则进行均衡性审查，即看手段所实现的目标与可能造成的公民权利损害之间是否成比例。[①]

对这一经典的比例原则内涵，若以 1981 年里根第 12291 号总统令第 2 条成熟的成本收益分析框架进行审视，就会发现管制影响评估与比例原则的相似性：第 2 条 a~e 项对管制影响评估所界定的五个要件，其实可以依次简要地概括为"信息完备性要求""经济效益性要求""目的正当性要求""最小化损害要求""政策兼顾性要求"。[②] 比例原则中的适当性、必要性和均衡性要求近乎与此分析框架中的目的正当性要求、最小化损害要求和经济效益性要求构成了一一对应的内涵关联性，而信息完备性要求则可视为确保适当性原则的一个前提要件，政策兼顾性要求则是多项管制共同实施时予以整体性的比例原则考量的体现。可以通过表 3.2 清晰地阐释二者之间的关系。

当然，这一分析并非表明管制影响评估的制度内涵和意义完全湮没在比例原则当中。与比例原则的经典分析范式相比，管制影响评估的核心价值在于提供了一个强化其可操作性的方案：通过经济学分析工具的引入，比例原则可以不再局限于纯粹价值层面的逻辑推演，而具有了更形象的判断基准。传统比例原则由于难以有效确定最小损害的判断标准，"存在利益衡量不足的缺陷"，[③] 而建立在成本收益分析框架下的更具体的绩效化审查标准则大大有利于这一缺陷的弥补。至于新时期引入的竞争评估工具则是强化比例原则可操作性的进一步发展：通过赋予在评估管制对市场竞争的影响方面最专业的竞争主管机构权力的形式，增加了管制正当性考察的外部控制因素。

---

① 蒋红珍：《论比例原则——政府规制工具选择的司法评价》，法律出版社 2010 年版，第 40~51 页。作者认为，在均衡性审查和必要性审查中并不总呈现单向维度，而有可能在司法适用中对此结构层次出现循环往返的多次适用的可能。

② 参见 Ronald Reagan, Executive Order 12291: Federal Regulation, 3CFR128, 2 (1981)，http://www.archives.gov/federal-register/codification/executive-order/12291.html，访问日期：2018 年 4 月 30 日。

③ 刘权：《论行政规范性文件的事前合法性审查》，载《江苏社会科学》2014 年第 2 期。

表 3.2　　　　　　　　　**管制影响评估与比例原则的内涵关联性**

里根第 12291 号总统令第 2 条建立的成熟的管制影响评估框架		比例原则的具体内涵
具体内容(括号内的字母对应原总统令 a~e 项)	构成要件	
(a)对计划实施的政府行为的必要性及其后果具备完备信息	信息完备性要求	
(b)管制必须以社会利益最大化为目标	目的正当性要求	适当性审查:确保行政措施适合于实现所追求的目标
(c)在所有可选择的管制方案中择取对社会净成本最小的方案	最小化损害要求	必要性审查:所有符合适当性要求的措施中,选取对公民权利侵害最小的手段
(d)管制对社会的潜在收益超过了潜在成本	经济效益性要求	均衡性审查:手段所实现的目标与可能造成的公民权利损害之间是否成比例
(e)应在考虑受管制影响的特定产业状况、国民经济状况以及未来将要采取的其他管制行为后,以实现社会总的净收益最大化为目标,确定管制的优先次序	政策兼顾性要求	

(三) 反垄断层面:国家限制竞争规制模式的创新

管制影响评估制度最值得关注的价值在于它在反垄断法上的功能,即它开启了国家限制竞争法律规制的创新模式。相较于经营者实施的限制竞争行为,国家限制竞争存在一个明显的规制困境:这一行为的实施主体是具有公权力支撑的政府主体。这便会存在执法或司法过程中的实施困境,很难发挥出应有的规制效果,这在政府行为法治化程度尚低、法律实施尚难以对政府部门产生实际影响的我国表现得尤其明显。后退一步,即便执法和司法过程可以对国家限制竞争行为发挥出实际的规制效果,这种规制模式也是十分低效的——国家限制竞争的实施主体本身便是享有一定管制职权的主体,反垄断执法和司法都只是纯粹事后意义上的补救式规制方式,它无法真正从根源上遏制具有限制竞争效果的不正当管制的决策。管制机构完全可以通过实施新管制方案的形式,对反垄断执法或司法的实际效力产生"抵消"的效果。这一分析可以从我国的国家限制竞争法律规制实践中找到明显的证据：我国《反垄断法》对滥用行政权力排除、限制竞争的立法，本质上便是致力于以执法或司法的事后规制形式对国家限制竞争予以治理的方案，但在《反垄断法》实施已过十年的现在，国家限制竞争在我国仍然没有从根本上得到有效治理。

与事后规制模式相比，管制影响评估是对管制决策和实施过程中施加了一种控制制度，它同时具有程序控制和实体控制的意义，"既是一种科学的规制影响分析工具，也是一项决策性正当程序，还是一种实体性正当标准"①。这种控制机制能够在不正当管制产生限制竞争的危害效果之前，即能令管制得到有效的清理或修正，从而产生两个明显的制度功能：其一，直接把握住国家限制竞争产生的体制性命脉——不正当管制，这便能有效地降低国家限制竞争的发生频率和整体存量；其二，降低反垄断法在国家限制竞争行为事后规制方面的压力，从而避免由于针对政府管制机构的执法或诉讼实效差而造成的法律制定和实施不统一的问题。概而言之，以管制影响评估为核心的国家限制竞争预防式规制模式给管制机构节制管制权力提供了一个有效的可操作性框架，尤其是近年来的竞争评估制度的导入，更是提供了针对市场竞争问题的专门分析框架，进而减轻或避免潜在的危害竞争问题，而又不影响管制政策达到其既定的公益性目的。② 这种机制既革新了反垄断法的实施路径，又扩张了反垄断法的调整范围——将具有限制竞争效果的管制行为亦纳入审查范畴。

西方发达国家之所以能够产生这种规制机制，取决于如下三个有效的先决条件：首先，历史上长期存在对政府行为法治化矢志不渝的关切，控制和防范公权力对公民权益的损害一直是制度建设和政制运转的核心命题之一，这便使得管制影响评估具有社会意识形态方面的基础。其次，存在普遍性的市场竞争机制和竞争文化，对自由竞争的崇尚使得法律制度更容易接受促进而非限制竞争的制度体系。最后，也是最重要的，20世纪70年代以来在西方国家放松管制运动的开展

---

① 刘权：《作为规制工具的成本收益分析——以美国的理论与实践为例》，载《行政法学研究》2015年第1期。

② OECD：《竞争评估工具书原则2.0》，第7页。

和管制影响评估构成了两个彼此关联和相互促进的要素，前者的开展构成了对后者制度的实际需求，而后者的发展又构成了前者全面实施的制度保障。也正是因此，在后放松管制时代的当今西方国家，国家限制竞争由于系统地清理了不正当管制发生的体制性因素，发生频率已经较低，它已不再像中国一样构成一个需要紧急应对的急迫问题。

平衡式规制的实质是对政府管制行为的全过程施加一个体系化的规制机制，按照这一制度安排，在管制决策和实施过程中，通过管制机构自主实施的管制一般影响评估、反垄断主管机构实施的竞争专门评估及后续的竞争倡导进行预防性规制，目的是防止不正当管制的产生和扩散，对国家限制竞争起到一个预防作用；而在不正当管制已然引发国家限制竞争危害后果的阶段，则通过反垄断执法或诉讼的形式对这一行为实现补救式规制。因此，平衡式规制机制运作机理体现为四个规制制度的共同运作与无缝对接，即基于事前自我控制机制的管制一般影响评估、基于事前外部约束机制的管制竞争专门评估与倡导、基于事后公共执行机制的反国家限制竞争执法、基于事后私人执行机制的反国家限制竞争诉讼。下文分述之。

第二节　我国公共规制影响评估的体系构建

一、基于事前自我控制机制的管制一般影响评估

(一) 管制一般影响评估在我国的制度基础

西方国家经验表明，管制一般影响评估的引入将对管制的决策和实施过程产生革命性影响，它直接扼住了国家限制竞争得以产生的根源，能从总量上降低不正当管制的发生概率。即使是不探讨管制影响评估制度规制国家限制竞争的功效，仅从全面提高政府行为法治化的程度来看，管制影响评估的纳入也是极有必要的，它能为公共行政的合法性问题提供一个更具有可操作性的判断标准。另外，与西方国家具有渐进式的法治建设经历、晚近又从事了一场系统的放松管制运动相比，在脱胎于高度集中的计划经济体制的我国，公权力本身就具有渗透到

社会各个枝节的惯性，进入市场经济时代后，面对社会大众日益增长的经济、文化和权利需求，又迅速卷入了行政法扩张其社会维度的漩涡，行政行为开始更加具体地干涉社会生活。① 这方面的一个典型体现是 2015 年新修订的《立法法》，它将原来的地方立法权从省级人大和省级政府所在市、经济特区所在市、国务院已批准的较大的市人大扩展至省人大和任何设区的市人大，实现了地方立法权主体的扩围。② 表面上看来，这只是地方人大权力的强化，与公共行政并不具有直接关系，但这实际上是通过扩张地方自治权限的形式，准予管制以一种权力更扩张、自由裁量范围更广泛的姿态来回应不同地区的社会需求。即使是从地方立法的具体过程来看，目前以委托立法、政府起草等方式进行的地方性法规制定也是常态，先以政府部门草案文本的形式出台，再经相应的地方人大以立法程序予以通过，这种现象在地方立法实践中比较普遍。③ 在这样的背景下，地方性法规的内容反映出行政主体的具体意志，其实是很正常的。从发挥地方自主性和推动地方政府职能转变的角度，《立法法》的这一修订有其不可忽视的正面意义，④ 但这也意味着管制异化的风险将更难以遏制。因此，摆在我国目前的局势是：一方面是政府行为法治化程度尚低，另一方面，当今的经济社会发展又呼吁管制的扩张，以回应公众各方面的权益保障需求。在这种综合背景下，缺乏事前控制的管制极容易发生变异倾向，进而在产生国家限制竞争问题之余，甚至还有可能消弭私人的正当领域，这将是法治之殇。

在我国，目前的公共行政程序尚不存在一个基于经济学分析工具的事前评估机制，对管制正当性的考核仍然主要基于行政合法性原则、比例原则等传统行政法语境下的制度安排。但即便如此，通过对近年中国若干规范性文件的研判，也能发现本土具有相关制度建立的萌芽和土壤，它们为未来我国推动管制影响一般评估制度的建立提供了可能性。这种制度萌芽主要表现为两类：第一类是为未来

---

① 关保英：《行政法治社会化的进路》，载《法学》2015 年第 7 期。
② 在扩展地方立法权主体范围的同时，《立法法》也限制了原省级政府所在市、经济特区所在市和国务院已批准的较大的市地方立法的范围，地方立法的范围被局限于"城乡建设与管理、环境保护、历史文化保护等方面的事项"，而取消了对其他事项的地方立法权。
③ 李高协、殷悦贤：《关于提高政府部门立法起草质量问题的思考》，载辽宁省地方立法研究会编：《地方立法研究》，辽宁人民出版社 2010 年版。
④ 秦前红、李少文：《地方立法权扩张的因应之策》，载《法学》2015 年第 7 期。

该制度的建立设定基本目标，但未对其进行具体规划。这体现于国务院 2004 年出台《全面推进依法行政实施纲要》①和 2010 年的《关于加强法治政府建设的意见》。② 二者均直接援引了管制影响评估的核心工具"成本效益分析"，但是，由于两份文件均属于宏观规划的性质，并未对这一制度的具体内涵和操作方案进行更明确的规定。第二类则具有在财政与货币层面建立管制影响评估制度的雏形。我国在十八届三中全会之后，为了深化改革政府在推进公共服务方面的作用，近两年特别注重"政府和社会资本合作"（Public-Private-Partnership，简称公私合作制或 PPP）的发展，在与此相关的规范性文件中，可以看到与 1974 年福特政府时期"通货膨胀影响报告"相类似的制度设计，即在财政与货币层面建立一个绩效化审查机制的雏形，它在 PPP 发展中会要求以成本收益分析的形式确保公共财政负担的适当性。③ 在该项管制影响评估的制度尝试中，其具体工作流程包含"责任识别""支出测算""能力评估""信息披露"等内容。④ 产生这一制度要求的内在机理显而易见：与其他管制行为相比，PPP 的运作直接涉及政府财政资金的使用问题，它对管制绩效性要求的依赖性更强，成本收益分析也更能直接地以财政资金进行量化，其在操作性上的困难不大。从保护 PPP 社会资本提供者的合法权利的角度，它有利于防止产生政府违约风险，保证项目效益；从预防不正当管制的角度，它也能有效防止不具有足够效益性的 PPP 决策，从而一定程度上避免了对竞争机制的不当干扰。这一改革策略无疑是一个好兆头，但这一管制影响评估的制度尝试停留在 PPP 等直接关切财政预算问题的个别领域，暂未见将其予以推广的打算；另外，这一工作流程把管制影响评估中成本收益分析的理解狭义化了，即主要以是否体现为直接货币支出的形式来判断成本和收益，将其理

---

①　国发［2004］10 号《国务院关于引发全面推进依法行政实施纲要的通知》第十七项规定："积极探索对政府立法项目尤其是经济立法项目的成本效益分析制度。政府立法不仅要考虑立法过程成本，还要研究其实施后的执法成本和社会成本。"

②　国发［2010］33 号《国务院关于加强法治政府建设的意见》第七项规定："积极探索开展政府立法成本效益分析、社会风险评估、实施情况后评估工作。"

③　最典型的莫过于财金［2015］21 号《政府和社会资本合作项目财政承受能力论证指引》第二条，其中明确规定本指引的目的在于识别、测算 PPP"项目的各项财政支出责任，科学评估项目实施对当前及今后年度财政支出的影响，为公私合作制项目财政管理提供依据"。

④　财金［2015］21 号《政府和社会资本合作项目财政承受能力论证指引》第三条，以及附图"PPP 项目财政承受能力论证工作流程图"。

解为单纯的财政承受能力的分析。换言之，它仅相当于美国 20 世纪 70 年代以前一种制度雏形状态的管制影响评估，而一个成熟的管制影响评估制度应主要以管制的必要性、对市场失灵的治理程度和管制是否会不合理地增加了社会成本等系统化的内容作为成本收益分析的考察基准。因此，从长远来看，笔者建议对这种真正意义的管制影响评估予以借鉴，其国外典型制度文本便是 1981 年里根政府时期所形成的成熟的成本收益分析范型。

(二) 管制一般影响评估的运作机理与制度框架

管制一般影响评估的实质是一种管制机构的自我控制机制，有利于防范一切对社会产生过高成本的不正当管制，它并非单独以规制国家限制竞争为目的的制度设计，但却有利于这一行为的减少。为了防止这种自我控制出现软约束的情况，美国历史上成立了白宫管理与预算办公室(Office of Management and Budget, 简称 OMB)负责监督。具体来说，评估过程是在管制机构主动参与和 OMB 监督的情形下共同进行的，对于符合要求的重大管制决策，管制机构必须完成影响评估，随即将这一分析报告在法定期限内提交 OMB 审核，如果 OMB 认为评估结果满意，则予以批准；否则会与管制机构进行协商以促进管制的改进。在有些情况下，OMB 甚至会直接拒绝无法令人满意的管制法规，此时，管制机构就不得不选择进行修改或索性撤销。① 我国未来在借鉴管制影响的这种评估制度时，也有必要借鉴这一程序，可以考虑在国务院下设一个与 OMB 相类似的办公室，从而保证影响评估工作的公正性和独立性。

在具体制度的实施上，并非所有管制行为均应纳入评估范畴，而应"抓大放小"，重点对那些可能对社会经济产生重大影响或额外成本的管制予以审核，从而促进制度实施的效率性。结合美国实践经验来看，克林顿政府时期将评估的范畴限于"重大管制行为"，主要是指满足以下四点要求之一的政府管制：其一，管制的年度经济影响在 1 亿美元以上，或实质上产生了对经济、经济部门、生产力、竞争、就业、环境、公众健康与安全、州、地方、宗族政府、共同体等的消

---

① ［美］W. 基普·维斯库斯、小约瑟夫·E. 哈林顿、约翰·M. 弗农著：《反垄断与管制经济学(第四版)》，陈甬军、覃福晓等译，中国人民大学出版社 2010 年版，第 17~19 页。

极影响；其二，对其他部门已经或计划执行的管制产生了严重冲突或干涉；其三，实质性地改变了特许经营权、拨款、使用权费用或贷款项目的预算影响或接受者的权利义务；其四，在法令、总统优先权或本总统令所确定的原则之外产生了新的法律或政策事项。① 我国也有必要按照相同逻辑进行评估的管制事项的取舍。

在具体评估的操作性问题上，应当借鉴里根总统第 12291 号总统令《联邦管制》的经验，以一个成熟的成本收益标准作为衡量管制合法性与否的标准。对于符合"重大管制行为"要求的管制法规、规章和规范性文件的制定，均必须在通过这一成本收益标准的前提下，方可予以实施，这主要包括如下五个方面：其一为"信息完备性原则"，即管制机构对预计实施的管制行为的必要性及其后果具备充实的信息，能够保证管制效果的可控性；其二为"经济效益性原则"，即管制的潜在收益必须是超过潜在成本的；其三为"目的正当性原则"，即确保管制的实施是以治理市场失灵为功能，以由此产生的社会利益最大化为根本目的；其四为"最小化损害原则"，即在所有能够实现目的的管制工具中，采取的是社会成本产生最少的方案；其五为"政策兼顾性原则"，即在多项管制共同实施的情况下，不同管制的优先次序应在考虑受管制影响的特定产业状况、国民经济状况以及未来将要采取的其他管制行为后，以实现社会总的净收益最大化为目标进行确定。

管制影响的一般评估在我国的建立呼唤与之相关的配套制度改革。除了急需在管制决策和实施阶段全面引入一个与里根总统令相类似的成熟的成本收益分析工具之外，最重要的是还要建立起一个对现行管制政策体系的"回顾性审查"机制。由于我国有强烈的政府管制经济的习惯，改革开放以来，中国对经济进行管制的规范依据为数众多，这当中具有国家限制竞争色彩的不正当管制存量也显然较大。在这种背景下，单纯地建立起对未来管制决策发生影响的成本收益分析是不充分的，而有必要对现实管制存量开展一次"清理"：对中国与管制有关的法

---

① 参见 William J. Clinton, Executive Order 12866：Regulatory Planning and Review, 3CFR638, 3f（1993），http：//govinfo. library. unt. edu/npr/library/direct/orders/2646. html，访问日期：2018 年 4 月 30 日。

律、法规、规章、规范性文件开展一次系统的管制影响评估，一方面对相关规定进行统筹合并，改变中国的管制制度过于分散和琐碎的情形，另一方面则对当中不符合成本收益分析的管制进行修正或废除。由于这一清理运动工作量极大，可以在未来中国系统地开展放松管制运动时，以各行业或领域为单位分别开展，充分发挥放松管制和管制影响评估相互之间的促进作用。

二、基于事前外部约束机制的管制竞争专门评估与倡导

(一)管制竞争专门评估与倡导在我国的制度基础

尽管存在一个类似 OMB 的监督机构，但管制一般影响评估本质上还是管制机构自我施加的一种控制机制，它在防止管制异化为国家限制竞争方面具有重要的制度功能，但成本收益分析的过程并不完全以服务于竞争机制为目的。管制影响评估的晚近发展表明仍然需要在一般影响评估的基础上施加竞争专门评估与后续的竞争倡导，其目的是专注于管制对市场竞争的影响，以直接控制具有国家限制竞争效果的管制行为的产生和扩散。在实施阶段上，它应该是在管制机构及其监督机构完成一般影响评估后，再交由专门的反垄断主管机构实施的表现为外部约束的事前规制过程，[①] 其基本内容包含初步竞争评估、全面竞争评估和竞争倡导三个阶段。

2016 年 6 月，国发[2016]34 号《关于在市场体系建设中建立公平竞争审查制

---

① 从目前的国际形势来看，管制一般影响评估和管制竞争专门评估彼此之间的隔离色彩仍然较浓郁，它们交由不同的责任主体分别实施。OECD 竞争评估工具书认为这种主体的不一致会"在实行评估时，通常合作不够充分，有时存在评估的脱节"。有些国家为了实现对评估效率的最大化，刻意地对二者的主管机构进行了整合，如美国如今即是在 OMB 的管制影响评估中一并对一般影响评估和竞争专门评估执行，这种整合式的做法极为有利于实施效率的降低，参见 OECD：《竞争评估工具书原则 2.0》，第 31~32 页。但是，考虑到中国政府管制的发展阶段，一般管制机构尚不具有能力处理专门的竞争评估问题，而经过独立、统一、权威、高效化整合的反垄断主管机构在这方面显然更为专业。因此，本章在此处给予的建议仍然是考虑到中国国情的结果：先由管制机构及管制影响评估的监督机构实施管制的一般影响评估，待评估结束后，再交由反垄断主管机构进行专门的竞争评估与竞争倡导。从长远考虑，在时机成熟时，也可以考虑将国务院下设的专门监督管制影响评估的办公室的职责整合进反垄断主管机构中，由后者统一实施整合一般影响评估和竞争专门评估的"大评估"程序。

度的意见》公布，这标志着公平竞争审查制度的正式建立，它实际上是中国版本的竞争评估制度。根据《公平竞争审查制度实施细则》（2022年）第2条的规定："行政机关以及法律、法规授权的具有管理公共事务职能的组织（以下统称政策制定机关），在制定市场准入和退出、产业发展、招商引资、招标投标、政府采购、经营行为规范、资质标准等涉及市场主体经济活动的规章、规范性文件和其他政策性文件以及'一事一议'形式的具体政策措施（以下统称政策措施）时，应当进行公平竞争审查，评估对市场竞争的影响，防止排除、限制市场竞争。""经公平竞争审查认为不具有排除、限制竞争效果或者符合例外规定的，可以实施；具有排除、限制竞争效果且不符合例外规定的，应当不予出台或者调整至符合相关要求后出台；未经公平竞争审查的，不得出台。"

　　与国外成熟的竞争评估与竞争倡导制度相比，中国的公平竞争审查制度尚处于初步推广阶段，仍存在一系列有待改进的空间。首先，公平竞争审查制度所设计的竞争评估过程并不是交由反垄断主管机构进行，而是主要依赖于管制机构的内部自评。反垄断主管机构仅具有一定程度的协调和指导职权，亦即《公平竞争审查制度实施细则》第4条的规定："市场监管总局、发展改革委、财政部、商务部会同有关部门，建立健全公平竞争审查工作部际联席会议制度，统筹协调和监督指导全国公平竞争审查工作。县级以上地方各级人民政府负责建立健全本地区公平竞争审查工作联席会议制度（以下简称联席会议），统筹协调和监督指导本地区公平竞争审查工作，原则上由本级人民政府分管负责同志担任联席会议召集人。联席会议办公室设在市场监管部门，承担联席会议日常工作。地方各级联席会议应当每年向本级人民政府和上一级联席会议报告本地区公平竞争审查制度实施情况，接受其指导和监督。"这就有可能出现审查软约束的情形。其次，公平竞争审查制度推进时所需的相关配套机制，如放松管制的开展、反垄断主管机构的建制改革，等等，在我国目前也尚不具备，或不够成熟。

　　因此，未来我国应当对公平竞争审查制度进行改进和完善。首先，应当进一步扩充和明确反垄断主管机构的相关职权，将其从一个协调、指导的身份向享有切实的竞争评估权和竞争倡导权过渡。其次，应在立法中明确反垄断法相较管制的优先序位，这为竞争评估和竞争倡导的实施确立了规范依据——反垄断主管机构有权以反垄断的价值和原则对管制的合法性进行审查。最后，反垄断主管机构建制应进行改进，只有按照独立、统一、权威、高效的标准对中国的反垄断主管机构进行重构，它才能在竞争评估和竞争倡导中真正有实力避免不同管制机构的干扰，恪守竞争秩序的维护。①

（二）管制竞争评估的运作机理与制度框架

管制竞争评估的适用前提是在立法层面对反垄断主管机构的相关职权予以明确，如韩国《独占规制及公正交易法》第六十三条规定："相关行政机关的长官在制定或者修改以决定价格交易条件、限制进入市场或者事业活动、不当的共同行为或者事业者团体的禁止行为等限制竞争事项为内容的法令，或者以限制竞争事项为内容，对事业者或者事业者团体作出许可或者进行其他处分时，应当事先与公正交易委员会进行协商。"②

根据 OECD 竞争评估工具书的建议，管制竞争评估由初步竞争评估和全面竞争评估两大基本过程构成。③ 由于管制规范并不必然地产生对竞争的负面影响，因此，不加甄别地对其全部开展深入评估是有失效率的，初步竞争评估的目的即在于迅捷地对管制是否具有可能影响市场竞争的情形进行判断，如果答案是肯定的，则进入全面竞争评估阶段；如果答案是否定的，则表示该管制不需要开展评估和后续的竞争倡导，直接终止评估即可。为了方便初始竞争评估的便利开展，OECD 建立了一个"竞争核对清单"，对管制政策可能产生的对竞争的影响分为四大类合计 15 项，参见表 3.3，如果拟实施的管制政策在相关内容中的任一影响的回答为"是"，则表示该管制具有潜在的限制竞争的可能，则进入全面竞争评估阶段。④

在全面竞争评估阶段，要对竞争核对清单上回答为"是"的内容进行深入竞争评估，评估的核心关键词为"成本"。多数管制的本质实际上是以某种程度上

---

① 有关我国公平竞争审查制度改进建议的论述，在本书第五章第三节还会进行更详尽的分析。

② 转引自金河禄、蔡永浩著：《中韩两国竞争法比较研究》，中国政法大学出版社 2012年版，第 258 页。

③ OECD：《竞争评估工具书指南 2.0》，第 72 页。

④ OECD：《竞争评估工具书原则 2.0》，第 8～9 页。

增加经营者成本的形式，确保其管制目标的实现，而全面竞争评估的任务即是确保这种对市场竞争增加的成本是否与管制的收益相匹配。① 换言之，管制影响的全面竞争评估并未相较管制的一般影响评估的指导思想发生改变，均是成本收益分析方法指引下的比例原则之应用。有学者将全面竞争评估的过程概括为三个关键步骤：其一，审查该项管制是否具有清晰、具体的限制竞争的理由；其二，审查对竞争的限制与上述政策目标之间是否存在因果关系，判断竞争限制对实现上述目标的必要性；其三，审查对竞争的限制的成本与收益是否符合比例原则的要求。② 这实际上分别体现了成本收益分析框架中的"目的正当性要求""最小化损害要求""经济效应性要求"，也是比例原则中适当性、必要性和均衡性要求的体现。③ 在此基础上，OECD《竞争评估工具书指南 2.0》为竞争核对清单中的四大类 15 项的管制影响分别进行了详细论述。④

表 3.3 **OECD 竞争核对清单**

如果拟执行的政策有以下任一影响，则应该实行全面评估。	
（1）限制供应商的数量或经营范围	（1）授予某供应商提供商品或服务的特许经营权。 （2）确立颁发营业执照或经营许可证制度。 （3）对某些类型的供应商提供商品或服务的能力进行限制。 （4）大幅提高市场的进入或退出成本。 （5）对公司提供产品或服务，资本投资和劳务供应能力设置地域壁垒。
（2）限制供应商的竞争能力	（1）控制或影响商品和服务的价格。 （2）限制供应商进行广告宣传或市场营销的自由。 （3）设置有利于某些供应商的产品质量标准，或者设置过度超前的产品质量标准。 （4）大幅提高某些供应商的生产成本（尤其是对市场新进入者和现有企业进行区别对待）。

---

① OECD：《竞争评估工具书指南 2.0》，第 74 页。

② 张占江：《政府反竞争行为的反垄断法规制路径研究》，载《上海财经大学学报》2014 年第 5 期。

③ 参见第二章第二节表 2.3。

④ OECD：《竞争评估工具书指南 2.0》，第 21~64 页。

续表

(3)打击供应商参与 竞争的积极性	(1)创建自我管理或联合管理的体制。 (2)要求或鼓励供应商披露产量、价格、销售额或成本的信息。 (3)对特定行业或特定供应商给予一般竞争法的豁免。
(4)对消费者可获信 息及其选择的 限制	(1)限制消费者的选择能力。 (2)通过直接或间接增加更换供应商的成本来限制消费者选择供应商 的自由。 (3)从根本上改变消费者进行高效购买所需的信息。

简言之，全面竞争评估的目的实际上是在确保管制能够达到其旨在实现的经济目标的前提下，其实施的管制行为对市场竞争的负面影响是最小化的。[①] 如果深入评估表明管制政策无法达到这一要求，竞争主管机构将提议其他候选政策以对相关的管制进行改进，[②] 这即进入管制的竞争倡导阶段。

(三)管制竞争倡导的运作机理与制度框架

竞争倡导的实质是反垄断主管机构对判定为具有国家限制竞争行为性质的政府管制实施的一种改进活动，这种改进活动既有可能是在管制基本立法阶段的倡导，也有可能是在管制法律已然制定的情况下，根据该上位法制定管制细则或处理案件中发挥作用，有学者将前者称为"规则制定层面的竞争倡导"，将后者称为"规则实施层面的竞争倡导"，[③] 规则制定层面的竞争倡导实际上是在管制的全面竞争评估后，认为政府管制规范具有国家限制竞争的影响而后续实施的倡导，它与管制一般影响评估和竞争评估具有显著的时间先后顺序；而规则实施层面的竞争倡导则不必然在竞争评估之后进行，它有可能是在反垄断主管机构判定管制有国家限制竞争倾向时，主动对管制机构发起的倡导；或者是在管制机构请求下被动开启的倡导。因此，规则制定层面的竞争倡导发生在管制决策阶段，规则实施层面的竞争倡导发生在管制实施阶段。

[①] OECD：《竞争评估工具书指南 2.0》，第 76 页。

[②] OECD：《竞争评估工具书指南 2.0》，第 76 页。

[③] 张占江：《政府反竞争行为的反垄断法规制路径研究》，载《上海财经大学学报》2014年第 5 期。

　　管制竞争倡导的作用在于通过发挥反垄断主管机构的专业技能的形式，对可能发生公共选择或管制俘获的管制决策或实施行为予以纠正，进而保证管制未发生消耗不必要社会成本的限制竞争效果。① 因此，与竞争评估本质上是对管制机构实施的一种程序控制相比，竞争倡导实际上是反垄断主管机构一种新型执法形式，此制度必须建立在具有反垄断立法层面的明确授权基础上。在这方面，众多发达国家乃至作为经济转轨国家的俄罗斯在立法层面均具有明显的表率。美国《联邦贸易委员会法》第四十六条即明确赋予 FTC 针对国会其他法案涉及竞争事项提出建议的权力，近年来 FTC 的此项倡导性工作业已十分规范化，进而形成了所谓的"倡导档案"（Advocacy Filings），在其政府工作网站上予以公开披露。② 韩国《独占规制与公正交易法》第 63 条亦规定："相关行政机关的长官制定或者修改以限制竞争事项为内容的惯例规则、告示时，应当事先向公正交易委员会通报。"在接到通报后，如果公正交易委员会"认为该制定或者修改的惯例规则、告示包含限制竞争事项的，可以向相关行政机关的长官提出纠正限制竞争事项的意见"③。

　　我国《反垄断法》和《公平竞争审查制度实施细则》目前均尚不存在一个明确规定反垄断主管机构竞争倡导权的条文。但是，《反垄断法》仍然规定在国务院层面成立一个具有议事协调机构性质的反垄断委员会，其中对其若干职权的规定具有与竞争倡导相近的性质，如《反垄断法》第 9 条第 1 款赋予了其拟定竞争政策的职权，因此有学者认为，可以通过对竞争政策做广义解释的形式，将反垄断主管机构的竞争倡导权纳入。④

---

　　① 参见 James C. Cooper, Paul A. Pautler, Todd J. Zywicki, "Theory and Practice of Competition Advocacy at the FTC", *Antitrust Law Journal*, 2005, Vol. 72, No. 3.

　　② 参见 Federal Trade Commission, Advocacy Filings, https：//www.ftc.gov/policy/advocacy/advocacy-filings? combine = &field_matter_number_value = &field_advocacy_document_terms_tid = All&field_date_value[min] = &field_date_value[max] = &items_per_page = 20&page = 39, 访问日期：2018 年 4 月 30 日。

　　③ 转引自金河禄、蔡永浩著：《中韩两国竞争法比较研究》，中国政法大学出版社 2012 年版，第 258 页。

　　④ 张占江：《政府反竞争行为的反垄断法规制路径研究》，载《上海财经大学学报》2014 年第 5 期。

制　度　编

我国体育彩票监管的规制法治问题研究

第四章　我国体彩业竞争环境的缺陷评析与规制改进

当代中国的体彩业发端于 1994 年，彼时国务院批准当时的国家体委发行体育彩票，进而开启了极具中国特色的体彩发展历程。时至今日，历经 20 余年的发展，中国体彩业已经成为社会主义市场经济的重要组成部分，它一方面丰富了第三产业和文娱生活，另一方面又在国家财政公益资金筹集上发挥着日趋重要的作用，进而增加了公众福祉。但是，在肯定其成就的同时，中国体彩业的竞争环境一直存在着若干顽疾，它们伴随体彩发展持续了 20 余年，未得到根本性的改进。有研究主要将其总结为三个方面，即体彩的公信力不足、市场秩序的混乱以及公益金分配上的正当性缺失。① 这种不良的竞争环境会成为阻碍我国体彩进一步发挥其正向功能的桎梏，也不利于本行业消费者、经营者的相关利益保护，有必要作出改进。

针对这一问题，本章致力于对中国体彩业竞争环境存在的缺陷做出一次全面评析，进而探究体彩竞争乱象的根本症结，"对症下药"。对竞争环境的整体评析是产业组织研究的常用方法，其基本分析框架为"SCP 分析范式"，即将某一产业的市场结构(Structure)、市场行为(Conduct)和市场绩效(Performance)作为考察微观市场经济运行状况的三大要素。作为一个悠久的经济学研究方法，该范式

---

① 唐明良、朱新力：《政府对彩票业的法律管制——问题、成因及和谐社会理念下的制度面因应》，载朱新力、宋华琳等主编：《彩票业的政府管制与立法研究》，浙江大学出版社2007 年版，第 2~4 页。

已经历数十年的改进和变迁。① 但是，在法学研究中，对此种研究方法要进行一定程度的扬弃：与经济学研究不同，法学研究更注重法律制度对竞争环境的作用，法律制度的运行实效将有可能对竞争环境产生直接影响；因此，制度（Institution）理应成为考察竞争环境的首要因素，SCP 分析范式应当改进为 ISCP 分析范式。② 在本书中，笔者援引了这一分析范式，即通过系统地考察中国体彩业的法律制度、市场结构、市场行为和市场绩效，对其竞争环境存在的缺陷进行一次精准全面的评析。经过评析，会发现中国体彩业市场规制法律制度存在的若干缺陷是造成其竞争乱象的根本原因。在此基础上，本章将探索出治理这一症结的法律制度改进方案，进而促进我国体彩业竞争环境的整体优化。

第一节　ISCP 分析范式下中国体彩业
竞争环境的缺陷评析

一、制度（Institution）缺陷：角色不清晰的市场规制法律关系

新《反垄断法》第八条规定："国有经济占控制地位的关系国民经济命脉和国家安全的行业以及依法实行专营专卖的行业，国家对其合法经营活动予以保护，并对经营者的经营行为及其商品和服务的价格依法实施监管和调控，维护消费者利益，促进技术进步。"彩票业即属于这种专营专卖行业的范围，其基本特点是其竞争环境呈现出一种高度集中的特许经营权法律关系，但与此同时，立法也会对这一特许经营权施加全程控制，进而确保其经营行为的规范性。根据《彩票管理条例》第五条的规定，享有特许经营权的法律主体为体育总局下设的体彩管理中心，而民政部下设的福彩发行管理中心与其相同，为彩票业的另一专营主体。条例赋予财政部统一负责体彩和福彩的监督管理职能。但是，与其他专营专卖行业略显不同的是，体彩管理中心和福彩发行管理中心均为事业单位编制，并不是公

① 于立、吴绪亮：《产业组织与反垄断法》，东北财经大学出版社 2008 年版，第 14～28 页。

② 于良春：《转轨经济中的反行政垄断与促进竞争政策研究》，经济科学出版社 2011 年版，第 45 页。

司制的纯经营性机构，这便决定了它们并不只是彩票的发行方和销售方，更承担了对这一经销过程的实际监管职权，换言之，体彩管理中心是"政企一体"式的。名义上享有监管职权的财政部其实并不能对彩票的实质经销过程发挥实际规制效果，而只具有总量管控的间接规制职能：一方面，在彩票发行前，财政部负责彩票品种审批和决定彩票资金的构成比例；另一方面，在彩票发行后，财政部负责制定和执行彩票公益金的分配政策。可以通过图4.1了解体彩的实际运行过程，在这一过程中，名义上的规制主体财政部实际上只能控制竞争环境的最前端（步骤1）和最后端（步骤5），而整体经营过程则由体彩管理中心进行自我控制（步骤2~4）。

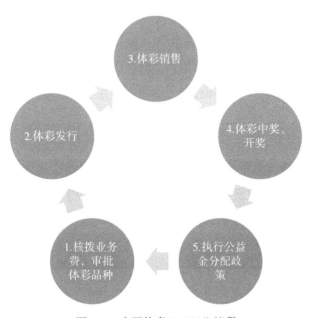

图 4.1　中国体彩业的运作流程

上述法律制度现状决定了体彩业市场规制法律关系中经营者和规制者的角色不清晰现象：作为经营者的体彩管理中心，很大程度上又是规制者、运动员和裁判员身份合一，这便会使众多体彩业的法律制度难以得到真正落实。"将彩票市场的经营权集中到两个政府部门手中，这样做的直接结果是行政权力'只手遮天'，行政行为与市场行为浑然一体……严重制约了市场规则的建立和健全，成为制约彩票业立法的掣肘。"①

二、结构(Structure)缺陷：双寡头垄断经营状态

在专营专卖的市场规制法律关系下，中国彩票行业呈现出体彩管理中心和福彩发行管理中心分庭抗礼的双寡头垄断经营状态。② 寡头垄断的市场通常会对竞争环境产生一定的负面影响，由于市场上的经营者数量较少，各经营者之间均占据一定支配地位，它们会形成一种彼此依赖的"默示共谋"，进而损害市场竞争环境。③ "由于少数几家企业的产量在某一行业的总产量中占有很大的比例，这样每个企业的产量都占有相当大的份额。在这种情况下，它们对产品的产量和价格能起决定性的作用，从而使竞争遭受排斥，市场对价格形成的作用大大减弱。"④但是，当寡头经营者发生了变动，如本市场内进入了新的经营者，原经营者之一的市场地位显著上升或下降，等等，这便会打破寡头之间的互相依赖，进而破坏其默示共谋，从而在竞争环境内部打破固有格局，促进竞争环境的自我改进。但在中国彩票行业中，这种自我改进的趋势几乎不可能发生，这是因为如下三个特点：其一，体彩管理中心和福彩发行管理中心均不是公司制的企业，而是具有行政职能的事业单位；其二，二者获准经营的彩票行业是纯国有资本的运作过程，根据《彩票管理条例》第十五条的规定，除了在实际销售环节中可能会委托民营企业或个人进行代销外，中国并不存在由非公资本控制的彩票行业；其三，二者的寡头垄断地位也不是市场自由竞争的结果，而是政府直接培育的结果。这三个特点决定了中国的彩票运营与公权力的关联度更深，双寡头垄断经营结构更稳固，除非修改法律或变更体制，否则体彩管理中心和福彩发行管理中心并无市场份额受侵扰的担忧，由此便决定了其可能造成对竞争环境尤甚的负面影响。

---

① 骆梅英、朱新力：《中国彩票业政府管制研究》，载朱新力、宋华琳等主编：《彩票业的政府管制与立法研究》，浙江大学出版社 2007 年版，第 54 页。

② 李毅：《我国体育彩票业的市场结构特征及监管体制的研究》，安徽师范大学 2005 年硕士学位论文，第 21 页。

③ ［美］理查德・A. 波斯纳著：《反托拉斯法(第二版)》，孙秋宁译，中国政法大学出版社 2003 年版，第 60~69 页。

④ 种明钊主编：《竞争法(第二版)》，法律出版社 2008 年版，第 6 页。

中国的彩票行业之所以呈现出政府培育的、国有资本运营的非企业制的双寡头垄断经营结构，与我们主要倾向于把彩票事业视为"公共服务与社会福利事业"有关，而否认其首先是市场经济的一种博彩服务业。由于对博彩可能导致的公共道德困境和博彩收入用于公益性财政的关注，这类行业如果过于向市场经济体制倾斜，就会"引起社会公益性目的减损的恐惧"。[①]

三、行为（Conduct）缺陷：消费者权利受损的不当经营行为

正是由于政府培育下双寡头垄断格局的稳固性，近年来，在体彩经营中陆续发生了一系列恶性的不当经营行为，在这过程中，作为消费者的彩民的合法权益受到了严重侵害。

体彩业的不当经营行为主要表现为三类：第一类是彩民利用体彩管理中心的经营和监管疏漏实施的行为，如通过偷换彩球控制中奖概率的"武汉 4·20 体彩案"[②]，承包商利用监管真空冒领大奖的"西安体彩宝马案件"[③]，等等。这类不当经营行为的实施主体本身也是消费者，他们利用了如今体彩市场规制法律制度和双寡头垄断格局的若干漏洞为己牟利。比如在"武汉 4·20 体彩案"中，犯罪分子通过体彩中心后院铁栅栏、架空暖气管道、体彩中心的窗户进行攀爬翻越，进而将个别摇奖用的彩球进行了替换。这种惊人的作案方式折射出了体彩过程监管的漏洞，究其原因，则是体彩管理中心集"运动员"与"裁判员"于一身的角色使其欠缺强化监管的制度压力所致。第二类是"私彩"行为，如 2007 年发生的涉案金额高达 1.7 亿元的重大体彩案件"吉林全国私彩第一案"，该案引发了吉林省对私彩行为的全面整治。[④] 这类行为的实施主体是违法经营者，即并不具有体彩管理中心的经营权资格，但却私设博彩参与竞争。第三类是在位经营者之间的不当

---

① 段宏磊、刘大洪：《混合所有制改革与市场经济法律体系的完善》，载《学习与实践》2015 年第 5 期。

② 佚名：《湖北"4·20 体育彩票案"侦破始末》，http：//www. china. com. cn/chinese/2001/May/34541. htm，访问日期：2021 年 3 月 12 日。

③ 郁俊、邹钧人：《西安"宝马体育彩票案"相关法律问题分析与思考》，载《天津体育学院学报》2005 年第 4 期。

④ 张涤非、张辉：《吉林公检法联合整治"非法彩票"》，载《人民公安报》2007 年 7 月 21 日。

经营行为，具有合法经营地位的体彩管理中心和福彩发行管理中心之间发生了非良性竞争，这类不当经营行为并不一定是违法行为，但对彩票行业的竞争环境不利。由于体彩和福彩产品的同质性较强，均包含即开型彩票、数字型彩票和乐透型彩票，仅足球竞猜彩票属于体彩的独特产品，这便造成产品同质性的格局下，两大管理中心主要依靠价格开展竞争，这便有可能损害财政公益基金的筹集。① 另外，由于两大管理中心的彩票经销过程均在一定程度上与部门利益相关，这便使其在重视营利的同时疏于自我监管，这在互联网彩票乱象丛生的问题上体现得尤为明显，2015 年年初，财政部、民政部和国家体育总局不得不联合下发相关文件叫停互联网彩票业务，受此影响，中国体彩 2015 年销售额比前一年减少 100 亿元，而这已经是互联网彩票业务第五次被叫停了。②

四、绩效（Performance）缺陷：从公众向部门的福利转移

对体彩绩效的考察不应该仅集中于其创造的经济效率，更应当关注彩票公益金的分配是否真正促进了公众福祉，这也正是《彩票管理条例》赋予财政部对彩票资金具体构成比例决定权的根本原因：该条例第二十八条将彩票资金分为彩票奖金、彩票发行费和彩票公益金三部分，财政部负责对各资金的具体比例进行确定。但是，由于现行的市场规制法律制度使体彩管理中心在负责体彩经营的同时，又在很大程度上承担了自我控制的规制者角色，这便使得财政部在彩票资金管理过程中存在极大的信息不对称，彩票发行费成本在彩票资金中具体应占据多大比例的问题，财政部很大程度上是不知情的，而只能依据体彩管理中心披露的相关数据进行间接认定。由此导致的结果是，我国的彩票发行费用常年高于国外同等行业标准，这些费用除了用于支付发行成本外，还实现了彩票收益的"福利转移"：即通过提高发行费比例、降低公益金比例的形式，使彩票收益从公众财政福利转化为体彩部门福利。③ 由此导致的结果是，针对体彩的数次审计结果触目惊心：在 2014 年即查出北京市体彩中心在未经财政部准许的情况下，利用互

① 朱彤、钟伟：《垄断型彩票行业的风险》，载《南方周末》2004 年 4 月 15 日。

② 孙宏超：《互联网彩票停售一年，体彩销量下滑 5.7%》，http://tech.qq.com/a/20160104/028800.htm，访问日期：2016 年 2 月 11 日。

③ 辛静：《彩票发行费应建超额递减机制》，载《河南法制报》2004 年 12 月 9 日。

联网销售体彩 78.51 亿元；河南省体彩管理中心则以考察名义违规使用体育彩票发行费，组织本单位职工旅游。严峻的审计结果迫使国家体育总局经济司司长表示要开展"自查自纠"①。

第二节　市场规制法律制度的沉陷：
中国体彩业竞争乱象的症结

ISCP 分析范式既实现了对中国体彩竞争环境存在缺陷的全面速写，又有利于我们洞悉造成中国体彩业若干竞争乱象的根本原因。上文分析表明，体彩业在制度、结构、行为和绩效四个方面的缺陷并非彼此孤立的，而是存在极强的关联性。一方面，体彩业的现行市场规制法律制度在决定体彩业的市场结构、市场行为和市场绩效上发挥了直接性的作用：对体彩和福彩的特许经营权制度形成了双寡头的垄断格局；体彩管理中心政企不分的经营状态决定了其存在自我控制软约束的问题，进而诱发了若干不当经营行为；财政部难以实际监管体彩运营的现实状态又诱发了在体彩绩效方面的福利转移问题。另一方面，体彩业的市场结构、市场行为和市场绩效又呈现出彼此叠加和强化的状态，进而进入一个竞争环境的"恶性循环"：双寡头的垄断格局激化了不当经营行为，不当经营行为又强化了体彩销售中的部门利益，部门利益进一步恶化了福利转移效果，而福利转移效果又稳固了双寡头的垄断格局……在此种环境下，中国体彩业展现出诸多竞争乱象，也就一点也不奇怪了。

可以通过图 4.2 对当前中国体彩业竞争环境中四大缺陷间的关联性进行总结。图 4.2 清晰地表明，制度要素构成了目前体彩业竞争环境不佳的核心要素，它既是造成结构、行为和绩效若干负面表现的直接原因，又是推动结构、行为和绩效三要素之间陷入恶性循环的根本原因。换言之，中国体彩业市场规制法律制度的不佳正是体彩业竞争乱象的根本症结。一方面，作为规制者的财政部无法真正落实其监管职责，导致针对体彩业的规制法律规则难以实际起到约束作用；另

① 中国经营网：《169 亿元彩票资金违规，彩票业乱象如何整治？》，http：//www.cb.com.cn/economy/2015_0626/1139955.html，访问日期：2016 年 1 月 11 日。

一方面，作为经营者的体彩管理中心又是政企合一，其自我规制的职责未经剥离，在运动员和裁判员身份合一的情况下，进一步诱发了其道德风险。只有从根本上对这种市场规制法律制度进行修正，中国体彩业的竞争环境才能得到改进。

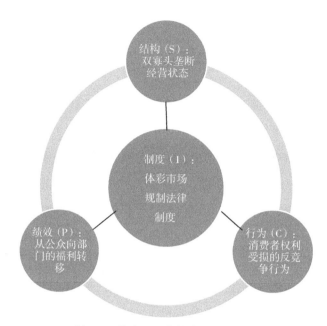

图 4.2　体彩业四大缺陷间的关联性

第三节　中国体彩业竞争环境的制度改进：
以铁路业改革为参考样本

上文分析表明，中国体彩业市场规制法律制度的弊端，归根结底在于体彩业的规制者和经营者未能发生准确的身份剥离，进而使整体竞争环境恶化了。因此，有必要对中国不同类型的行业规制法律制度进行横向比较，进而择取最有利于体彩业竞争环境制度改进的参考样本。

一、体彩业市场规制法律制度改进模型的择取

在中国，很多行业都具有规制传统，由此衍生出不同类型的市场规制法律制

度样本，其中最典型的包括三种，即"政企一体式""委员会式""行业主管式"。

"政企一体式"市场规制法律制度的主要特点是规制者与经营者身份完全合一，它通常适用于中国依法实行专营专卖的行业和部分计划经济体制遗留下的行业。这类行业遵循着"一个机构，一套人马，两块牌子"，"运动员"与"裁判员"双身份完全合一。比如归属于发改委体系下的盐业管理局，除个别省份实现了政企分开之外，多数呈现出与同级盐业公司"一套班子、两块牌子、职能分设、合署办公"。与此一脉相承的还有挂两块牌子的中国烟草总公司与烟草专卖局。整体来说，政企一体式混淆了规制者与经营者的身份，经营利益与规制利益发生了更严重的混同，对竞争环境的负面影响较严重。也正是由于这个原因，政企一体式通常都是历次国务院组成机构改革所重点关注的领域，近年来，食盐专营专卖体制的改革已提上日程。①

"委员会式"市场规制法律制度是指通常以"某某监督管理委员会"的形式对行业规制者进行命名的领域，该规制机构在国务院部委中通常被纳入国务院直属事业单位，如中国银行保险监督管理委员会。这类规制机构基本上保证了经营者与规制者身份的剥离，将本行业的监管职权系统地整合到一个正部级的委员会麾下，有利于塑造一个良性的竞争环境，也是对欧美发达国家"独立监管制度"经验进行系统借鉴的结果。②但是，这种体制并不一定适用于任何行业，对于在国民经济中具有系统重要性，且市场上的经营者为数众多、竞争机制又比较充分的行业，委员会式能够实现较好的监管效果；但是，如果相关行业辐射面较小，经营者数量较少，在这种情况下如果配置一个正部级的专门规制机构，就不免产生政府机构冗繁和不节制财政成本的嫌疑。它"容易导致分工过细，性质趋同，职责交叉，造成政出多门、多头审批、多头监管的弊病"。③而彩票行业恰恰如此，它并不在国民经济中占据核心地位，经营者又仅涵盖两大管理中心，对其适用委

---

①　佚名：《媒体称盐业体制改革方案获通过，拟废除食盐专营》，http：//money. 163. com/15/0403/14/AM9IAM8R00252G50. html，访问日期：2015 年 4 月 3 日。

②　李升：《美国独立监管制度的演进——兼论德国监管行政法对其的继受与分野》，载漆多俊主编：《经济法论丛(第 21 卷)》，武汉大学出版社 2011 年版，第 300~320 页。

③　戚聿东等著：《中国垄断行业市场化改革的模式与路径》，经济管理出版社 2013 年版，第 517 页。

员会式的市场规制法律制度，颇有"杀鸡用牛刀"之势，并无必要。

"行业主管式"是政企一体式和委员会式两类制度折中的产物，其基本特征是规制者隶属于相应行业主管机关之下，受其领导，该主管机关通常是部级单位，负责与此行业有关的所有综合性行政事务，而规制者则通常为局级，在国务院机构设置中，很多此类的行业规制机构构成了"国务院部委管理的国家局"中的重要组成部分，比如民航业的规制者民航局即属于交通部的下属机构，除此之外还有发改委下属的国家粮食和物资储备局、卫生和计划生育委员会下属的中医药管理局，等等。行业主管式的优点在于，它一方面剥离了行业规制者和经营者身份，避免了政企一体式对竞争环境可能存在的不良影响；另一方面又按照大部制改革的原理将若干不同行业规制职权整合于同一部级机关当中，避免了委员会式增加部级单位所带来的机构冗繁问题。这一类型的市场规制法律制度对经营者数量不多、系统重要性不强的"小行业"尤其适用，应当成为体彩业未来改革的基本模型。

二、一个参考样本：铁路业从政企一体式到行业主管式的改革

按照上述对中国市场规制法律制度的类型化研究，中国现行的体彩规制属于"四不像"：从法律形式上来看，它将规制者职能配置给财政部，类似行业主管式，但财政部并未实质拥有周延的监管权；从实际运行上来看，体彩管理中心自我经营、自我监管，这又类似政企一体式，但又不得不否认财政部能够施加一定程度的外部控制。体彩业的这种特殊体制可以视为政企一体式和行业主管式的中间状态，从优化竞争环境的角度，未来理应改革为完全的行业主管式。

在这方面，中国铁路业的改革理应成为一个参考样本。在 2013 年前，中国的铁道部统一负责铁路行业的经营与规制，属于典型的政企一体式。但在十八届三中全会之后，则实现了向行业主管式的转型：一方面撤销了铁道部，并在交通部下设国家铁路局，承担铁路行业的规制者身份；另一方面又另行成立了中国铁路总公司，依照《全民所有制工业企业法》运营，在承担铁路发展社会责任的同时担任其经营者资格。

铁路业的改革之所以可以成为我国体彩业改革的参考样本，是因为二者具有很强的耦合性：其一，从市场规制法律制度发展阶段的角度来看，如今的体彩业

恰似铁路业改革过程的中间状态；其二，从行业属性来看，无论是铁路还是彩票，都是既具有商品属性，又具有典型的社会公益属性的经营业务。这种独特性决定了这类行业不可能像委员会式的金融业一样，完全依照《公司法》成立众多自由竞争的经营者，这将带来公共利益之殇。而是应当以全民所有制企业的形式，成立具有公益属性的享有特许经营权的企业；同时还要剥离经营者的规制职权，在主管部门下成立一个专司本行业监管的局级独立规制机构，保证其经营行为的规范性。

三、中国体彩业市场规制法律制度改进的具体建议

以铁路业作为参照样本，未来我国体彩业的市场规制法律制度应当分别从重塑规制者和经营者两个方面进行具体改进。

首先，应当整合体彩的事前规制、事中规制和事后规制职权，将目前财政部负责的体彩事前审批职责和事后公益金分配职责与体彩管理中心承担的体彩发行、销售、开奖、中奖的事中监管职责合一，统筹至同一部门当中。在财政部下设一个专司彩票监管的局级规制机构，可以考虑命名为"彩票监督管理局"，由其统一负责彩票的全程规制。这样做的目的有二：一是剥离体彩管理中心经营者和规制者身份合一的问题，二是解决财政部目前难以真正落实体彩规制的问题，将新成立的彩票监督管理局打造成与交通部下属的国家铁路局相类似的独立规制机构，确保其规制职权履行的独立性、权威性和高效性。[①]

其次，应当实现对体彩管理中心的企业化改制。改变当前体彩管理中心隶属于体育总局的事业单位的性质，将其相关人员、编制和职责予以拆分，其中的体彩规制职权并入新成立的财政部彩票监督管理局当中，而体彩经营职权则另行依照《全民所有制工业企业法》成立与中国铁路总公司类似的企业"中国体育彩票总公司"。这样做能兼顾体彩经营中的商业性和公益性：一方面，体彩业"运动员"和"裁判员"身份混同的情形不再发生，体彩总公司将专司体彩经营职责；另一方面，该公司也并非依照《公司法》所成立的营利性企业，而是承担一定社会责任的全民所有制企业，保证体彩经营在筹集和分配财政福利性资金上的重要功

---

① 宋华琳：《美国行政法上的独立规制机构》，载《清华法学》2010 年第 6 期。

能。出于活跃彩票竞争结构的考虑，原福彩发行管理中心也应比照体彩进行同样类型的转变，成立中国福彩总公司。未来还可考虑在同样具有公益属性的科、教、文、卫领域均尝试彩票发行，增加彩票公司的数量，进而在刺激彩票行业有效竞争的同时，扩大财政公益性基金的有效筹集，打破体彩和福彩的双寡头垄断，共同提升彩票行业的经济和社会效益。

笔者所作出的上述改进建议，实际上早已在国外有了较成熟的运作经验，最典型的便是新加坡。早在 1950 年，新加坡便成立了社会福利服务彩票委员会，从 1952 年开始，新加坡彩票在经财政部部长批准的情况下，由承担规制者身份的社会福利服务彩票委员会监管运行。同时，新加坡通过企业"新加坡博彩私人有限公司"发行彩票，该企业一度具有私营企业的性质，但从 1980 年开始，该公司改组为政府控股公司的附属企业，以进一步保证彩票服务的公益性不受侵害。[①] 新加坡彩票业数十年来运行良好，其竞争环境较优质，彩票的商品属性和公共物品属性得到了良好的耦合，这可以视为笔者提出的改进方案有效性的一个直接证据。在这种市场规制法律制度之下，中国体彩业竞争环境中的市场结构、市场行为和市场绩效均将得到优化：首先，双寡头垄断格局得到削弱，未来可以通过渐进式增加彩票公司数量的形式活跃竞争；其次，不当经营行为会由于彩票监督管理局职能的强化得到遏制；最后，由于规制职权的独立性和权威性得到保障，福利转移的问题也会受到明显限制。

结　语

在市场力量无法达到的地方，或者市场失灵可能会对整个社会的福利造成损害的情况下，政府的规制之手便显现了。[②] 对体彩业来说，政府规制的目的即在于为其塑造一个良好的竞争环境，使其一方面满足公民日益增长的文娱需求，保证彩民作为消费者的合法权益；另一方面又能使其充分发挥财政公益性资金的筹

---

① 张渊：《新加坡彩票业政府管制的历史演进及启示》，载朱新力、宋华琳等著：《彩票业的政府管制与立法研究》，浙江大学出版社 2007 年版，第 161~166 页。

② 文学国主编：《政府规制：理论、政策与案例》，中国社会科学出版社 2012 年版，第 19 页。

集作用，造福公众福祉。基于 ISCP 分析范式的研究表明，中国体彩业目前在市场结构、市场行为和市场绩效上的诸多乱象很大程度上是市场规制法律制度的缺陷所致。而基于对中国不同类型市场规制法律制度的比较研究，尤其是铁路业改革这一有效的样本研究，则为未来我国体彩业的改革指明了方向。经过彩票监督管理局这一规制者身份的再造，以及中国体彩总公司这一经营者身份的重塑，我国未来的体彩事业将得到一个更优化的竞争环境，也将创生出更多的经济和社会价值。

第五章　我国体彩业职能重合行为的公共规制

——基于俄罗斯《保护竞争法》的经验启示

　　博彩既是现代市场经济背景下一类重要的经济产业，又是一项丰富公民文娱生活的娱乐活动。在中国，彩票堪称博彩产业最成熟、发展最完善的领域，福利彩票、体育彩票是其两大支柱，它们在繁荣公民文娱生活、促进经济发展的同时，也丰富了我国财政公益基金的筹集渠道。但是，中国彩票业近年来折射出的问题也是不容否认的，彩票经营中的公信力不足、市场秩序混乱和彩票公益金分配上的正当性缺失，被总结为中国彩票业的三大"顽疾"。① 尤其是在2014—2016年，中国彩票产业的数次审计结果都令人咂舌，通过审计发现的问题包含虚报套取、违规采购、违规构建楼堂馆所和发放津补贴，一些地方还存在违规利用互联网销售彩票、彩票资金闲置等问题。迫于这种现状，2017年2—3月，财政部、民政部和体育总局组成了联合督查组，专项督查彩票整顿工作。② 因此，一方面我们要对彩票业的经营体制进行改革；另一方面，则要加大对彩票业经营中违法行为的规制力度。

　　在中国彩票产业暴露出的上述问题中，福利彩票（简称福彩）与体育彩票（简称体彩）具有一定的共通性：对于两类彩票公益金的筹集、分配和具体适用情况，信息披露都过于简单笼统，公众监督乏力。不论是体彩公益金还是福彩

---

　　① 唐明良、朱新力：《政府对彩票业的法律管制：问题、成因及和谐社会理念下的制度面因应》，载朱新力、宋华琳等著：《彩票业的政府管制与立法研究》，浙江大学出版社2007年版，第1~15页。

　　② 周群峰：《揭中国彩票业"系统性腐败"：33.3亿彩票资金被挪用》，载《中国新闻周刊》2017年3月21日。

公益金，其筹集均主要来源于社会公众购买彩票的支出，其分配归入国家财政统筹，具有高度的公共性，必须实施审慎的监管，有效控制其各种经营乱象，维护社会公共利益。但是，与福彩相比，体彩在彩票产业之外，更属于体育产业的重要组成部分。在国家体育总局制定的《体育产业发展"十三五"规划》（以下简称《规划》）中，体彩业属于体育产业发展的八大重点行业之一。《规划》明确要求，应"加快建立健全与彩票管理体制匹配的运营机制""加强公益金的使用管理绩效评价，不断提升体育彩票的社会形象"。为实现这一系列目标，如何从法律规制的角度研判中国体彩业的现状、问题与改进方案，就显得极具紧迫性。

　　近年来，学界为我国体彩业的法律规制贡献了颇多建树。与这些过往研究相比，本章选取了一个容易受到忽视的研究视角来探讨体彩业的规制问题，即反垄断执法。本章认为，中国体彩业的基本经营体制呈现出"政企合一""国家专营"等特点，这使其处于一个典型的行政垄断状态，进而催化出一系列体彩经营乱象乃至腐败问题。此类行政垄断现象在我国《反垄断法》中欠缺明文规定，但在境外的俄罗斯立法中，它被称为"职能重合行为"。根据俄罗斯《保护竞争法》第十五条第三款的规定，明确禁止"联邦执行权力机构、俄罗斯联邦主体国家权力机构、其他权利机构和地方自治机构的职能与经营主体的职能重合"。① 笔者认为，职能重合行为可以有效概括中国体彩业的经营体制，并能揭示导致中国体彩诸多乱象的根本原因。因此，有必要借鉴俄罗斯《保护竞争法》的相关立法经验，从中国反垄断法律制度系统修正和体彩业体制改革的角度，对体彩业的职能重合行为进行体系化的规制，扭转体彩业的经营乱象。

　　本章主要遵循如下研究思路：首先，对中国体彩业职能重合行为的具体表现和危害进行分析；其次，对比中俄反垄断法律规制框架上的不同，探讨中国现行法律制度设计在治理体彩职能重合行为上存在的障碍和缺陷；最后，借鉴俄罗斯经验，设计出一系列制度改进规划，推动未来我国体彩业职能重合行为的反垄断法规制，实现诸多体彩经营乱象的根本性治理。

---

　　① 李福川著：《俄罗斯反垄断政策》，社会科学文献出版社 2010 年版，第 88 页。

第一节　中国体彩业职能重合行为的表现与危害

一、体彩业职能重合行为的具体表现

职能重合行为的典型特征是，公权力机关的管理性职能与经营主体的经营性职能相重合，相关主体既负责特定产业的生产、销售活动，又承担对该产业的行政监管，集"运动员"与"裁判员"于一身，这便导致其在日常经营活动中，可以借助监管性职能的强制力为其攫取不正当的经营利润。如该主体出售的某项产品按照市场价格应定价为 10 元左右，但可以通过价格管制的形式，强制性地将该产品的定价升至 20 元，如此便能攫取超出市场比例的利润，巩固其市场优势地位。中国的《反垄断法》虽然并未规定职能重合行为，但在现实中，我们对此类行为并不陌生，它在中国的日常生活中经常被冠以"政企合一"的通俗称呼。政企合一的经营体制有三大特征：(1)在经营体制上，存在职能重合行为的产业通常实行专营专卖制度，由某一个或某几个机构垄断经营。(2)在内部组织形态上，该类产业的机构遵循"一个机构，一套人马，两块牌子"，同时担任经营者与监管者双重身份。(3)在外在表现上，这类产业的机构由于市场经济体制改革步伐的缓慢，并未进行企业化改制，仍然以事业单位，甚至行政机构的形式存在，却承担着企业化的经营性职能。国外有学者将中国部分产业这种"政企合一"的经营体制称为"行政性公司"(administrative company)，认为这种机构"既有权力进行产业监管，本身又能参与产业经营。这种行政性公司的存在是政府改革未能跟上中国的经济改革的步伐所造成的"。[①]

从表面上看来，我国的体彩业经营体制并不符合"政企合一"的结构。根据《彩票管理条例》第五条的规定，从中央到地方各级财政部门、公安机关、工商行政管理机关和体育行政部门均对体彩享有一定的监管职权。在这当中，各级公安机关和工商行政管理机关仅负责"在各自的职责范围内，依法查处非法彩票，

[①]　Jacobss,"Administrative Monopoly and China's New Anti-Monopoly Law: Lessons from European State Aid Doctrine", *Wash. u. l. Rev.*, 2010, No. 4, p. 869.

维护彩票市场秩序"，并不是真正意义上的主管部门，仅是监管职权的参与者。实际监管职权交由各级财政部门和体育行政部门执行。在实践中，从中央到地方，两大机构主要遵循着如下监管分工：各级体育总局下设体彩管理中心实际负责体彩的经营与控制，体彩管理中心既负责体彩的发行和运营，又负责《彩票管理条例》第五条规定的所谓"管理工作"，呈现出典型的"政企合一"色彩；体彩管理中心表面上属于事业单位，但却承担着体彩的经营性职能，具有与企业相类似的逐利性目的。而各级财政部门的监管职权，在现实中则被高度虚化，实际只承担核拨体彩业务费、审批体彩品种和执行体彩公益金分配政策等简洁性的职能。

中国体彩的实际运行过程其实可以分为五个阶段：(1)财政部门核拨业务费，审批体彩品种。(2)体彩管理中心发行体彩。(3)体彩管理中心组织具体的体彩销售。(4)销售结束后，体彩管理中心按照法定程序组织体彩开奖、兑奖过程。(5)体彩每年度销售活动结束后，财政部门执行具体的彩票公益金分配政策，将彩票公益金专项用于体育公益事业。之所以说各级财政部门的监管权被虚化，是因为《彩票管理条例》所赋予的财政部门监管职权并不是对这五个阶段的全程监管，而只是体现为事前与事后监管，即对第一阶段和第五阶段的监管，财政部门一方面在事前对体彩品种进行审批、确定彩票资金的构成比例、核拨相关体彩业务费；另一方面，则在事后负责统筹安排财政公益金的分配政策。而在体彩的具体发行、销售、中奖、兑奖整体过程中，《彩票管理条例》并没有赋予财政部门具体监管职权，而是交由体育总局下设的体彩管理中心进行自我控制，民政部下设的福彩发行管理中心也是相类似的体制。[①] 实践中，体彩管理中心的上级组织——国家体育总局及其地方各级机构，也没有对其开展实际性的监督工作，主要以体彩管理中心自律为主，毕竟体彩管理中心所负责的体彩发行销售问题与一般性的体育产业不同，体育总局的监督能力并不充分。

换言之，从表面上看来，中国体彩是各级财政部门监管、各级体彩管理中心经营，但实际上是各级财政部门负责十分薄弱的间接监管，各级体彩管理中心统一实施经营职权和直接监管职权，主管体彩业的国家体育总局进行了高度的权力

---

① 张璇、杨成、段宏磊、李丽：《中国体彩业竞争环境的缺陷评析与制度改进》，载《天津体育学院学报》2016年第4期。

下放，并不实际参与监管。体彩的实际经营权和监管权高度集中于各级体彩管理中心，构成典型的"政企合一"，符合职能重合行为的基本特征。

二、体彩业职能重合行为的负面影响

体彩业的职能重合行为，是造成中国诸多体彩乱象的根本性原因所在。产业组织经济学认为，市场结构、市场行为和市场绩效三要素之间存在密切的相互联系，如果某一个产业的市场竞争结构存在缺陷，它将在一定程度上影响市场行为和市场绩效，进而恶化整体竞争秩序。[①] 这极为符合当前体彩市场的现实状况，在"政企合一"的职能重合行为之下，中国彩票业的现行体制赋予福彩发行管理中心和体彩管理中心"双寡头"垄断格局，市场竞争程度不足。[②] 而且，与一般的寡头垄断状态不同的是，中国彩票业的两大经营主体还豁免了潜在市场进入者的威胁，即由于实施彩票国家专营制度，除福彩发行管理中心和体彩管理中心以外的其他经营者是不能从事彩票发行活动的，两大发行主体不具备其垄断地位遭受潜在竞争者挑战的余地，市场竞争结构高度稳固。正是由于这种职能重合行为对竞争结构的塑造，催化出体彩业一系列的经营乱象，主要体现在以下两个方面。

（1）体彩经营和监管过程缺乏外部干预机制，体彩管理中心怠于完善内部组织和行为，诱发监管漏洞，导致一系列侵犯彩民权益的违法犯罪行为难以得到有效制止。如"武汉4·20体彩案"，犯罪分子相继攀爬翻越当地体彩管理中心后院的铁栅栏、架空暖气管道和体彩中心的窗户，再将部分彩球进行替换，这一整套作案手法折射出体彩监管的重大漏洞。[③] 再如我国互联网体彩销售，作为一种借助新媒介推广体彩经营的方式，它一度被视为有效提高体彩发行量、促进体彩公益事业发展的有效手段，但是，由于现有监管结构难以抑制体彩销售互联网化之后的一系列欺诈销售、诱惑成瘾、地下博彩等问题，财政部不得不反复"叫停"

---

① 于立、吴绪亮著：《产业组织与反垄断法》，东北财经大学出版社2008年版，第14~28页。

② 李毅：《我国体育彩票业的市场结构特征及监管体制的研究》，安徽师范大学2005年硕士学位论文。

③ 《湖北"4·20体育彩票案"侦破始末》，http//www.china.com.cn/chinese/2001/May/34541.htm，访问日期：2021年1月13日。

互联网体彩。从 2007 年年底开始，中国的互联网体彩已经经历了 6 次叫停和重启的过程，使我国的互联网体彩销售进入了"紧缩-宽松-紧缩-宽松-紧缩"的怪圈。①

（2）体彩经营收益发生了从社会福利向部门福利的转移，体彩部门利益一定程度上取代了社会公共利益。彩票资金由彩票发行费、彩票奖金和彩票公益金构成，彩票发行费构成发行彩票的基本成本来源，彩票奖金用来支付中奖金额，而彩票公益金用于社会福利事业，三类资金的具体比例能够实际影响彩票在筹集财政公益收入和推动公共福祉上的作用。《彩票管理条例》第二十八条规定，各彩票品种中彩票资金的具体构成比例由财政部门决定。但在实践中，由于财政部门并不了解体彩业务，对彩票资金构成比例的规定经常需要根据体彩管理中心的相关信息披露来确定。但在政企一体式的经营体制下，体彩管理中心披露的有关信息缺乏有效监管，长此以往，就发生了"福利转移"现象：通过提高发行费比例、降低公益金比例的形式，使体彩收益从公众财政福利转化为体彩部门福利。②

第二节　中俄职能重合行为反垄断法规制的比较与反思

一、基本立法状况的对比与反思

从国际立法经验来看，《反垄断法》主要规制"经济垄断"，即经营者实施的限制竞争行为，而对于公权力机关实施的"行政垄断"，不同国家的规制态度则有所不同。一般来说，在欧美日等发达国家，由于这些国家已经形成了健全的市场经济体制，政府不正当干预市场竞争行为的发生频率较低，所以在这些国家，反垄断立法一般不对行政垄断现象进行重点关注。但在发展中国家或经济转轨国家，成熟的市场经济体制尚未建立，政府仍有对竞争进行不正当干预的冲动，就有必要通过专门规定反行政垄断条款的形式，实现对这一类严重损害市场竞争的

---

① 陈秋艺：《互联网彩票销售法律问题研究》，四川师范大学 2016 年硕士学位论文，第 1 页。

② 辛静：《彩票发行费应建超额地建机制》，载《河南法制报》2004 年 12 月 9 日。

行为进行专门规制。① 在这一方面，中国与俄国的基本国情非常相近，在二者的反垄断立法中，也均存在对反行政垄断的专章系统性规定，只不过使用的称呼有所不同。② 俄罗斯《保护竞争法》第3章规定，禁止俄罗斯联邦执行权力机构、俄罗斯联邦主体国家权力机构、地方自治机构和其他履行上述机构职能的机构或组织，以及国家预算外基金和俄罗斯联邦中央银行限制竞争的法规、行为（不作为）、协议和协同行为；而中国《反垄断法》第5章的表述则更简练，即"滥用行政权力排除、限制竞争"。但从本质上来说，二者都是反行政垄断的专章规定。

但是，中俄两国对行政垄断具体行为表现的界定却表现出不同，俄罗斯《保护竞争法》第3章所规定的违法行为类型明显多于中国反行政垄断的相关规定，建立起了更周延的规制体系。③ 而中国《反垄断法》第5章却明显遗漏了一些违法行为，这尤其体现在行政垄断与经济垄断竞合的情形。尽管从立法上来看，中俄两国的反垄断立法都倾向于将垄断行为区分为经济垄断和行政垄断两类，但是，现实中的两类行为并非泾渭分明。当两类垄断行为的主体在具备一定意思联络的情况下共同实施违法行为时，就发生了经济垄断与行政垄断的竞合。这可能有四类情形：（1）行政主体与经营主体达成合谋，这可称之为联合垄断行为。（2）行政主体同意或默许经营主体实施垄断行为，或对其管辖产业中经营主体实施的垄断行为怠于查处，这可称之为默示垄断行为。（3）行政主体强迫经营主体实施垄断行为，这可称之为强制垄断行为。（4）行政主体与经营主体身份完全重合在一起，在政企合一的体制下实施垄断行为，即职能重合行为。

对于上述四类竞合情形，中俄立法的侧重点有所不同。俄罗斯《保护竞争法》第十六条和第十五条第三款分别明文禁止了第一类和第四类情形，即联合垄断行为与职能重合行为。而中国《反垄断法》仅规定了第三类的强制垄断行为，该法第三十六条规定："行政机关和法律、法规授权的具有管理公共事务职能的组织不得滥用行政权力，强制经营者从事本法规定的垄断行为。"从行为表现来看，强制垄断行为并不是真正意义上的行政垄断与经济垄断竞合行为，因为它体

---

① 时建中著：《反垄断法：法典释评与学理探源》，中国人民大学出版社2008年版，第83~87页。

② 段宏磊：《全球反行政垄断立法类型论》，载《理论月刊》2015年第8期。

③ 刘继峰：《俄罗斯反垄断法规制行政垄断之借鉴》，载《环球法律评论》2010年第2期。

现为行政主体强迫经营主体实施违法行为，后者更像是一个受害者而非违法行为的实施者。从中国现实状况来看，比起强制垄断行为，联合垄断、默示垄断以及职能重合行为的发生概率也都明显更大。这是因为，中国当前的经济体制中存在着数量庞大的产业主管机关建制，以及以国有经济为主体的经济结构，这使中国很多产业的政企界限并不明朗，经营者先是决定从事某种垄断行为，然后取得主管机关的"授意"后实施之，甚至直接在主管机关的主持下实施行为，这种独特的中国式垄断并不罕见。如果此时的经营主体又是国有企业，那么二者达成这种默契的可能就更大，行为的潜在限制竞争效果也就更强。① 而体彩业的职能重合行为实际上是此类行为最极端化的状态，它已经达到了经营主体与行政主体完全融合的状态。

中国《反垄断法》不但对职能重合行为欠缺规定，反而还在第七条中规定"国有经济占控制地位的关系国民经济命脉和国家安全的行业以及依法实行专营专卖的行业，国家对其经营者的合法经营活动予以保护"，这便相当于从正面确立了若干高度政企一体化的产业经营体制的合法地位。据此规定，不但体彩产业的行政垄断难以改革，与体彩经营状况极度类似的福彩、烟草、食盐、铁路等产业中的职能重合行为也一样难以撼动。以食盐体制改革为例，过去经历了 6 次失败，到了 2017 年年初，《盐业体制改革方案》得以正式实施，但其具体实践状况表明，改革过程依然遭遇阻碍，难以推行。②

二、反行政垄断执法状况的对比与反思

后退一步，即使中国《反垄断法》取消了第七条的相关规定，并在反行政垄断规定中明确增加了职能重合行为的有关条款，那么能否实现对此类行为的有效规制？笔者仍持悲观态度，因为中国目前的反垄断执法体制难以撼动此类违法行为。根据《反垄断法》第五十一条第一款的规定，对于行政垄断行为的查处方式是"由上级机关责令改正；对直接负责的主管人员和其他直接责任人员依法给予

① OECD, State Owned Enterprises and the Principle of Competitive Neutrality, 2009.
② 王庆峰：《食盐体制改革为何遭遇推动难》，http：//www. infzm. com/content/122901，访问日期：2021 年 1 月 13 日。

处分。反垄断执法机构可以向有关上级机关提出依法处理的建议"。换言之，反垄断主管机构不具备对行政垄断的直接执法权，而仅具有对上级机关作出处理建议的权力。而对作出违法行为的上级机关来说，它平时并不主要负责反垄断执法问题，不具备专业能力；而且，上级机关经常与下级存在基于部门利益所带来的亲密关系，"护犊子"的心态将很可能排斥其作出真正刚性的处罚行为；而立法所确立的对行政垄断的处罚无非是停止违法行为和给予行政主体内部的处分，既不见对民事责任和行政责任的追究，又不见在达到刑事违法标准时对刑事责任的援引，这种过于弱化的法律责任体系不利于形成有效威慑。

在这方面，俄罗斯的反行政垄断执法体制很值得借鉴。（1）在执法主体上，俄罗斯反垄断署具备独立、统一和权威的反垄断执法职权，它有权直接对实施行政垄断的主体开展执法。俄罗斯反垄断署曾经对俄罗斯联邦国防部、联邦海关总署这些实权部门开展过执法，甚至还超越行政主体的范围，对地方立法机关展开过调查。2009 年 4 月，俄罗斯反垄断署对麦罗沃州人民代表会议制定的州法律《禁止收购废旧有色金属》的立案调查中，反垄断署判定该法限制企业经营活动，由于事后人民代表会议主动撤销了该项立法，反垄断署的调查即决定终止。这在中国现行执法体制中是难以想象的事情。（2）在执法方式上，俄罗斯反垄断署除了开展传统的行政执法外，还有权对政府的市场经济政策开展"竞争评估"（competition assessment），即通过对若干政府管制决策进行审查，取消或修正其中具有限制竞争效果的规定。① 俄罗斯《保护竞争法》第二十三条规定，反垄断署有权"按照规定的程序，对专项市场保护措施、反倾销措施和补贴措施可能造成的结果，以及对调整海关进出口税率对俄罗斯商品市场竞争造成的后果提供结论性意见"。职能重合行为，即是典型的"专项市场保护措施"，依此规定，如果在俄罗斯市场上出现了如中国体彩业现状的经济保护政策，反垄断署可以通过竞争评估的形式促成相应行为的修正。

在上述刚性的职能重合行为执法框架下，俄罗斯博彩行业的竞争环境良好，多家公司经营不同玩法的彩票，市场竞争状况充分。从 2014 年开始，为了突出

---

① 张占江：《政府反竞争行为的反垄断法规制路径研究：基于路径适用的逻辑展开》，载《上海财经大学学报》2014 年第 5 期。

博彩业在推动社会公益事业上的作用，限制私人博彩业的负面影响，俄罗斯开始禁止私营博彩，通过国有化的形式运营，私人公司只能通过外包等手段参与彩票产品和彩票服务的广告宣传等工作。① 但是，这种"国有化"与中国政企一体式的专营体制完全不同，而是通过赋予国有企业特许经营权的形式经营彩票，俄罗斯财政部门和体育部门对其经营过程实施全程监管，监管者与经营者的身份是分开的，监管过程刚性而有效。

对比中俄反垄断立法和执法体制上的差别，不难发现我国在体彩职能重合行为上规制乏力的原因：(1)《反垄断法》不但欠缺对职能重合行为违法的直接规定，甚至还通过第 7 条的规定确立了此类行为的合法基础。(2)中国的反垄断执法体制无权对行政垄断行为直接开启执法，进一步导致此类行为难以被撼动。

第三节　中国体彩职能重合行为的法律规制路径建构

职能重合行为既是一项典型的行政垄断行为，又是一个艰深的体制性问题，对它的治理不仅仅是一个行政执法的过程，更需要对其背后的体制基础进行改革。因此，对于中国体彩业职能重合行为的法律规制，要建立起一个"内外兼治"的基本框架：(1)修改我国《反垄断法》的相关规定，为职能重合行为确立法律规制依据，并修正反垄断执法体制，提高行政垄断行为的执法效果，为体彩业职能重合行为的规制建立一个有效的外部控制框架。(2)从产业内部推进中国体彩经营体制改革，改变其政企合一的基本经营结构，实现体彩业经营者身份与监管者身份的分离。通过内外两种法律规制路径的有效构建，真正促进职能重合行为的根治，改善我国体彩业的竞争环境。

一、外部控制机制：反行政垄断立法与执法的改进

在反行政垄断立法方面，要对我国《反垄断法》第 5 章中行政垄断的相关规定进行修正，明确将职能重合行为纳入规制范畴。具体来说，是要把现实中行政主

---

① 张珂辰：《命运之择：俄罗斯彩票的前世今生》，http：//www.dragonnewsru.com/culture/ru_cultures/20160314/28806.html，访问日期：2021 年 1 月 13 日。

体和经营主体可能存在的几类共同限制竞争行为进行明确规定，而不是只规制强制垄断行为，还应包括默示垄断、联合垄断和职能混同行为。除此之外，应当废除我国《反垄断法》第七条对特殊产业的保护性规定，为体彩产业的体制改革留出法律空间。在反行政垄断执法方面，则要进行以下两个方面的改革。

（1）对我国的反垄断执法机构按照独立、统一、权威和高效的基本原则进行重新建构。目前，我国将反垄断执法机构配置给 3 个行政主体：商务部下设反垄断局，负责经营者集中执法；发改委下设价格监督检查司，负责与价格相关的垄断协议和滥用市场支配地位行为的执法；工商局下设反垄断与反不正当竞争执法局，负责不涉及价格的垄断协议和滥用市场支配地位的执法。除此之外，还在国务院下设反垄断委员会，作为三大执法主体的议事协调机构。这种分散化的执法结构容易造成职权冲突，而且，三大执法机构都是国务院部委下设的局级单位，级别过低，不利于在执法过程中抗拒外部干预力量。建议将商务部反垄断局、发改委价格监督检查司和工商局反垄断与反不正当竞争执法局中，与反垄断执法有关的编制、人员、职责抽离，统一并入国务院反垄断委员会，将反垄断委员会打造成一个独立、统一、权威、高效的正部级反垄断执法机构。

（2）对反垄断执法机构的行政执法职权进行改造。一方面，要改变《反垄断法》所规定的上级机关责令改正式的执法机制，规定反垄断执法机构有权直接对做出职能重合行为的行政主体开展执法，追究其法律责任；另一方面，也要积极探索传统执法形式之外的新型执法机制，即要赋予反垄断执法机构"竞争评估"职权，即有权对政府的经济决策开展评估，对这当中具有不合理限制竞争效果的制度设计进行清理或修正。在这方面，我国已经展现出若干制度萌芽。2016 年 6 月 14 日，国务院正式公开发布了《关于在市场体系建设中建立公平竞争审查制度的意见》（国发［2016］34 号），该意见明确规定："行政机关和法律、法规授权的具有管理公共事务职能的组织（统称政策制定机关）制定市场准入、产业发展、招商引资、招标投标、政府采购、经营行为规范、资质标准等涉及市场主体经济活动的规章、规范性文件和其他政策措施，应当进行公平竞争审查。"这与俄罗斯的竞争评估职权在实质上并无本质区别，但是按照该意见的设计，目前的公平竞争审查制度主要是由各行政主体开展的自我审查，未来应当将这一职权交由更专业的反垄断执法机构实施，以加强审查过程的约束力。在这一前提下，中国的反垄断执法机构，即可对体彩经营体制开展竞争评估，促成其政企合一体制的改革。

二、内部改革机制：中国体彩业经营体制的重构

放眼全球，彩票经营模式主要可以分为三种：（1）强调国家控制的政府机构直接运营型，这种经营模式的极端情况便是彩票监管权与经营权高度合一，出现职能重合现象。（2）准政府专卖模式，即成立国有企业对彩票进行专营，政府部门则对其经营活动进行监管。（3）特许经营权模式，即政府特许私营企业经营彩票。① 按照监管权与经营权分离的程度或彩票产业市场竞争的强度，这三种经营模式依次递增，但这三种经营模式的政府控制力度依次递减，竞争程度越强，也意味着国家对彩票产业的管理成本越高。因此，第二种的准政府专卖模式，由于能有效平衡政府控制程度和市场竞争强度，成为国际上的主流模式，德国、法国、意大利、加拿大和美国部分州均选择此类经营体制。

中国目前属于政府机构直接运营型，且属于该种类型中监管权与经营权高度统一的一类。未来，中国体彩的经营体制应当实现监管职能和经营职能的分离，向准政府专卖模式过渡。一方面，应当将体彩管理中心承担的体彩发行、销售、开奖、兑奖过程的监管职权抽离，并入财政部负责体彩事前与事后监管的机构当中，与之相类似，福彩发行管理中心也应当做类似的改革。在财政部下设一个专司彩票监管的独立规制机构，统一负责体彩与福彩的监管，将彩票行业的经营者身份与监管者身份彻底分开。另一方面，对体彩管理中心进行企业化改造，将其从体育总局下属的事业单位建制中抽离出来，成立一个纯经营主体身份的"中国体育彩票总公司"。该公司在性质上属于公益类国有企业，其内部组织形式依照《全民所有制工业企业法》，而非《公司法》进行运作，即不以营利为目的，而是承担一定的社会责任，保证体彩经营在筹集和分配财政福利性资金上的重要功能，福彩发行管理中心也可以考虑进行同样形式的改革。② 为了能进一步活跃彩

① 中福彩中心国际合作部：《浅析国外彩票管理体制及借鉴意义》，载《中国民政》2017年第5期。

② 杨成、段宏磊、李丽：《中国体育彩票法律规制结构的制度改进》，载《武汉体育学院学报》2016年第5期。

票行业的竞争格局，未来还可以考虑成立体彩和福彩之外的其他彩票企业，既能促进其有效竞争，又能提高彩票公益金的筹集力度。

事实上，上述改革建议并非新奇观点，其在国内外都有成功先例可循。在国外，新加坡 20 世纪 50—80 年代的彩票经营体制改革便是此种模式，最终实现了由"社会福利服务彩票委员会"这种政企一体式的结构，向"新加坡博彩有限公司"这种纯经营者身份的改革。① 在国内，早在 1999 年，财政部即提出成立企业性质的彩票发行机构，但最后由于改革阻力太大未果。② 另外，在与体彩业经营体制相类似的铁路产业中，我国前几年刚刚完成了相类似的体制改革。2013 年以前，中国的铁道部也是职能重合的，它统一负责铁路产业的经营与监管，十八届三中全会后，铁道部裁撤，在交通部下设国家铁路局作为铁路产业的监管机构，成立按照《全民所有制工业企业法》运营的中国铁路总公司，作为铁路产业的经营主体。这些不胜枚举的例子均说明，我国体彩产业进行监管者与经营者身份的剥离，重建体彩经营体制的改革，既是必要的，也是可行的。

结　　语

"竞争是我们自由社会的基石。"③任何一个产业经营体制都需要以促进其有效竞争为目标进行设计，体彩产业也不例外。本章选择职能重合这一类特殊的行政垄断行为切入，对中国体彩业"政企合一"的经营体制及其危害进行深入分析，并结合俄罗斯《保护竞争法》的相关制度经验，为未来我国体彩业职能重合行为的法律规制体系进行初步设计。希望本研究能够有效促进中国体彩业经营体制和竞争环境的改善，进而对体彩的经营乱象实现有效治理，进一步促进体彩在繁荣体育产业、丰富公民文娱生活和推进公众福祉等方面发挥作用。

---

① 张渊：《新加坡彩票业政府管制的历史演进及启示》，载朱新力、宋华琳等著：《彩票业的政府管制与立法研究》，浙江大学出版社 2007 年版，第 161~166 页。

② 刘晖：《谁来切 842 亿元的彩票蛋糕》，http://www.aiweibang.com/yuedu/news/2794252.html，访问日期：2021 年 1 月 13 日。

③ Michal S. G., Faibish I., "Six Principles for Limiting Government-Facilitated Restraints on Competition", *Common Market Law Review*, 2007, Vol. 4, No. 1, pp. 233-260.

第六章 我国互联网体育彩票销售监管的
现状反思与法制改进

自改革开放以来，体育彩票作为一项新兴的体育产业与文娱产业得到了显著发展，其在促进体育事业发展、繁荣社会文娱活动、丰富财政公益基金筹集渠道等方面日益发挥着重要功能。但是，近年来，我国体彩业却开始出现发展窘势：一方面，中国体彩的内部管理陆续曝出乱象，尤其是在 2014 年至 2016 年，中国体彩业连续曝出多次审计问题，以至于在 2017 年，由财政部和国家体育总局开展了针对体彩业的专项督查整顿工作。① 另一方面，中国体彩业在销售业绩上的表现近年来表现出颓势，自 2015 年以来，我国体彩业连续多年陷入"负增长"的魔咒。根据 2019 年 12 月 31 日财政部公布的数据，2019 年 1 月到 11 月，体育彩票机构销售 2086.46 亿元，同比减少 558.49 亿元，下降比率高达 21.1%。② 进入 2020 年后，在新型冠状病毒性肺炎疫情的影响下，体育彩票的销售情况更不理想。体彩业负增长的原因是多方面的，除了整体经济形势下行、政府为应对体彩乱象而收紧监管政策等因素之外，伴随市场经济的发展，社会的文化娱乐活动日趋多样化，体育彩票对消费者的"刺激性"也在不断衰退，换言之，彩票确实不

---

① 周群峰：《揭中国彩票业"系统性腐败"：33.3 亿彩票资金被挪用》，载《中国新闻周刊》2017 年 3 月 23 日。

② 原瑞阳：《政策接连收紧，2019 年彩票销售将录得负增长》，http://m.caixin.com/red/2020-01-03/101500897.html? s = 733a135e42c35fd2a78726ce4ab137de9fb9aae157cc00a521c0489d8ba4aecd84d41c9bb6ff81aa&originReferrer = Androidshare&from = singlemessage，访问日期：2020 年 4 月 20 日。

如过去受欢迎了。①

面对体彩业的上述发展窘境，通过"互联网+"的形式，适度允许体育彩票通过互联网的形式予以销售，就成为提高销售量、提振体彩业二次发展的有效手段。我国财政部也早在 2010 年制定了《互联网销售彩票管理暂行办法》，对互联网体彩销售的基本形式、条件和监管制度进行了规定。但在现实中，我国互联网体彩销售并未得到充实发展，互联网体彩销售虽经历过几次试点，甚至途中有过短暂的高速发展情形，但通常会因政策的陡然收紧而随即再次陷入低谷。近年来，我国的互联网体彩销售已经进入了反复重启、又反复禁绝的"怪圈"。② 本章即以互联网体彩销售问题为研究对象，通过梳理、分析近年来我国互联网体彩销售监管的法制演进路径，分析如今的制度困境及其症结，并最终尝试设计出一整套法制改进方案，从真正意义上实现我国互联网体彩销售的健康、长效发展。

第一节 我国互联网体育彩票销售监管的法制演进路径

我国的互联网体彩销售活动，是进入 21 世纪以来，伴随互联网经济的发展而逐渐产生和演化的。整体而言，以 2010 年财政部颁布《互联网销售彩票管理暂行办法》为界限，我国互联网体育彩票销售监管的法制演进路径可分为"试水"期和"高压"期两个阶段。

一、互联网体育彩票销售监管的"试水"期：2001—2010 年

2001 年 10 月，知名的"500 彩票网"上线经营，这是我国可以追溯的最早的互联网彩票销售平台。在此之后，直至 2010 年财政部颁布《互联网销售彩票管理暂行办法》之前，我国处于互联网体彩销售监管的"试水"期，针对互联网体彩销售虽曾出台过一些简单的政策文件，但整体上缺乏真正意义上的监管制度；与此同时，在这阶段，互联网环境下的信息技术突飞猛进，这为互联网体彩销售提供

---

① 江翰：《彩票为啥不受欢迎了？》，http://jianghan.blog.caixin.com/archives/222971?cxw=Android&Sfrom=QQ&originReferrer=Androidshare，访问日期：2020 年 4 月 20 日。

② 高源：《互联网彩票重启之路上的监管问题——基于法经济学的视角》，载《中国市场》2017 年第 13 期。

了技术型基础。因此，民间各平台的互联网体彩销售活动获得了短暂的发展机遇。

在"试水"期内，互联网体彩销售活动极有效率，对体彩销售数量的提高贡献颇丰。2008 年的一项统计表明，仅淘宝网的彩票频道已有 180 万名注册用户，销售额接近 9 亿元。[①] 但与此同时，在这一阶段，由于监管缺位，互联网体彩销售活动存在一些非正常的营销手段，存在较多风险，"网络私彩、赌球、六合彩等非法彩票不断蔓延；甚至，一些网站以彩票机构的名义，通过预测、包中奖等形式诈骗彩民钱财，致使国家彩票公信力受到损害；扰乱了体育彩票正常的销售秩序，直接影响到了体育彩票市场的健康发展"[②]。在这一背景下，2007 年 11 月，财政部联合公安部、民政部、信息产业部、国家体育总局下发公告，要求停止非彩票机构主办网站彩票销售业务、整顿彩票机构利用互联网销售彩票业务、严厉查处和打击利用互联网非法销售彩票行为。2008 年 1 月，财政部又明确发出通知，要求一律停止利用互联网销售彩票，各地体育部门要对本地利用互联网销售体彩的情况进行检查和整改。这是我国自互联网体彩销售活动出现以来，第一次遭遇政策"禁令"，该禁令后续也催生了 2010 年对互联网体彩销售活动进行正式、全面规制的财政部《互联网销售彩票管理暂行办法》，它宣告了"试水"期的正式结束，互联网体彩销售活动正式进入严格管理阶段。

二、互联网体育彩票销售监管的"高压"期：2010 年至今

从表面上看来，财政部《互联网销售彩票管理暂行办法》的颁布令我国互联网体彩销售活动开始脱离监管缺位的蛮荒发展期，正式进入规范化健康发展的道路。《互联网销售彩票管理暂行办法》第六条为互联网体彩销售活动确立了三类基本形式：由体彩发行机构（即体育局下设的体彩管理中心）与其他单位合作开展互联网体彩销售业务的"合作模式"；委托其他单位开展互联网体彩销售业务的"委托模式"；以及授权体彩销售机构直接进行互联网体彩销售的"授权模式"，

---

① 聂剑侠：《对中国传统体育彩票发行方式的探索》，载《太原城市职业技术学院学报》2008 年第 11 期。

② 梁勤超、任玉梅、李源：《中国体育彩票互联网销售模式研究》，载《体育文化导刊》2015 年第 5 期。

被授权的体彩销售机构可根据具体情况另行选择与其他单位实施"合作模式"或"委托模式"。① 合作单位、互联网代销者需要符合《互联网销售彩票管理办法》第七条所规定的有关法人资格、注册资本、经营场所等方面的资质性要求。与体彩相并行的福利彩票互联网销售活动亦遵循了类似的规制逻辑。

但是，根据《互联网销售彩票管理暂行办法》第八条，体彩管理中心、福彩发行管理中心若申请开展彩票销售业务，必须遵循一个复杂的双重管理体制，亦即，必须先经国家体育总局或民政部审核同意后，再行向财政部提出书面申请。这便意味着，除非得到财政部的正式许可，互联网体彩销售活动原则上不予展开。《互联网销售彩票管理暂行办法》颁布后，财政部仅在 2012 年 9 月 29 日公布过一次授予互联网体彩销售资质的试点单位，500 彩票网和中国竞彩网获得了试点资格，而与体彩并行的福彩互联网销售活动则从未正式授予任何一家单位资质；即便是获得试点资格的 500 彩票网和中国竞彩网，也在此之后的监管高压下不断收缩乃至取消其互联网售彩业务。② 因此，从表面上看来，《互联网销售彩票管理暂行办法》赋予了互联网体彩业务规范化发展的机遇，但事实上却令其进入严格监管的政策"高压"期。在这之后，我国的互联网体彩销售活动不断面临监管"加码"，发展程度不断受限。

现实中，我国各类互联网体彩销售活动一直在政策高压的灰色空间中活动，近年来，互联网体彩销售甚至已经进入了一个"紧缩－宽松－紧缩－宽松－紧缩"的怪圈。③ 亦即，现实中的各类互联网体彩销售活动仍然处于悄然运作的灰色空间状态，尤其是各类 App 通过组织"代售"活动的名义，变相实施互联网体彩经营活动，企图绕开监管制度运行，这种形式在民间长期存在。④ 但每隔一段时间，这类打法律擦边球的互联网体彩销售活动都会受到监管部门的重视，进而通过出

---

① 陈秋艺：《互联网彩票销售法律问题研究》，四川师范大学 2016 年硕士学位论文，第 11~12 页。

② 李欣：《互联网售彩票须财政部批准，重申仅两家获试点》，http://www.huaxia.com/tslj/flsj/ls/2015/04/4346317.html，访问日期：2020 年 4 月 20 日。

③ 陈秋艺：《互联网彩票销售法律问题研究》，四川师范大学 2016 年硕士学位论文，第 1 页。

④ 墨菲、嘉图：《互联网彩票的地下生意：绕过监管、"App 代售"兴起》，https://www.huxiu.com/article/191892.html，访问日期：2020 年 4 月 20 日。

台紧急通知的形式予以封禁，在封禁措施实施后不久，这类销售活动又会在监管环境松动后悄然"死灰复燃"。

颇具旨趣的是，针对互联网彩票的监管政策从紧缩到宽松，再到第二次紧缩周期基本上在 3 年。自 2010 年《互联网销售彩票管理暂行办法》实施以来，这种循环往复式的监管过程已经经历了三次：第一次是在 2012 年 3 月《彩票管理条例实施细则》实施之计，福彩中心和体育总局同时下发"停止电话和互联网销售"的紧急通知；第二次是在 3 年后的 2015 年 1 月，财政部、民政部、国家体育总局联合下发文件《关于开展擅自利用互联网销售彩票行为自查自纠工作有关问题的通知》，全面叫停互联网售彩业务；① 第三次是在又一个 3 年后的 2018 年 8 月，财政部联合中央文明办、国家发改委、工信部、公安部等 12 个部门发布堪称有史以来互联网彩票销售最严格的新规，申明"财政部尚未批准任何彩票机构开通利用互联网销售彩票业务。未经财政部批准，福利彩票和体育彩票机构及其代销者不得以任何形式擅自利用互联网销售彩票，任何企业或个人不得开展任何形式的互联网销售彩票相关业务。严厉打击以彩票名义开展的网络私彩、网络赌博等任何形式的违法违规经营活动"。②

第二节 "循环往复"的互联网体育彩票销售监管之缺陷

我国的互联网体彩销售监管制度已经进入了一个不断宽松和收紧的"循环往复"的怪圈，目前来看，这一趋势并未展现出任何终止或舒缓的趋势，未来互联网体彩销售活动能否真正进入一个监管环境相对稳固的健康发展时期，并不明朗。整体而言，"循环往复"的互联网体彩销售监管制度主要存在如下两方面的缺陷。

---

① 杨清清：《互联网彩票禁令周年记：监管仍呛声，福彩某处网》，载《21 世纪经济报道》2016 年 5 月 27 日。

② 2018 年第 105 号《财政部 中央文明办 国家发展改革委 工业和信息化部 公安部 民政部 文化和旅游部 人民银行 市场监管总局 体育总局 国家网信办 银保监会 公告》，http://zhs. mof. gov. cn/zhengwuxinxi/zhengcefabu/201808/t20180821_2994532.html，访问日期：2020 年 4 月 20 日。

一、违背信赖利益保护原则，损害法律制度的稳定性与可预期性

依照法治的标准，在行政许可实施过程中，应当符合有关信赖利益保护的原则，亦即，行政相对人基于信赖行政许可而实施行政行为所产生的利益，应当受到法律保护。[①] 为落实信赖利益保护原则，行政许可决定一经依法作出即不得擅自改变，如果为了公共利益的需求擅自变更或撤回了许可，则有必要对公民、法人或其他组织造成的财产损失予以补偿。[②] 而在体彩互联网销售问题中，监管制度的反复"循环往复"则显然破坏了行政相对人的这种信赖利益。尤其是在 2012 年已被赋予互联网体彩销售试点资格的 500 彩票网和中国竞彩网，其资质从未被正式取消，但却在政策高压下难以开展真正意义上的销售试点。在这一环境下，有关互联网体彩销售的法律规定稳定性极差，相关从业者的合法性问题也被迫在这一过程中摇摆不定，法律环境丧失了其应有的可预期性。

在这种监管环境下，互联网体彩销售活动被迫演变为一类投机性极强的经营活动。由于法律制度的稳定性和可预期性极差，相关从业者很难具备深度耕耘和规范化发展其互联网体彩销售业务的内在动力，而是更倾向于"赚快钱"。亦即，多数从业者只是倾向于在政策下赚取短期利润，在这种投机心理驱动下，互联网体彩销售活动反而愈加乱象重生；而面对这种经营乱象，监管制度陡然收紧的趋势亦会不断强化，进而导致我国的互联网体彩销售监管陷入"一放就乱，一收就死"的恶性循环。

二、背离"互联网+"的社会经济发展趋势，阻滞体彩业发展效率

进入 21 世纪以来，伴随信息技术和大数据的发展，互联网经济俨然成为最具发展潜力的一类商业模式。在互联网信息技术的支撑下，传统行业与互联网实现深度融合，进而实现生产要素的优化、商业模式的重构，这一经济发展趋势被形象地称为"互联网+"。近年来，餐饮服务、城市出行、文化教育、金融投资等各个领域均因"互联网+"而焕发了新的发展生机。在此背景下，我国的经济法律

---

① 邹杨：《论行政许可法中信赖利益保护原则》，载《行政与法》2007 年第 6 期。
② 胡建森著：《行政法学（第四版）》，法律出版社 2015 年版，第 262 页。

制度也不断更新、调适其相关内容，旨在进一步激励互联网商业模式的发展。[1]与之相对比，在目前的监管高压下，体彩销售活动却一直未能获得互联网技术的真正加持，体彩业的销售额也因此遭受严重打击，发展效率受到阻滞。

由于缺乏便利的互联网销售技术的支撑，如今的体彩销售依然保持着最传统的线下销售方式，这种销售方式存在较严重的效率缺陷。为了购买彩票，彩民必须前往实体销售店完成线下投注活动，但是，如果能借助互联网环境投注，这一程序足不出户即可完成。另外，伴随市场经济的发展，公民的文娱生活日益多样化，彩票本身在公民日常娱乐消费中的权重也在下降。在上述两类因素影响下，缺乏互联网技术支撑的我国体彩业已经连续多年陷入"负增长"的魔咒，2019年我国体彩业更是在政策收紧和互联网禁令下出现下降比率超过20%的情境。[2]进入2020年后，在新型冠状病毒性肺炎疫情的影响下，体彩销售情况再次骤降。

第三节　我国互联网体育彩票销售监管困境的症结

我国之所以在互联网体彩销售监管方面陷入法制困境，是如下两方面机制综合影响的结果：一方面，我国体彩业的经营体制呈现出"职能重合"的特征，这使体彩业难以开展有效监管；另一方面，互联网商业模式又存在效率和风险的双重放大功能，这又进一步提高了体彩销售的监管难度。

一、职能重合：我国体彩业经营体制的固有缺陷

互联网体彩监管困境的产生首先与我国体彩经营体制存在的自身缺陷相关。一直以来，体彩经营过程中的公信力不足、市场秩序混乱以及彩票公益金分配上

---

① 吴太轩、李鑫：《互联网商业模式创新的经济法激励》，载《西南石油大学学报（社会科学版）》2019年第6期。

② 原瑞阳：《政策接连收紧，2019年彩票销售将录得负增长》，http：//m. caixin. com/red/2020-01-03/101500897. html？s＝733a135e42c35fd2a78726ce4ab137de9fb9aae157cc00a521c0489d8ba4aecd84d41c9bb6ff81aa&originReferrer=Androidshare&from=singlemessage，访问日期：2020年4月20日。

的正当性缺失常被总结为我国体彩业的三大"顽疾"。① 造成这些顽疾的根源在于，中国的体彩业呈现出一种"政企合一"式的垄断式经营结构，国家体育总局下设的中国体彩管理中心全程负责体育彩票的发行、销售、中奖、兑奖全过程，作为监督机构的财政部门则只在事前审批体彩品种、确定彩票资金构成比例、核拨体彩业务费，在事后统筹安排财政公益金分配。换言之，体彩管理中心实际上同时承担了"运动员"与"裁判员"的身份，既负责体彩的经营，又负责体彩的直接监管。② 这是一种极度不利于市场有效监管、具有高度行政垄断性特征的经营体制，在学界被称为"职能重合"现象。③

中国体彩业的职能重合现象令体彩的整体经营和监管过程主要被控制于体彩管理中心内部的科层制结构之中，缺乏有效的外部干预机制，从而易于产生监管缺位问题。这方面的一个典型体现便是体彩公益金的分配正当性问题：由于对体彩具体的经营过程缺乏有效监督，财政部门在确定彩票资金的构成比例时，有较大概率需要根据体彩管理中心上报披露的相关经营信息来确定，实践中，体彩运营者可以通过提高发行费比例、降低体彩公益金比例的形式，使体彩收益实现从公众福利到部门利益的"福利转移"。④ 也正是因为如此，近年来我国体彩业才会屡屡被曝出审计乱象。在这种监管环境下，对互联网体彩销售活动一直难以松动高压政策，便也不难理解，毕竟，不论是采取合作模式、委托模式抑或授权模式实施互联网体彩销售活动，均意味着将体彩发行和销售过程向互联网平台进一步"下放"，这便更加提高了监管难度，使体彩的经营过程更加难以得到有效控制。

二、双重放大：互联网体彩商业模式的潜在风险

作为一项文娱产业，体育彩票自身存在明显的"双刃剑"效果：一方面，体

① 唐明良、朱新力：《政府对彩票业的法律管制——问题、成因及和谐社会理念下的制度面因应》，载朱新力、宋华琳等著：《彩票业的政府管制与立法研究》，浙江大学出版社2007年版，第1~15页。
② 段宏磊、杨成、周东华：《中国体育彩票产业职能重合行为的法律规制——基于俄罗斯〈保护竞争法〉的经验启示》，载《天津体育学院学报》2018年第6期。
③ 李福川著：《俄罗斯反垄断政策》，社会科学文献出版社2010年版，第350~351页。
④ 中福彩中心国际合作部：《浅析国外彩票管理体制及借鉴意义》，载《中国民政》2017年第5期。

彩本身是一种具有浓郁射幸合同性质的博彩活动，它天然地存在诱发人们贪婪心理的道德风险。亦即，通过暗示、引诱消费者"不劳而获""一夜暴富"的心理冲动，来实现营业数额的提高；在这种机制驱动下，彩票潜在地具有诱导成瘾性消费的问题，部分消费者基于上述心理冲动，长期、大量地购买彩票，成为所谓的"问题赌徒"，这在中国体彩业实践中长期存在。[1] 但另一方面，不可否认的是，通过彩票的运营所筹集和分配的彩票公益金，又在增加财政收入、提高社会公众福祉等方面发挥了重要作用。从这个角度而言，对彩票又不能简单地"因噎废食"，草率禁止。

在互联网商业模式下，体彩的风险和效率呈现出指数性的"双重放大"规律。借助互联网技术，彩民可以足不出户、十分迅捷地实现体彩的选号、购买、中奖全过程，如果将电子支付系统全面引入体彩销售，彩民甚至可以在户内完成兑奖。体彩销售活动将因为互联网技术的引入而焕发出极大效率。但互联网商业模式在放大效率之余，亦放大了博彩业潜在的成瘾性消费风险。通过线上消费和电子支付手段，彩民的投机心理将被进一步放大，更容易因为成瘾性消费异化为"问题赌徒"，这一风险为互联网体彩监管制造了更大困难。换言之，互联网令体彩消费活动变得过于"方便"了，以至于淡化、消弭了消费者在正常购物过程中应有的理性和自控力。除此之外，借助互联网技术，一些非法的地下博彩活动也将更容易实施和推广，这便进一步使消费者利益的维护变得困难重重。事实上，这并非体彩销售独有的问题，任何商业活动在互联网技术的加持下，都有可能表现出与之相类似的效率与风险双重放大效果，从而为有效监管制造困难。近年来的网约顺风车监管难题，一定程度上也与互联网体彩销售活动表现出类似的逻辑。[2] 在现有法律制度尚无法有效回应互联网产生的监管困难的基础上，在互联网体彩销售问题上有所踟蹰，迟迟不真正开放经营试点，是情理之中的做法。

---

① 李海：《我国体育彩票问题彩民现状调查——以上海、广州、郑州、沈阳、成都为例》，载《成都体育学院学报》2011 年第 5 期。

② 刘大洪：《网约顺风车服务的经济法规制》，载《法商研究》2020 年第 1 期。

第四节　激励与管制并重：我国互联网体育彩票
销售监管的法制改进对策

"互联网彩票业的发展就像是一条大河，河的左岸是资本流通，右岸是法律监督，上游是国家对促进国民经济增长的孜孜追求，下游是彩票行业市场运作的严格监管。"[1]我国互联网体彩销售监管制度应当以"激励与管制并重"为指导思想予以法制改进：一方面，必须正视互联网技术的积极功能，以开放、包容的态度激励互联网体彩销售活动的有序开展，提高体彩销售效率，促进发挥体彩在增进社会公众福祉方面的应有功能；另一方面，也必须认真对待互联网体彩销售活动可能具有的社会风险，通过改进经营体制、防范成瘾性消费等形式，对互联网体彩销售活动进行严格管制，确保其规范化运营。为实现这一目标，应当同时从如下两个方面予以法制改进。

一、促成我国体彩业经营体制改革，消除职能重合现象

一般来说，各国彩票的经营体制可以简单分为三类：直接由政府部门经营彩票的政府机构直接运营型；成立国家控制的企业经营彩票的准政府专卖型；政府特许私营企业经营的特许经营型。[2]我国由体彩管理中心经营体彩的做法显然属于第一类，即政府机构直接运营型。从表面上看来，从政府机构直接运营型到准政府专卖型，再到特许经营型，政府对彩票的控制力度逐渐减弱；但实际上，如果对彩票经营活动全程施加了有效监管，即使是由私营企业经营彩票，也不需过分担心彩票经营乱象和对消费者权益的侵犯问题。目前我国所采取的政府机构直接运营体制，将体彩的经营职能和监管职能近乎完全重合于一身，这使其欠缺有效监督，反而不利于对体彩业建立起规范化的监管体制。

笔者认为，中国体彩业的经营体制应当消除职能重合现象，通过分设体彩经

---

① 汪千力：《我国互联网彩票业重启之路上的法律问题分析》，载《湖北文理学院学报》2016 年第 4 期。

② 中福彩中心国际合作部：《浅析国外彩票管理体制及借鉴意义》，载《中国民政》2017 年第 5 期。

营单位和监管单位的形式，从政府机构直接运营型向准政府专卖型过渡。一方面，体彩管理中心的监管职能应当尽数抽离，将其改造为纯粹的体彩经营单位，并应当改变其作为体育总局下属事业单位的性质，将体彩管理中心改造为享有体彩专卖权的公司化运作的独立国有企业，可称之为"中国体育彩票经营总公司"，专司体彩经营职责。① 另一方面，应当在财政部下设一个专门负责彩票监管的规制机构，统一负责有关体育彩票、福利彩票和其他合法博彩活动的监管职责，该机构除了承担此前财政部门有关审批彩票品种、确定彩票资金构成比例、统筹安排财政公益金分配等监管事项外，还应通过制定规范性文件的形式，对各类彩票的发行、销售、开奖、兑奖全过程建立起审慎监管体制，确保对体彩运营全过程的有效控制，确保其规范运营。事实上，20 世纪 50 年代到 80 年代新加坡的博彩业改革即遵循了与笔者建议相类似的模式：最初，新加坡运营彩票的社会福利服务彩票委员会具有与中国的体彩管理中心、福彩发行管理中心相类似的政府机构性质，经过向准政府转卖型体制的改革后，新加坡即成立了新加坡博彩有限公司，承担彩票的经营性职责，并另行设立政府机构专司彩票行业的监管。②

　　依照笔者上述建议改革后的中国体彩业经营体制，即消除了职能重合现象，体彩的经营职责和监管职责完全分设于不同的单位。在此体制基础下，体彩经营的全过程方能被施加有效监管，通过互联网销售体彩的相关业务亦能得到有效的风险控制。

二、构建成瘾性消费的防范机制，确保互联网体彩销售规范化运营

　　在实现我国体彩业经营体制的改革之后，即可在有序规划的前提下，渐进式地推进我国互联网体彩销售的规范化运营。申言之，我国应当改变针对互联网体彩销售监管制度"循环往复"式的政策实施特征，在风险可控的前提下，通过逐步开放试点的形式，稳步推进互联网体彩销售业务的合法化、规范化。财政部门

---

　　① 段宏磊、杨成、周东华：《中国体育彩票产业职能重合行为的法律规制——基于俄罗斯〈保护竞争法〉的经验启示》，载《天津体育学院学报》2018 年第 6 期。
　　② 张渊：《新加坡彩票业政府管制的历史演进及启示》，载朱新力、宋华琳等著：《彩票业的政府管制与立法研究》，浙江大学出版社 2007 年版，第 161~166 页。

可根据现实具体情况，有效甄别具备相关资质性要求的 3~5 家互联网平台企业，准予其与体彩经营机构合作经营互联网体彩销售业务。为确保有效监管，被授予经营资质的互联网平台企业应当依照规定建立起一整套有关体彩成瘾性消费的防范机制，确保社会公共利益的有效维护，防止产生"问题赌徒"的情形。具体而言，互联网体彩销售中的成瘾性消费防范机制至少应当包含如下三部分内容：

其一，应当建立起以购彩总量限制为目标体系的购彩者身份识别机制。互联网体彩消费活动具有传统购彩方式难以比拟的便捷性，这一特性也使互联网购彩者更加难以产生理性的自控力，进而产生诱导成瘾性消费的问题。为防止这一风险的产生，应当在授予特定企业互联网体彩销售资质的同时，要求企业建立起购彩者身份识别机制，明确规定互联网购彩者应履行实名认证，禁止互联网销售平台向任何非实名认证的法律主体销售体彩。在购彩者身份识别机制基础上，应当利用信息技术建立起购彩总量限制制度。亦即，通过数据系统对彩民的购彩总量进行实时控制，比如，可立法要求当彩民的每月互联网购彩量达到一定金额时，即锁定其账号，暂时中止其购彩资格，待"冷静期"结束后，再行向其开放购彩。通过此种方式，可以为互联网体彩销售活动增设一道"防火墙"，有效防范互联网体彩成瘾性消费问题的产生。

其二，应当针对体彩购买者建立起"黑名单"机制，防止产生"问题赌徒"。借助互联网体彩销售的身份识别机制，应当禁止一些不适宜主体的购彩资格，将其纳入"黑名单"，进一步防范产生"问题赌徒"情形。比如，凡是经过实名认证的身份识别机制确定为未成年人的，即应当禁止向其出售彩票，进而起到倾斜保护未成年人利益的目的；再比如，如果彩民因多次购彩量超过总量限制金额而反复触发"冷静期"制度，则也应当将其纳入禁止购彩的主体范围。通过身份识别机制、购彩总量限制和"黑名单"机制的相互配套，能有效地控制互联网体彩销售可能产生的风险问题。考虑到互联网技术的复杂性，有关这方面的立法并无必要事无巨细地规定具体的实施标准，而是交由享有经营资质的试点平台企业自主研发，并将具体实施方案上报备案。平台企业有义务对平台内的互联网售彩行为进行审慎监督，政府监管部门只负责对平台开展监管，而不直接控制彩民的购彩行为；如果平台设置的身份识别机制、购彩总量限制和"黑名单"机制不符合监管要求，则可取消、限制平台的经营资质，或对平台进行告诫和处罚。亦即，形成一个"政府监管售彩平台，售彩平台监督彩民"的"双层式规制结构"。

其三，应当建立健全执法机制与法律责任体系，有效防控互联网非法博彩。在合法资质范围之外运作的、利用互联网开展的各类地下非法博彩现象是对体彩监管秩序的重要威胁，此类行为产生成瘾性消费问题的危险更大。因此，有必要健全针对互联网非法博彩的执法机制，对此类行为实现有效规制。一方面，应当通过建立多渠道、便捷化举报机制的形式，强化对互联网非法博彩行为的社会监督；另一方面，则应当强化法律责任体系，提高对非法博彩行为规制的威慑效果。

结　　语

互联网改变了我们生活的方方面面，也革新了各个领域的商业模式，体彩业显然也不例外。在互联网技术影响下，体彩销售既有可能产生新的经营效率，从而在筹集财政公益金和促进国民经济发展方面发挥更大功能；又有可能因"受迫性赌博"问题而放大风险，进而使成瘾性消费问题愈发难以得到有效控制。因此，如何在实现互联网销售效率的前提下，有效地规避和降低风险，应当成为我国互联网体彩销售监管制度的主要议题。本章设计出一个激励与管制并重的法制改进对策，希望能有助于启迪思考，进而促进我国互利网体彩销售真正迎来一个健康、规范化的发展时机。

第七章　我国体彩公益金制度的规制改进

随着经济社会的不断发展和体育强国建设步伐的逐渐加快，我国体育事业迎来了高速发展期，呈现出蓬勃发展的态势，群众体育、竞技体育等各项体育工作正在全面推进中，广大人民群众的体育健康意识和理念得到了极大的改善和提升，体育成绩、体育事业和体育产业都取得了长远发展和丰硕成果。可以说，我国体育业已经取得长足的发展进步，对我国国际地位的提升和国际影响力的扩大起到了极大的促进作用。不容忽视的是，体育彩票作为引导和支持体育事业各项发展极其重要的资金来源之一，对我国体育事业的发展意义重大。自 1994 年至今，我国体育彩票已历经近 30 年的发展历程，截至 2021 年年底，累计销量已突破 20295 亿元，累计筹集公益金 4695 亿元，成为社会公益事业开展的一股重要力量及体育事业推动的一股中坚力量。

我国体育彩票的发行始终坚持"来之于民，用之于民"的宗旨，倡导"公益体彩，乐善人生"的理念，有力地推动了公共体育服务体系的构建和体育强国的建设。长期以来，中国体育彩票发行所筹集的各类各项体彩公益金，作为"公益事业的助推器和体育事业的生命线"，基本上全部使用在以扶持体育事业为主的公共事业和公益事业上。[①] 例如，北京奥运会期间，将资金使用于奥运争光计划、各类体育场馆的建设、体育扶贫相关工作、体育设备的维护与更新、全民健身计划，等等。从此意义而言，我国中国体育业取得的每一项重大成就的背后，都多多少少带有体彩公益金的身影。

---

① 刘辉煌、王红岩：《体彩公益金政策监控面临的困境与监控机制的构建》，载《四川体育科学》2021 年第 3 期。

近年来，随着体彩公益金的迅速增长，公益金如何使用和管理成为公益金管理者不断深入研究的重大课题，如何合理的使用从社会筹集的公益金，使其发挥出最大效用，已经成为各级财政部门、各级体育及体育彩票的主管部门面临的一个不可回避的重要现实问题。然而，不难发现我国目前对体彩公益金管理制度的规制研究尚存在诸多不足。基于此，本章旨在梳理体彩公益金制度的理论基础与政策依据，考察我国体彩公益金制度的实践现状，进而提出规制改进的对策建议。

第一节　体彩公益金的理论认知与实施演变

一、概念界定

彩票是指国家为筹集社会公益资金，促进社会公益事业发展而特许发行、依法销售，自然人自愿购买，并按照特定规则获得中奖机会的凭证。追根溯源，1994 年，中国体育彩票开始发行，体育彩票在《国家体委 1994—1995 年度体育彩票发行管理办法》(国家体委令第 20 号，1994 年 7 月 18 日)中被首次规定："以筹集国际和全国性大型体育运动会举办资金等名义发行的、印有号码、图形或文字的、供人们自愿购买并能够证明购买人拥有按照特定规则获取奖励权利的书面凭证，无论其具体称谓和是否表明票面价格，均视为体育彩票。"1998 年，体育彩票步入常态化发行阶段。体育彩票的界定也相应发生了变化，是指"为筹集体育事业发展资金发行的，印有号码、图形或文字，供人们自愿购买并按照特定规则取得中奖权利的凭证"。彩票公益金是指按照规定比例从彩票发行销售收入中提取的，专项用于社会福利、体育等社会公益事业的资金。进而言之，体育彩票公益金就是指，经国务院批准，从体育彩票销售额中按规定比例提取的专项用于发展体育事业的资金。

二、体彩公益金制度的理论基础

体彩公益金制度创设和有效运行建立在一定的理论基础之上，公共产品理论和新公共管理理论或可为体彩公益金制度提供根本正当性基础和基本运行准则。

(一)公共产品理论

公共产品理论是新政治经济学中的一项基本理论,具体是指正确处理政府与市场之间关系,促进政府职能转变,并着力构建合理的公共财政收支以及促进公共服务市场化等方面的一个基础理论。根据该理论,社会产品分为两类,即公共产品和私人产品。公共产品是指每个人消费这种物品或劳务之后,其他人消费这种产品或劳务并不会因此而减少的产品。相较私人产品,公共产品具有效用的不可分割性、消费的非竞争性和受益的非排他性三个显著特征。私人产品则是指由个别消费者独自占有或者享用的产品,其具有敌对性、排他性和可分性等特点。由于公共产品具有非排他性和非竞争性特征,公共产品消费过程中普遍存在着"搭便车"现象,从而必须由政府进行公共产品的生产和供给。政府不仅要为市场经济运行提供基本的条件保障,还要发挥对市场的矫正、调节、补充等作用。在此意义上而言,公共财政的过程就是为社会提供公共产品的过程。公共产品理论是微观经济学的一项重要理论突破,可以从经济学的角度证成政府公共产品的选择与决策,也就是把政府视为负责供给公共产品的主体,其把公共产品的选择和决策问题变成社会利益衡平问题。

理性而论,公共产品理论对我国体彩公益金制度具有较强的借鉴和塑造意义。现实观之,我国体彩公益金市场尚不健全,有关体系尚不完善,如何做好体彩公益金管理是一个重要的研究课题。广义而言,体彩公益金使用对象应当是公共产品,运用公共产品理论分析我国体彩公益金管理相关情况,分析市场机制与"公共选择"两种资源配置方式,研究如何更好地运用政府手段和市场机制提高体彩公益金的使用效率,尤其是对政府对体彩公益金管理的行为边界以及因此产生的效率问题进行研究,具有现实意义。

(二)新公共管理理论

新公共管理思想的理论基础可以追溯至现代经济学和企业管理理论。

一方面,新公共管理源于现代经济学理论的"理性人"假设,认为基于交易成本和公共选择理论,政府应以市场为导向,提高服务效率,强化服务质量。根据成本效益分析观点,可以对政府绩效目标开展界定、测量和评估工作。另一方面，新公共管理理论也从企业管理实践中汲取养分。认为公共管理部门可以借用企业管理的成功做法。企业作为"理性经济人"的最大目标追求就是在激烈的竞争中尽可能减少成本获取利润，亦即尽可能对接消费者需求，并在控制成本的前提下为其提供高质量的服务。新公共管理理论同时认为在企业运营过程中使用的如绩效管理、目标管理、评估管理等同样适用于公共管理。① 政府管理与企业管理具有相似性，政府可以借鉴成功企业的经验来推进自身改革。管理是在特定环境下，对组织所拥有的资源进行有效的计划、组织、领导，以达成既定的组织目标的过程。管理的基本原则适用于各类机构，既包括政府部门也包括企业。在信息化、全球化深入发展的背景下，政府和企业面临的问题在一定程度上存在较大的相似性。

目前，政府管理中的不良状况有二：一是缺乏活动组织效果的追求；二是缺乏"成本-收益"的控制。这造成了行政成本过高、政府管理质量和效率偏低等一系列负面问题。有鉴于此，政府应该向企业学习重视结果和成本支出的理念，实行绩效评价，构建起一个"低成本、高效率"的政府。在绩效评估方面，制定绩效标准和指标体系是核心，这样可以衡量公共部门的绩效及该部门员工的绩效。虽然很难像企业那样详细地量化公共部门的目标，但可通过建立灵活的管理指标来实现公共部门的绩效考核，这样有助于实现公共政策的推行，让政府为民做实事，实现政府部门公共职能。因此，可以通过建立健全激励约束机制来促进绩效业绩、资本配置、资本使用等各个方面。在成本效益会计管理方面，逐步建立成本效益机制，对政府实施的公共项目进行成本效益分析。通过推进部门预算绩效考核等措施评估一个项目的社会效益和为其产生的各种成本，尽可能地提高政府资金使用效率。

就体彩公益金而言，作为政府非税收入的重要组成部分，体彩公益金收入和支出属于政府财政收支的范畴，应当纳入政府预算管理，需受到支出绩效的限制和约束。因此，体彩公益金的规制可以将新公共管理理论作为分析的理论框架，借由绩效评估机制实现体彩公益金使用的高效率，为社会公众提供更好的体育公

---

① 金正帅：《西方发达国家政府内部管理的绩效化改革及启示》，载《重庆工商大学学报（社会科学版）》2006 年第 1 期。

共产品。

三、我国体彩公益金制度的实施演变

数年来，为了不断适应我国体育彩票公益金管理工作的实际需要，体育彩票监管部门相继研究出台了一系列制度性文件，有力地促进了我国体育彩票公益金管理工作的规范化和科学化。追根溯源，我国在 1985 年颁布了关于如何管理彩票公益金的第一个规范性文件，即《国务院关于制止滥发各种奖券的通知》，开始对彩票公益金进行规范化管理。其间，经历了从探索管理阶段，到重点推进阶段，再到健全完善阶段的发展历程。截至目前，我国彩票已经发展形成了覆盖全国的福利彩票和体育彩票两大系统。体彩公益金制度作为彩票公益金制度的重要组成部分，其历史变迁同国家对彩票公益金管理的历史发展基本相同。具体而言，分以下阶段。

(一)探索管理阶段

1984 年，为顺利举办"北京国际马拉松比赛"，中国田协联合中国体育服务公司共同发行了"发展体育奖"有奖债券，由此拉开了我国体育彩票发行的历史。此后，各级地方政府为建设大型体育场馆和举办大型体育赛事，也开始通过销售彩票性质的专项有奖证券来筹集资金。1987 年，为筹集资金用于民政福利事业，国务院经过慎重研究后批准设立"中国社会福利有奖募捐委员会"，开始在全国范围内发行"社会福利彩券"募集各类福利金。此后，各级民政部门为促进民政福利事业发展，逐步形成了按照政府级别设立对应福利彩票组织体系用于发行销售福利彩票的格局。同时，为规范彩票市场行为，我国出台了两个极其重要的规范性文件，分别是 1985 年颁布的《国务院关于制止滥发各种奖券的通知》和 1991年颁布的《国务院关于加强彩票市场管理的通知》。前者的主要目的是禁止工商企业等开展有奖销售活动，将各级地方政府奖券的批准机关，原则上只允许为开展社会福利事业而进行的有奖集资试点；后者则进一步完善了彩票管理政策，首次明确规定由国务院集中行使批准各级彩票发行的权力。此外，我国先后制定颁布了《有奖募捐社会福利资金使用试行办法》《中国社会福利有奖募权委员会章程》等规范性文件，构筑起我国早期彩票公益金管理制度的框架。在此基础上，我国有关部门先后对彩票公益金的使用范围、使用形式、审批程序等进行了研究，并结合有关实践探索制定了《有奖募捐社会福利资金使用试行办法》，标志着我国有了第一部有关彩票公益金的使用与管理的相关制度规范。

(二) 重点推进阶段

由于彩票公益金管理的相关制度并不健全，相关体系尚未建立，且缺少专门的监督监管机构，彩票市场在 20 世纪 90 年代初期曾出现过严重混乱的情况。[①]虽然中央明确提出由国务院集中批准各级彩票的发行，但在巨大经济利益的诱惑下，各地违规私自发行彩票的现象屡禁不止。鉴此，中央在 1993 年出台了《国务院关于进一步加强彩票市场管理的通知》，明确要求任何地方、部门、组织和个人，都不能以任何形式私自发行彩票。1994 年，我国组建了隶属于原国家体委的体育彩票管理中心，负责全国体育彩票的发行、销售和管理等工作。同年成立了隶属于民政部的中国福利彩票发行中心，负责中国福利彩票。在此基础上，中国人民银行负责统一监管全国全部类型的彩票。至此，我国形成了由民政部负责福利彩票、原国家体委负责体育彩票、中国人民银行负责监管的彩票管理体系。

(三) 健全完善阶段

随着彩票市场的逐步发展，彩票公益金管理的实践探索逐步增多，经验积累亦逐步增多。政府开始认识到，虽然彩票本身不能创造财富，但作为重要的政策方式可成为财富分配的手段，用于调节社会的收入分配结构。1998 年，我国制定颁布了《社会福利基金使用管理暂行办法》，提出将"社会福利资金"更名为"社会福利基金"，明确提出，将社会福利基金列支为预算外资金使用。1999 年，中国人民银行向国务院提出《关于改革彩票管理体制的请示》，建议进行彩票管理体制改革，将彩票主管职能移交财政部，国务院予以批准。2000 年，国务院颁布了《关于认真做好彩票发行和管理工作的通知》，首次明确了福利彩票与体育彩票的公益金必须全部纳入预算外资金财政专户进行专项管理，实行专款专用。

---

① 纪燕渠：《完善彩票公益金管理 促进彩票业健康发展》，载《财政研究》2006 年第 2 期。

2008 年，财政部制定颁布《彩票公益金管理办法》，将彩票公益金纳入政府性基金统一管理，且其收入必须全部上缴国库统一管理，实行先收后支管理模式，要求专款专用。同时建立了彩票公益金信息公开制度，彩票公益金的透明度不断提升。2012 年，为规范和加强彩票公益金筹集、分配和使用管理，健全彩票公益金监督机制，提高资金使用效益，财政部修改了《彩票公益金管理办法》，对彩票公益金实施更细化的管理。据其规定，财政部根据彩票公益金的有关分配政策，研究决定彩票相应的核定预算支出指标，并按要求拨付给全国社保基金理事会。同时，还要求各省级财政部门结合本地实际，制定各自的彩票公益金的使用管理办法。为回应上述要求，诸多省级财政部门制定了地方性的彩票公益金管理办法，如《湖北省省级福利彩票公益金使用管理办法》。2019 年，财政部又颁发了《中央专项彩票公益金支持地方社会公益事业发展资金管理办法》，明确规范了中央专项彩票公益金支持地方社会公益事业发展资金的使用的领域、具体的分配原则、相应的监督控制办法、具体的绩效评价方式等。同时明确规定，社会公益事业发展资金是一个中央专项彩票公益金，必须纳入政府性基金预算进行管理。要求各级财政部门，必须加强一般公共预算与该项资金的衔接，切实做好地方留成彩票公益金与该项资金的统筹规划、合理安排等工作。并要求该项资金重点向社会公益事业项目进行倾斜，切实向困难行业、向弱势群体进行倾斜，扎扎实实补好各地区社会公益事业发展的薄弱环节，切实做好"补短板"的各项工作。

第二节 我国体彩公益金制度的现状与困境

基于公共产品理论可知，体彩公益金的管理和使用有其行为边界和管理效率的限制。考察我国体彩公益金制度的实践现状，不难发现其存在资金使用效率较低、"公益服务"理念宣传缺失、监督管理机制阙如以及支持地方体色体育事业发展不足等诸多现实困境。

一、体彩公益金使用效率较低

整体来看，我国体彩公益金的使用效率偏低，具体表现为：首先，体彩公益金申报复杂，审批繁琐。体彩公益金的使用方式分为直接拨款和政府采购两大类。其中，政府直接拨款方式的申报程序相对复杂，需要经过多个部门的层层审批，经过项目申报、资格审查、使用审批、项目使用等一系列的复杂程序，最多时需要经过至少五个部门审批同意后才能投入使用。虽然目前从中央到地方要求精简程序，体彩公益金直接拨款使用的申报程序已在一定程度上得到简化，但是仍至少需要半月以上的时间，遇到紧急情况时，使用效率低下的矛盾凸显。而相对于直接拨款，体彩公益金的政府采购使用方式更复杂。目前，我国政府采购程序较严格和繁琐，从项目立项到审批完毕，再到系统内部录入、公示，再到最后的招投标开标、专家评审、合同签订并付款，一个政府采购项目通常需要一个多月的时间才能完成，如若中间环节出现差错，有些项目甚至可能需要两个月以上的时间才能完成招投标工作。正因如此，体彩公益金使用的时间成本大大增加，这在一定程度上影响了体彩公益金项目的进度速度，导致体彩公益金使用效率较低下。

其次，利用体彩公益金建设的体育设施使用效率相对不高。当前，体彩公益金主要用于群众体育和竞技体育两个方面。其中，体彩公益金用于群众体育的主要表现为资助或组织开展全民健身活动，援建公共体育场地、设施和捐赠体育健身器材，资助群众体育组织和队伍建设以及组织开展全民健身科学研究与宣传四大类。从现实来看，利用体彩公益金建设的全民健身器材、体育场馆等体育设施使用效率相对不高。通过观察全国各大城市的体育广场和体育中心的使用状况，可以窥知一二。具体来看，在各大城市体育广场参与健身活动的群众，大多以中老年人为主，活动时间大多为 6:00~9:00，以及 18:00~20:00，时间段相对集中，其他时间段运动器材使用率相对不高。至于其他体育场馆，人民群众运动的时间则主要集中于周末，工作日期间各场馆使用率不高。同时不难发现，室内场馆都需要收取一定费用，这在一定程度上影响了广大百姓参与室内体育活动的热情。通过现场访谈等实地调研可知，除广州、深圳等个别城市外，其他各个城市本级体彩公益金预算收入中用于"大型体育场馆免费低收费开放补助经费"这一项的经费规模都偏低，[①] 从而无法有效促进群众体育的发展。

---

① 曹庆荣、李紫浩：《体育彩票公益金配置与使用的法学探讨》，载《体育科技文献通报》2017 年第 12 期。

最后，群众参与度不足，参与率有待提高。目前，各地方利用体彩公益金组织开展了一些全民健身活动，比如马拉松比赛、游泳比赛、龙舟比赛等，但是与广大群众的需求比起来，体育活动在数量上仍然相对较少，百姓能够直接参与的公益性质的体育赛事和全民健身活动仍然稍显不足。同时，需要注意的是，将体彩公益金用来新建、修整或者改扩建的体育场地或专业体育设施，其最大、最直接的受益者通常是相对专业的人士，即一些从事各类竞技体育的运动员及其教练团队。正是在此意义上而言，广大百姓共享体育场地或体育设施程度尚显不足，公益体育设施的受益服务概念仍然需要拓展。

深究之，体彩公益金绩效评价体系尚不完善是导致体彩公益金使用效率不高的重要制度根源。从现实来看，我国体彩公益金使用的绩效评价体系尚未建立完善，尤其是缺乏系统的、明确的绩效评价指标体系，从而影响了体彩公益金的使用效率，致使有些体彩公益金资助的项目在建设、管理、使用等过程中，缺乏有效的评价和反馈，导致管理部门、监督部门、社会公众无法及时准确地了解体彩公益金使用的具体效果，也无法对某些达不到预期效果，甚至偏离目标的项目进行及时调整和管理。同时，体育行政主管部门更多关注体彩公益金的使用率、到位率、投资项目比重等方面，而容易忽视资金投入后的绩效评价。例如，利用体彩公益金修建全民健身器材，对于建成后的器材通常情况下只会进行简单的验收，缺少后期跟踪评估，导致对后期出现的问题无法进行及时地调整和修复，从而影响居民的正常有效使用。这也是体彩公益金绩效评价体系不完善的一个重要表征。

二、"公益服务"理念宣传缺失

当前，体彩公益金管理制度也存在"公益服务"理念宣传缺失的问题。具体而言，一方面，体彩公益金"公益服务"宣传不到位。根据国家体育总局《体彩公益金资助项目宣传管理办法》（以下简称《宣传管理办法》），体彩公益金资助项目实施单位应使用规范的标志、文字、标牌对体彩公益金进行宣传，地方各级体育主管部门负责本行政区域内的资助项目宣传管理工作，对本行政区域内的资助项目宣传工作进行监督检查。然而，从现实来看，各个地方有代表性的社区群众健身广场和公益性体育场馆通常仅在广场或场馆一隅有一块牌子标明"中国体育彩票"捐赠，而且位置相对不明显，除此之外，再无其他相关宣传体彩公益金的方式，而且没有对体彩公益金的公益性方面进行特别宣传。同时，各类广播电视、报刊等媒体对体彩公益金"公益服务"的宣传也寥寥无几。

另一方面，体彩公益金的公益性宣传也存在偏差。《宣传管理办法》中鼓励各级体育主管部门、各级体育彩票机构、各项目实施单位根据实际情况通过多种形式增加信息宣传内容。但实践中，各地方对体彩公益金的宣传，无论是在内容还是具体形式上都存在欠缺，尤其是对体彩公益金在公益性方面的宣传欠缺更为明显。具体来看，为提高体育彩票发行量、获取更多群众的关注、吸引百姓目光，有时体育彩票的管理部门以及部分的新闻媒体，使用一些比较有刺激性或者诱惑性的题目或内容，对体育彩票进行宣传报道，过多地宣传了体育彩票的经济效益，导致部分体育彩票的购买者甚至是体育彩票的管理人员和从业人员，忽视了体育彩票中最核心的公益性价值，促使体育彩票市场呈现出功利化的现象，[①]从而大大损害了体育彩票的公益形象，制约了我国体育彩票市场的健康发展。

究其根源，体彩公益金的宣传较少是造成其公益性宣传不到位的根本原因。体彩公益金作为一项重要的公益项目，对于支持我国体育事业发展，甚至支持其他方面的社会公益事业发展起到了巨大作用，做出了巨大贡献。然而，相较其贡献，对体彩公益金的宣传力度明显不足，不仅宣传渠道相对单一、宣传载体明显不足，而且宣传的规范性亦较为缺失。也正因如此，我国体彩公益金管理的信息公开存在较大缺陷。现实中，虽然绝大多数公民知道全民健身器材是由政府财政拨款建设的，但是却并不清楚具体资金来源于何种款项。同时，虽然多数公民知道体育彩票，也购买过体育彩票，但是却并不清楚公益金这个概念来源于体育彩票，也不清楚体彩公益金在体育场馆建设中的巨大作用。可以说，体彩公益金一直作为幕后英雄默默地助力体育事业发展，公众对此并不完全知晓。

三、体彩公益金管理监督阙如

体彩公益金制度的高效运行离不开健全的监督机制。从现实来看，体彩公益

---

① 张凤彪、吴均含：《我国体育彩票的法律性质、权利表达和立法展望》，载《体育学刊》2022 年第 4 期。

金制度也存在监督机制阙如的基本问题。主要表现为，一是相关法律法规尚不健全。当前，针对体育彩票的立法工作严重滞后于实践，虽然针对体彩公益金的管理出台了一系列的管理条例和实施细则，在一定程度上对加强体彩公益金管理起到了极其积极的作用。但是，针对体彩公益金的位阶较高的法律却一直没有出台，目前仅有的只是国家或者各地市的体育局等行政主管部门出台的部门规章和其他规范性文件，效力位阶较低且各地市并不统一，没有形成一个完整的体系。同时上述规定多是原则上的要求，较笼统，通常只具备基本的指导意义，实际操作性较差。就各地方来看，很多地市目前仍未出台体彩公益金的具体规定，政策体系并不完善，体彩公益金制度实践运行缺少有效的法律监督和控制。

　　二是体彩公益金使用管理的信息公开制度不完善，社会监督乏力。体彩公益金是否"公益"能不能"接地气"，能不能让市民群众接受，这就需要我们把评判的权利交给社会公众，由社会公众说了算。信息公开是公民知情权的基本保障，亦是公民监督权的前提和保障。① 体彩公益金的相关信息情况一直是群众百姓高度关注的事情，现行《彩票公益金管理办法》等相关制度规定有关部门应及时向社会公示体彩公益金的筹集、分配、使用等相关情况。但由于相关制度规定多为原则性规定，并未详细规定必须公示的具体事项和必要细节，同时并未要求省级以下相关管理部门对相关情况进行公示，导致社会公众对体彩公益金的信息了解较少。实践中，体彩公益金公示一般只是公示相应数字、支出环节等，很少公示体彩公益金的具体用途。较空洞的数字无法使社会公众深入了解体彩公益金的用途，因此体彩公益金使用了多少，具体用途是什么，具体流向是什么，社会公众并不清楚。可以说，当前体彩公益金的"透明化"只是体现在形式上，这严重背离了信息公开的基本准则，在一定程度上削弱了社会公众对体彩公益金管理和适用的监督。不唯如此，现行规定只明确了公开的原则，但却并未规定不公开的法律责任，即惩罚措施，从而导致体彩公益金的信息公开规定在某种角度上成为"一纸空文"，成为一只"纸老虎"，信息公开在实践中较为困难。社会监督是我国宪法规定的监督体系的重要组成部分，对公权力规范运行意义重大。除信息公

_____

　　① 王立华：《如何促进政务微博公众参与：基于政府信息公开的视角》，载《电子政务》2018年第8期。

开制度不完善之外，接受公众投诉、异议的渠道也不畅通，从而社会公众难以有效行使宪法赋予的监督权。

上述监管不力的重要根源之一在于，我国体彩公益金的直接管理部门为各级体育主管部门，但是体彩公益金的资金监督部门又是各级财政部门，这就导致在具体监督上存在一定的矛盾。各级财政部门只能通过预算等一些相对简单的方式对公益金的使用进行监督，而体育主管部门作为具体管理部门对体彩公益金的管理权非常大，甚至有些地方还出现了既当"运动员"又当"裁判员"的现象。目前，对体彩公益金管理不力等问题的出现，在很大程度上是监管不力造成的。体彩公益金监管机制不健全，缺少一个专门监管体彩公益金的机构，动态监管体制机制尚未建立，监管存在一定的随意性，导致监管成本高、效率低。

四、未能支持地方特色体育活动

从现实来看，体彩公益金在支持具有地方特色的全面健身活动上也存在较大不足。表现为：一是体彩公益金支持全民健身活动的比例有待继续提高。目前，体彩公益金的使用范围主要包括群众体育和竞技体育两大类，其中群众体育的资金使用规模占到75%~78%。细言之，群众体育主要包括援建公共体育场地、设施和捐赠体育健身器材，资助群众体育组织和队伍建设，资助或组织开展全民健身活动，组织开展全民健身科学研究与宣传四类。对绝大多数群众来说，最能享受到体彩公益金福利的便是开展全民健身活动这一项内容。就全国范围内来看，除体育事业发达的个别城市外，其他各地市虽然在全民健身活动上的资金分配比例逐年提高，但仍存在较大的提升空间，且资金分配的长期稳定性也是值得关注的问题。

二是举办的具有地方特色的全民健身活动仍然相对较少。各地市近年来虽然举办了许多具有地方特色的全民健身活动，但仍存在较大的不足。申言之，各地市当前举办的全民健身活动大多属于按照上级要求或者年度计划安排而开展的常规活动，如全民健身运动会等，虽然各地近年开始探索举办龙舟比赛、全民纪录挑战者赛、冬泳赛等地方特色赛事活动，但是与群众百姓的需求和期待相比，结合地方特色和实际的活动仍然相对不足，这在一定程度上影响了体彩公益金资助或组织开展全民健身活动的成效。

上述问题折射出我国体彩公益金使用的创造性缺失。不难发现，由于创造性的不足，虽然各地市体彩公益金支持全民健身活动的比例有所提升，特色活动和品牌赛事相较之前也有所增加，但是举办的体育赛事活动大多数是复制照搬其他地市的经验做法，能够完美结合自身城市和地域特色的活动仍然不足，这导致了公民的认同感不足。归根结底，如何创新性地利用好体彩公益金，如何创造性地开展全民健身活动，仍然是我国体彩公益金管理需要探索的重要问题。

第三节　我国体彩公益金管理制度的规制改进对策

本节基于体彩公益金管理使用效率不高、宣传工作亟待加强、缺乏有效监督、支持具有地方特色的全民健身活动不足等一系列问题，尝试提出一些完善我国体彩公益金制度的对策和建议，助力我国体彩公益金的规制改进。

一、提高体彩公益金使用效率，扩大受益群众范围

根据公共产品理论，公共产品是能为绝大多数人共同消费或享用的产品或服务，具有消费的非竞争性和非排他性，一般由政府或其他公共性主体提供。体彩公益金是政府向社会提供体育类公共产品的物质基础，据此，可以根据公共产品理论勘定体彩公益金的使用范围，提升体彩公益金的使用效率。具言之，一方面，应进一步明晰体彩公益金的使用范围，要将体彩公益金使用在正确的地方，也就是把有限的资金用在最适合、最有利于群众体育事业、最能让老百姓受益的地方。为此，必须严格按照《彩票公益金管理办法》的规定，按规定的比例分配体彩公益金，对《全民健身计划纲要》中涉及的群众性的体育活动，可以适当加大体彩公益金的投入力度，将更多资金使用在群众性的体育事业发展上面，从而在一定程度上提高体彩公益金的公益性。另一方面，应进一步提高公益性体育场馆的使用效率。对具备一定开放条件但因种种原因尚未开放或尚未完全开放的公益性质体育健身场馆，可以通过行政命令的方式促进场馆对社会大众开放。对此，可以考虑将广州市的经验推广至全国，设立专项资金用于体育场地设施向公众开放，同时通过专项经费补贴等方式方法，适当延长公益性健身场馆的开放时间，在一定范围内扩大开放面积，切实提高公益性质体育健身场馆的使用效率。

同时，加大对住宅区、社区、绿地等全民健身场所内的体育健身设施、器材及场地的投放、建设、使用和维护力度，提升人民群众参与体育锻炼的热情，提高群众对于体彩公益金方面的获得感。[①]

二、加大体彩公益金宣传力度，夯实群众认知基础

首先，突出"公益服务"理念，在宣传上重点强化体彩公益金的公益性。为此，需要注重宣传重点，突出体彩公益金之公益性的本质属性，着重宣传体彩公益金的主要作用是为了解决发展体育事业、发展社会事业等公益事业时出现的资金不足的问题。在此基础上，引导广大彩民适度消费、理性购彩，通过宣传让彩民认识购买体育彩票是参与一项公益行为，将宣传的侧重点放在体彩公益金对支持社会公益事业的发展起到的积极作用和重大贡献上。同时，更加科学、合理地宣传报道中奖彩民及其中奖情况，切忌盲目夸大、过度宣传，淡化广大体彩彩民对于巨额大奖的冲动和期望，并让其认识到盲目、冲动地购买体育彩票的危害，从而促进体彩公益金健康、有序、可持续发展。

其次，应当拓宽宣传渠道和方式，强化社会公众对体彩公益金的认知。鉴于体彩公益金宣传效果不彰等问题，应当在现有基础上进一步拓宽宣传渠道，加强与媒体合作的同时，积极鼓励和引导各级协会组织，主动参与体彩公益金的宣传。尤其是要加强对体彩公益金投入方向、资助项目、使用效果等的宣传，提高社会公众对体育彩票公益性的认知。比如，对体彩公益金资助建设的体育场馆，应当在显著位置悬挂标有体彩公益金参与建设等字样的标牌；对体彩公益金资助建设的全民健身路径和公共体育设施等，要在设施上标明体彩公益金参与建设等字样，或在健身路径范围内能被公众看到的明显位置专门设置标牌，注明健身路径以及公共体育设施由体彩公益金捐助建设；对体彩公益金资助开展的群众性或专业性的赛事活动，要在显著位置对体彩公益金进行着重宣传。借此，进一步强化社会公众对体彩公益金的认知，让广大群众百姓在生活中感受到体彩公益金的巨大作用。

---

① 刘辛丹、于翠婷、吕兴洋：《体育彩票公益金如何影响社区居民健康——基于体育基础设施传导视角》，载《财经科学》2017 年第 7 期。

最后，树立品牌思维，在宣传策略上强化体彩公益金的品牌形象。要进一步打响体彩公益金品牌，注重品牌建设。通过报刊、电视、政府网站、网络媒体、新闻发布会等多种形式，深入宣传体彩公益金品牌，宣传体彩公益金给百姓生活带来的新变化、新实惠，引导广大群众关注体彩公益金、支持体彩公益金。应当发现并认真挖掘、梳理体彩公益金给百姓生活带来便利的鲜活经验和做法，总结和树立一批体彩公益金品牌建设的典型案例和成果，建立体彩公益金的品牌形象。

三、健全体彩公益金监管机制，加强监督管理能力

根据绩效管理理论，绩效考核评价要突出重点，侧重于项目成本收益的对比分析，科学合理地分析资助项目是否能够按时完成、是否达到既定目标要求、是否取得良好效果等，并根据绩效评价结果，提出进一步健全完善体彩公益金管理的意见和建议。概言之，体彩公益金监管应当借鉴绩效评价理论，进一步健全完善监督管理体制机制，提升监督管理水平。

首先，应当健全体彩公益金动态监管体系。可以考虑成立独立于财政部门和体育部门的体彩公益金监督管理专门机构，专职负责监督体彩公益金的管理和使用，促进体彩公益金更加规范合理使用的同时，进一步降低监管成本。[1] 同时，提升体彩公益金动态监管能力，科学合理确定体彩公益金的分配比例，加强体彩公益金使用情况的动态监管和长效管理，切实改变资金一次性投入、后续无人问津的现象。[2] 从体彩公益金资助项目的立项、审批开始，实施全程监管；成立专项评审委员会，强化体彩公益金使用论证，确保资金使用的可行性、规范性和合理性，提高使用效率。

其次，应当建立健全体彩公益金的绩效管理体系，增强绩效管理的约束力，包括编报资助项目的具体绩效目标、加强项目绩效运行监控、强化部门绩效自评和绩效评价结果应用、实施绩效公开等。尤其是在绩效评价指标体系构建层面，

---

[1] 张策宇：《我国体育彩票公益金管理分析》，载《体育文化导刊》2012 年第 6 期。

[2] 李磊、欧阳昌民：《我国体育彩票公益金运用问题研究》，载《金融理论与实践》2006年第 8 期。

应根据体彩公益金项目支出的特点设置绩效指标和标准，遵循全面覆盖、突出重点、动态调整和客观实用的原则，以定量指标为主、定性指标为辅，建立涵盖体彩公益金投入、项目实施过程、实施效果、社会效益等内容的绩效评价指标库，根据指标库内容，每年度开展体彩公益金资助项目绩效评价。具体到产出指标、效益指标、满意度指标等一级指标的设置方面，应兼顾体彩公益金使用部门的职能职责、资金使用方向等设计细化的个性指标。比如产出指标中的数量指标和质量指标，就群众体育大项中开展全民健身活动而言，数量指标可以细化设置为"举办市级全民健身活动次数"，质量指标可以细化设置为"市级全民健身活动计划完成率"等。在此基础上，适时引入第三方机构独立开展体彩公益金资助项目事前绩效评估。从第三方独立、公允、客观和全面的立场出发，跟踪掌握项目可行性情况，进一步发现问题，提出特定的政策建议，出具事前绩效评估报告，并依据审核和评估结果安排预算。①

再次，应当逐步提升体彩公益金信息化管理水平，建设管理信息系统，将体彩公益金的各类信息数字化，由专职部门从网上统一处理各类信息并反馈给责任单位，切实提高运行效率。逐步提升体彩公益金相关数据信息的整理、存储和计算等能力，切实实现有需要时能及时、准确、便捷地查询到资金筹集分配、使用验收、绩效评价等相关信息。

最后，应当健全体彩公益金信息公开制度，加大信息公开力度。体彩公益金的分配比例、绩效评价、资金流向等一直都是社会公众关注的重点，只有进一步提升体彩公益金管理和使用的透明度，定期向社会公布相关情况，接受社会各方监督，切实实现信息公开透明，才能有效获得社会公众对体彩公益金的了解和信任。鉴于我国当前存在体彩公益金信息公开不畅的问题，未来应着重加强信息公开工作力度，健全完善体彩公益金公示制度，及时、准确、完整地向各部门、新闻媒体和社会公众等社会各界公布相关信息，重点公示公益金的来源、使用分配比例、具体资助数额、取得的绩效成绩等，公示信息要尽可能翔实，自觉接受监督。在此基础上，应进一步扩大信息公开范围，不仅要对市级的体彩公益金信息进行公示，还要对各区县有关信息进行公示，切实确保社会各界的知情权。此

①　李银香：《推进体育彩票公益金绩效审计的探讨》，载《财政监督》2016 年第 20 期。

外，还应当明确并强化信息公开法律责任，依法追究违反体彩公益金信息公开规定的责任人的法律责任。

四、开展地方特色型体育活动，提升群众认同感

作为地方体育公共产品供给的重要资金来源，体彩公益金应当持续加大支持全民健身活动的力度。全民健身活动是体彩公益金诸多用途中最能使群众有幸福感和获得感的支出方向。因此，在每年进行预算编制时，应当在统筹全局基础上将体彩公益金向资助或组织开展全民健身活动项目倾斜，适当提高预算比例。在此基础上，应当保持全民健身活动项目资金投入的长期稳定性，减少外部因素的干扰，确保该项目的资金分配比例长期保持较高水平。

同时，《中华人民共和国体育法》第七十三条第三款明确规定，"国家支持地方发挥资源优势，发展具有区域特色、民族特色的体育产业"。体彩公益金是地方特色型体育产业和体育活动发展的重要资金来源。因此，各地方应当合理设计具有地方特色的体育活动，尤其是全民健身活动，围绕元旦、端午等传统节日，策划组织丰富多彩、贴近生活、方便群众参与的体育健身展示、比赛等主题健身活动，积极培育和挖掘具有地方特色的体育传统运动项目。支持推广各类民间健身活动，推动体育活动向农村和社区延伸，努力把比赛办到群众身边，着力解决好社会公众不断增长的全民健身活动需求与公共体育资源相对匮乏之间的矛盾。在此基础上，有条件的地方可以组织筹划高水平品牌赛事活动，进一步挖掘自身的城市内涵和城市特色，继续承办有一定知名度的中高端群众体育品牌赛事活动，着力打造高水平市场化运作的品牌赛事，积极申报、培育出更多国际性、全国性的精品赛事和特色全民健身活动，打造综合性健身活动品牌，推动群众体育赛事活动向全面纵深高端发展，将更多群众体育赛事活动打造成为靓丽的"城市名片"，为城市社会经济发展产生更多积极的衍生带动效应，切实提升自身城市活力和国际影响力。

五、完善体彩公益金管理立法，提高管理服务效能

首先，应当建立健全体彩公益金法律体系，确保有章可循。要用法律规范体彩公益金政策的制定、执行、评估和终结各个环节，在加强立法工作的同时增强

执法力度，使体彩公益金政策依法运行。同时也需树立监控体彩公益金政策的明确的标准，从而使政策监控具有权威性并且提升体彩公益金政策的公信力和高效性。[1] 优化政策监控过程中的民主程序，提高体彩公益金政策的亲和力和亲民力。[2] 从理论上而言，体彩公益金管理的本质就是结合社会大众需求对体彩公益金的用途调节和再分配。因此，各地市在加强体彩公益金的管理上，应当尽快健全完善体彩公益金管理的法律规定和政策体系，切实明晰政府对体彩公益金管理的行为边界。为此，各地市应尽快研究制定并印发实施体彩公益金管理具体制度，要突出针对性和指导性，着重加强对体彩公益金的资金拨付使用、项目审批建设、预算编制执行、监督审计管理等方面的规定，并在制度中进一步树立"公益服务"相关理念，切实突出体彩公益金的服务效能。同时，应当完善体彩公益金审批制度，可以考虑试点成立体彩公益金专项资金评审委员会，专门负责体彩公益金的审批手续，从而进一步简化审批程序，缩短审批时间。在此基础上，加大处罚力度，对违规使用体彩公益金的单位或个人给予不同程度的处罚，并责令限期整改，确保体彩公益金按规使用。

其次，应当强化对体彩公益金的预算编制管理工作，科学编制预算并严格执行。从科学编制预算的角度出发，无论是体育彩票还是体彩公益金，都不能忽视其经济角度的特性。因此，在预算编制时，要结合体彩公益金经济发展的规律和地方实际，灵活运用预算编制技术和方法，合理确定体彩公益金的支出项目、分配比例、具体额度、使用方式等。在科学合理做好预算编制的基础上，严格按照相应的预算开展相关工作，切忌随意增减、调整体彩公益金预算。同时，可以结合实际使用情况，将年度预算细化为季度预算甚至是月度预算，通过细化预算管理科学有效地完成年度预算目标。[3]

最后，完善体彩公益金项目管理体系。建立专门的体彩公益金项目管理部

---

① 李刚：《中国体育彩票销售综合指数的构建与初步应用》，载《体育科学》2015 年第 11 期。

② 刘辉煌、王红岩：《体育彩票公益金政策监控面临的困境与监控机制的构建》，载《四川体育科学》2021 年第 3 期。

③ 赵灵峰：《我国体育彩票公益金分配管理中存在的问题及改进建议》，载《海南金融》2009 年第 3 期。

门，全权负责体彩公益金资助项目管理相关事宜，由专人负责跟进全面健身项目建设，及时了解项目最新动态进展情况，做好后期跟踪。坚持专业人干专业事的原则，以确保项目的科学性。为此，可以考虑组成专家评审组，对项目的立项、审批、验收等进行评审。对于体彩公益金资助的全面健身项目，要全面、客观、公正地做好验收工作，详细核实项目建设的主要内容、资金使用情况、预期效果等，并在一定范围内对项目信息进行公开，确保项目的公正性。

实　践　编

我国新型体育事业发展的规制实践问题研究

第八章 我国赛马业的发展现状及
规制实践改进
——以湖北省武汉市为例

21 世纪的头 10 年是中国经济持续、快速、平稳增长的 10 年，随着社会财富的不断增加和经济水平的提高，人们的物质文化生活日益丰富，各种大型国际体育赛事开始走进国人的生活，世界的目光纷纷投向中国，我国大型体育赛事不断向着商业化、市场化、国际化的方向快速发展，国内各大城市承办各种大型体育赛事的机会和场次都大大增加，但由于我国在大型体育赛事管理上起步较晚，加之市场经济的盲目性和赛事管理措施滞后性的天然影响，大型体育赛事风险事件的发生率居高不下，产生的后果也较为严重，由此引发的一系列风险事件逐渐引起赛事管理者的注意，他们开始意识到需要将风险管理的相关原理和方法移植到体育领域加以研究和运用。风险的概念最早是由美国学者 Haynes 在其 1895 年出版的著作 *Risk as an Economic Factor* 中提出的。他将风险描述为："风险一词在经济学和其他学术领域中并无任何技术上的内容，它意味着损害或损失的可能性。"通过分析商业赛马赛事的特点，作者认为商业赛马赛事风险就是指"商业赛马赛事所处的客观环境和客观条件的不确定性和不稳定性，以及赛事管理者主观上的认知滞后和执行不力等因素的影响，① 使商业赛马体育赛事的最终实施结果与期望值产生偏离，并由此造成的损失或不良的社会影响，且具有客观性、普遍性、突发性和多变性的特征"。本章试图把将风险管理模式运用到商业赛马体育赛事风险管理中，找出一种能够预防与规避我国商业赛马体育赛事风险的风险管理体

---

① 陈嘉智：《风险管理理论综述》，载《特区经济》2008 年第 6 期。

系，以期促进我国商业赛马体育赛事的成功"上马"，以及为政府决策部门和武汉商业赛马体育赛事的发展提供理论支持和现实指导。

第一节　商业赛马风险控制必要性

中国发展商业赛马的宏大理想，从改革开放以来就从未停止过探索的步伐，在一段不长的商业赛马史上曾出现过两次赛马发展的小高潮，第一次是在邓小平1992年视察南方谈话后，广州首先破冰成立赛马会，并举办了中华人民共和国成立以来第一次声势浩大的商业性赛马盛会——"广州马王赛"，中断了近30年的赛马运动重新得到发展和振兴。第二次是2005年北京顺通赛马俱乐部开办的商业性赛马。从比赛规模和社会关注度来说，这两场比赛都达到了一定的规模，有力地带动了当地相关产业的发展。令人遗憾的是星星之火刚要燎原之际，由于风险管理体系不健全，相关监管制度不够完善，赛事风险缺乏一套完备、严谨的风险评估而导致对赛事核心风险认识的严重不足，对风险缺乏有效识别，相关监管体系未能构建，同时"外围赌马"活动猖獗，腐败作假现象严重，直接影响了政府公信力和当地社会秩序，商业赛马终被中央叫停，产业发展由此遭遇了政策的寒流。其中缘由纷繁复杂，但有一点不能不提及的就是商业赛马风险控制的缺位，一旦商业赛马被提上政府的日程表，政府对其存在的运行风险的考量将是决定其生死存亡的关键，这些风险不仅仅来自赛马运动本身，更来自社会这个庞大的机器，二者磨合在所难免。如何从政策、法律、经济、管理、赛制、文化、道德等方面，成功识别风险、预测风险、控制风险，并把商业赛马对赛马产业发展的负面影响降到最低、风险控制在最低程度上，将是武汉商业赛马发展中的一个至关重要的问题。值得庆幸的是武汉市自2003年举办首届国际赛马节以来，已经连续成功举办了7届赛马盛事，粗具规模和社会效应，商业赛马以及商业赛马体育彩票在群众中的呼声日益高涨，国家对赛马彩票的态度出现了冰释的现象。

2005年4月，在第十届全国政协委员会的第三次会议中，关于早前由武汉市部分政协委员提出的"关于武汉试发行商业赛马体育彩票"的提案，财政部表示有必要对商业赛马体育彩票的可行性进行认真研究。政府这一次的态度让我们重新看到武汉商业赛马的希望。

2006 年 10 月，赛马经济论坛在武汉举行，在论坛上国务院参事刘志仁表示，湖北政协委员的联名向全国政协递交的"关于武汉试发行商业赛马体育彩票"提案，已经得到国家相关部门的高度重视，并已经将其列入工作日程。同时也表示国家非常关心和重视马彩事业，但必须做好相应赛马体育彩票发行的相关工作，特别是政策、法规、制度、管理机制、运行模式、风险控制、比赛规则等要落到实处，将可能存在的运行风险和社会负面影响控制在最低的程度，才有希望正式获批。

不难发现当时国家非常关心和重视赛马彩票事业的发展，有意把马彩的课题提上政府工作日程。但是从政府对商业赛马的实际动作上来看中央决策者态度依然谨慎，2008 年 1 月 10 日，武汉《长江商报》在一版头条位置刊发了《武汉马彩试点已获批》的报道，透露国家体育总局已经批准马彩在武汉先行试点；次日，就在头版刊发了更正与致歉声明，表示上述说法"未经任何人正式发布，亦未向有关权威部门核实"。体育总局彩票管理中心的相关负责人随之作出答复：赛马彩票的上市尚未成熟，根本没有具体的时间表。

无独有偶，2011 年 6 月武汉速度赛马公开赛获批，武汉多家地方媒体以头条的形式报道，并加以揣测马彩即将在武汉首开先河。时隔数日，国家体育总局新闻发言人就接受了新华社记者采访称："有关武汉速度赛马公开赛的报道有不实之处，武汉赛马只是批了 2011 年度单项赛事，并没有常态化，且不存在任何形式的有奖竞猜活动。"

国家对马彩谨慎的态度和开展商业赛马的各方呼声形成了强烈的反差，国内多地建赛马场押宝马彩解禁，其中包括北京、南京、广州、上海、成都、济南等多个城市，这些已建、在建和欲建赛马场的城市，对武汉呈现出包围之势。广州从化的亚运赛马场投入 7 亿元，四川的金马国际马术体育公园投资也高达 10 亿元，新的大型赛马场相继被纳入当地政府的建设计划。

2003 年，占地面积 100 多万平方米的东方马城在武汉金银湖畔落成，总投资超过 9 亿元，同时武汉市政府将优先在东方马城附近投资上百亿元，并通过《泛金银湖地区概念规划暨综合交通规划》，以东方马城为核心的泛金银湖 78 平方千米区域，将建成国内领先的赛马运动基地、中部地区独具特色的生态旅游目的地和休闲度假区、优越的滨水居住区和高新创业基地。长江学者、著名的马彩专家秦尊文先生，就曾大胆预测如果正确导向湖北商业赛马产业的发展将对社会产生巨大的影响，仅靠商业赛马体育彩票发行，每年就将实现销售 1000 亿元，上缴税收 400 亿元，创造就业机会 300 万个。这就是后来被广为引用，以诠释马彩能量的"143"数字组合。① 商业赛马的发展不仅可以扩大内需，还能带动农业、畜牧业、传媒业、旅游业、教育业等多个产业的发展，同时还可以推动整个湖北省"8+1"城市圈休闲体育产业以及农业畜牧业的产业结构调整。

在巨大的投资面前，在背负着巨额的投资和巨大的风险挑战以及来自全国多个城市的竞争压力下，武汉赛马如何更胜一筹？武汉赛马何以解忧，以何制胜？这是每一个武汉赛马人都需要认真思考的问题，当我们看到商业赛马背后的一个庞大的产业链及其巨大经济潜力的同时，我们也应注意到商业赛马巨大投资背后的巨大风险以及商业赛马对社会经济文化和政治的深远影响，决策者踟蹰不定的态度暗示着一个重要的原因：目前学术界对商业赛马的风险鲜有一个系统的分析，商业赛马在中国发展的风险评估及其控制方法尚未定论，由此导致决策风险和决策成本增加，使政府面临困境。如果能有效控制商业赛马风险这把悬在人们心中的达摩克利斯之剑，"马彩"花落武汉就能多一份可靠的保障。因而，要确保商业赛马在武汉的顺利开行，风险管理体系构建必须先行。原因如下：

第一，对商业赛马风险的认识与控制有利于政府在商业赛马活动发展中制订更有效的战略计划，增强政府决策层对暴露出的风险的认识和理解，进而找到系统、完善的解决方案，将商业赛马导致的公众突发事件的可能性降低在可控范围之内，或在事态扩大以前就将其消除在萌芽状态，最大限度地减少不确定性给商业赛马活动带来的冲击，以及市场的盲目性带来的经济损失和社会不良影响，确保社会与经济稳定、和谐、有序的持续健康发展。

第二，对商业赛马风险的认识与控制，可以警示赛马相关企业积极规避风险，更有效地控制其成本，更好地利用社会资源，及时根据市场的需要在政府部门的引导下健康积极地参与社会经济活动。②

---

① 李海、马辉、楼小飞等：《我国试点发行竞猜型赛马彩票的必要性与可行性》，载《上海体育学院学报》2009 年第 2 期。

② 高晓波：《大型体育赛事运营的风险来源与防范》，载《北京体育大学学报》2007 年第 3 期。

第三，商业赛马风险控制事关商业赛马"民心向背"，商业赛马要得以开行必须要得到社会的认可，并且是绝大多数民众的支持，只有确保风险的有效控制才可能获得更多社会资源的投入和支持。

第四，商业赛马风险的有效控制，是武汉市争夺马彩，发展赛马产业跻身国际化大都市的一张重要的底牌，对风险的有效控制路径的正确把握，是武汉发展商业赛马的一项重要保证，也是中央政府一个重要的考虑因素，武汉赛马在众多城市中何以突围，以何突围？对商业赛马风险管理体系的理解与构建就显得尤为重要。

第五，商业赛马的风险控制直接关系到商业赛马的公信力，而公信力恰恰就是商业赛马的生命线。

总而言之，商业赛马的风险控制是商业赛马得以发展的重要理论基础，是证明商业赛马在武汉发展可行性的重要体现，也是商业赛马武汉"上马"的先行之举、必行之举。

第二节　商业赛马风险初析

一、政策法律风险

从世界各国发展经验来看，商业赛马是一个多种经济团体组合的创收型产业，商业赛马政策和法律出台需要顾及各方利益的同时也要保证社会和谐有序的健康发展，控制好政策和法律风险，避免商业赛马的"失策"和"失约"是目前商业赛马在武汉发展亟待解决的第一个关键议题。中国是一个法制社会，任何事情讲究依法行政、依法办事，法条法规是能否行动和行动正确与否的前提条件，但是商业赛马在我国体育法中很难找到相关条文。目前武汉市的商业赛马主要依据的还是国务院以及其下属的彩票主管部门颁布的三个管理办法，《彩票公益金管理办法》《彩票发行与销售管理办法》《彩票发行机构财务管理办法》，以及国务院、民政局、国家体育总局制定的各种彩票相关规章、制度。遗憾的是直接针对商业赛马的政策和法规依然不够明确，产业发展缺乏相应的法律依据和保障机制及措施，难以实现多元化发展，而我国长期以来对博彩业的严格限制，使许多社会力量在政策的不确定性和不可预知性所带来的巨大风险面前，显得畏首畏尾、谨小慎微，对未来的风险感到恐慌和疑惑，因此发展商业赛马需要决心和魄力，更需要方向和引导，随着我国彩票业逐步走向成熟，市场化运作程度不断深入，仅仅依靠一些缺乏法律效力、缺乏有力保障、对破坏彩票市场正常秩序的少数行为缺乏威慑力的办法和条例已经难以满足现代彩票业发展的需要，如果这种状况长期得不到改善，势必影响政府在彩票业的控制能力，使被彩票行业视为生命线的社会公信力降低，为制度腐败提供温床，[①] 目前我国每年有近 6000 亿元的资金流入私彩及境外赌博。2005 年我国体育彩票、福利彩票销售金额共有 716 亿元，仅相当于私彩和出境赌博金额的 1/8，国家对私彩的打击力度不断加大，法律执行成本越来越高，但实际收效却并不特别显著，政府面临着决策上的尴尬，社会对政府治理私彩的信心会随着法律执行效果的不断下降而降低，随之而来的将是政府公信力的不断下降，当打击私彩的执法投入高到政府决策者无法承受的时候，甚至会威胁决策层的政治生命。

二、管理体制风险

管理体制风险，是人类社会进化到一定程度后产生的一种社会性概念，随着人们对自身所处的社会环境感知的变化而不断演变，是人类在先后经历了主要关注自然风险威胁、技术风险威胁和社会风险威胁之后，经济全球化背景下的又一大风险关注对象。当前我国正处于社会转型期，社会各项事业发展速度加快，同时也伴随对旧制度的抛弃，在许多产业发展中，新的制度供给不能满足产业发展对制度的需求，产业发展就会处于一种无制度支撑的"真空"状态，商业赛马的制度风险就恰恰来自社会转型期出现的国家对博彩业管理体制的真空，这种状态会给赛马产业的发展带来极大的社会风险。现代商业赛马是一个完整的产业，其背后具有一条庞大的产业链，需要照顾多方利益，我国的商业赛马要发展就必须将这个能量巨大的火车头放置在一套安全的运行体系中，从世界各国成功运作经验来看，一套完善的管理体制是保证其正常运作的首要条件之一，因此体制是

---

① 赵克、黄文仁、徐卫华等：《大型体育赛事法律规制的理论与实践研究——以厦门国际马拉松赛为例》，载《体育科学》2010 年第 8 期。

否完善是商业赛马发展中的第二大风险。

三、经济风险

商业赛马在很多发达国家早已发展成为一个成熟产业，拥有庞大的产业链，提供了数量可观的就业岗位，创造着巨大的经济价值，对社会经济影响十分深远。日本马票销售收入从 1954 年的 112 亿日元到 2000 年的 34347 亿日元，增加了 300 多倍。IFHA 的统计数据显示，2007 年日本赛马迷共下注 2.8 兆日元，约合 1860 亿元人民币，这个数额仍是全球之冠，而且是美国的 2 倍。在美国解决就业是发行赛马彩票的主要目的。2004 年美国以赛马为主要营利手段的赛马产业，就提供了将近 141.13 万个全职就业岗位，高于当地广播电影电视业的 76 万人，高于设计和出版业的 78 万人，一跃成为吸纳就业的重要产业，这些就业岗位为美国的低科技人口提供了相当比例的就业机会，在我国，针对农村富余劳动力和城市下岗失业者，商业赛马活动可为其提供就业机会。

而巨大的经济市场必然意味着巨大的经济投入，投入越大风险越大，武汉东方马城项目投资高达十几个亿，迄今为止该马城已负债经营多年，庞大的马场维护支出和微薄的收入形成鲜明的对比。[①] 我国曾开展过两次公开的具有博彩性质的赛马比赛，均告失败。其中原因就是财务的不透明，财务制度混乱，对彩票发行、广告、门票等渠道所获得的资金缺乏有效的监管，整个赛事的财务体系漏洞百出，在监管不力和经济利益驱使的比赛中舞弊案、腐败案频发，因此商业赛马的经济风险如不加以监控，投资者追求的"造币机""摇钱树"的憧憬就会落空，很容易引发激烈的群体性冲突，以及地下赌马和私彩的横行，乃至局部的社会动荡的危险，使经济风险转化为更加激烈的社会风险。

四、赛制风险

商业赛马赛制简单地说就是商业赛马的跑马规则，赛马以什么方式跑，怎么跑最具有观赏性，最能区分骑手和马匹的好坏，最能展现赛马运动的魅力，这也

---

① 卢文云、熊晓正：《大型体育赛事的风险及风险管理》，载《成都体育学院学报》2005年第 5 期。

是商业赛马赛制考察和研究的重点。"美国的肯塔基、纽约和马里兰的赛马业在全美国乃至全世界一直保持着领先地位,有着极强的影响力。每年5月第一个周六举行的"肯塔基德比大赛",每年5月第三个周六举行的"必利是大赛",以及每年6月第一个周六在纽约举行的"贝蒙大赛"接连举行,这就是举世闻名的'美国三冠马王大赛',是全美赛马运动的高峰。截至今年第130届'二冠马王大赛',美国产生了11匹'三冠马王',37匹双冠马王。'必利是大赛'计划出售门票90000张,实际到场观众高达110000人。看台座无虚席,跑道中央搭满帐篷,就连看台的顶板也站了不少观众。空军出动隐形战斗机、海军出动伞兵和军乐团现场助兴,场面十分壮观。"①因此,好的赛制不但能区分出马匹骑手的优劣好坏,同时更能吸引住观众的眼球,创造更多的商业和社会效益。

2005年十运会速度赛马12000米C组比赛结束后,广东队马匹"开心"因受伤难以医治,在征得马主同意后,被处以"安乐死"。在这场比赛中参赛的19匹马,1死11伤,其中有的马匹在比赛中途就因为前肢肌腱断裂退出了场地,有的则在比赛完毕后倒地死去,且大部分受伤的赛马因为不可治疗的运动伤害而永远终止了运动生涯,这场比赛的赛制设置在国内赛马界广受争议。赛马赛制的设置需要遵循两个基本原则:一是无害于马匹的健康,二是要具有观赏性。国外赛马赛制多达20种,能适应各种不同比赛和观众的需要,国内的赛马赛制基本照搬国外的规则,在国内鲜有国人喜爱的赛马赛制出现,因此武汉商业赛马将以何种赛制昭然于世人面前是商业赛马体育赛事中的又一大风险。

五、舆论风险

近年来,网络技术高速发展,信息化覆盖到了人们生活的方方面面,各种信息如洪流一般席卷报纸、电视、网络传媒,并以一种势不可挡的力量迅速传播和扩散。在各种信息的拷问下社会安全与民心稳定的"堤坝"正经受着这股信息洪流的冲刷与洗礼,因而在这样一个充满各种信息的社会,如何辨识信息的主次、真假,正确引导舆情,使这种风险降至最低,其最重要的举措无疑是减少舆论风险事物的诞生。自2003年武汉市举办首届武汉国际赛马节以来,至今此项赛事

---

① 秦尊文:《美国赛马业发展经验及对中国的启示》,载《江汉论坛》2008年第12期。

已举办6届，武汉赛马发展近年来随着社会效应和规模效应不断放大和扩展，评议的声音不绝于耳，激烈的争辩比比皆是，商业赛马的社会舆论势头空前高涨。山雨欲来风满楼，黑云压城城欲摧，支持者、反对者分庭抗礼，场面混淆不清，如何让商业赛马在舆论风险的滂沱大雨之中做到固若金汤，对舆情风险的控制显得关键而紧迫。通过分析近年来各大媒体对武汉商业赛马活动的报道不难发现，大部分报纸、书刊、电视等传统主流媒体对商业赛马活动的报道都以转述或较为客观、中立的态度进行观察和报道，鲜有旗帜鲜明地肯定或否定。然而，在虚拟的网络世界，支持或反对的态度就立马鲜明起来了。不难想象，当商业赛马被钉在高度信息化的社会舆论的十字架后，其生死存亡在很大程度上取决于社会舆论的"质询"和"拷问"。因而，如何在敏感的舆论触探下掌控舆论风向，如何运用传媒学和舆论传播的一般规律正确引导舆论走向，确保舆情安全，控制好舆论风险，理应成为确保商业赛马平稳、安全、健康"上马"的一项重要保障。

六、社会道德风险

提及商业赛马就不能不谈到博彩，从世界各国的商业赛马发展来看，博彩都是商业赛马的重要特征之一，博彩与竞技体育一直都有着天然的联系，古罗马的竞技场就是竞技体育运动和博彩相结合的产物，随着奴隶在竞技场的殊死搏斗开始，看台上的权贵纷纷下注以博得头彩，这是早期人类社会中血腥的竞技和比赛的一次结合。在我国，博彩和竞技赛马运动也早有先例，中国古代的"田忌赛马"就是个家喻户晓的例子，可见博彩活动作为竞技运动的延伸，其将运动、竞争和投机有机地结合在了一起，更增加了竞技运动的特殊魅力，也更能满足个体参与者的特殊需求，因此看来博彩和竞技运动在过去、现在和将来都会一直保持着紧密的联系。而中国是一个严格控制博彩的国家，社会舆论对赌博行为的批判也是旗帜鲜明，商业赛马运动是否有悖于社会道德，涉及博彩与道德标准判断的矛盾。社会道德是人们在履行社会义务或涉及社会公众利益的活动中应当遵循的道德准则。我们通常称之为公德，而社会公德的形成是一个国家、民族或群体，经历了历史的长河，在长期的社会实践活动中沉淀下来的文化观念、传统思想和道德准则。社会道德作为人们所共识的一种无形的力量，约束着社会参与者的行为。只有遵守社会道德的人，才会被人们尊重。那些违反社会公德的人，将被人们所不齿。不过社会公德的内容并不是一成不变的，随着历史的演变也变得更加丰富。而对社会道德标准的判断在社会上可以分为两种标准，一种是上层精英社会对道德的解读和判断，这种道德标准主导着社会道德标准的变迁和进步，第二种是大众道德判断标准，这种道德判断标准被全社会认可，是一种相对独立和固定的道德判断标准。由于我国长期以来对博彩业的限制，导致大众形成一种博彩即为非法赌博的认识，赌博行为违背了社会主流道德判断，这种狭隘的认识很大程度上限制了商业赛马的发展。而从香港商业赛马的发展来看，商业赛马是一种聚财为民的体育活动，大部分资金回馈给彩民的同时也促进了我国赛马运动的发展，商业赛马属于"公彩"，除了其公益性宗旨外，也是一种社会财富再分配的方式。与私彩侧重"赌"相比，"公彩"更讲究"博"，彩民最少只用2元便可博500万头奖，"买得多中得多"在"公彩"并不一定行得通，中巨奖讲求更多的是幸运因素。由于欠缺"赌"性，我们鲜有听说有人沉迷公彩，相反因私彩而倾家荡产、家破人亡的例子却多不胜数，这也是"公彩"比私彩健康的所在，究其实质也不违背社会主义主流道德观。如何把商业赛马的道德判断标准在全社会范围内平稳安全普及是决策层需要解决的又一大风险。

七、社会文化风险

商业赛马在世界上已经发展成为一种较为成熟、多元化、组织形式国际化的大型体育赛事，其有着丰富、浓厚的文化内涵和文化氛围。然而这种文化发展并不是一帆风顺的，在发展的长河中曾遭遇过各种"暗礁""逆流"对其的限制，而这些"暗礁""逆流"就是文化风险。中国商业赛马的发展也非一帆风顺，在不长的一段时间内就经历了曲折反复乃至波诡云谲，简单地翻阅改革开放后我国商业赛马的历史便可知道其中原委，公益金管理混乱，违纪违法、徇私舞弊的个人行为比比皆是，商业赛马一时成为众矢之的，最终导致整个商业赛马的行业形象在大众心中沉沦。

民众对商业赛马体育赛事的期待程度与该项活动的开展有着密切的关系，可以说民众期待是商业赛马公开发行的一个重要风向标，民众对商业赛马的认知、需求、评价、态度等社会心理将为商业赛马的运行提供直接依据。然而，人的认识能力常常是至上性和非至上性的统一，有限的认识使主体面对变动的世界或多或少处于无知或知识不足的状态，建立在这样的基础上的主体选择和行为，必然带有盲目、随意的特点，因此出现偏差的概率就会增大。因此不同职业、性别、收入状况、年龄的民众对赛马彩票的认知程度与参与的行为方式有显著性差异。这种差异所带来的文化理解上的差异造成了潜在的文化风险。例如民众对参与商业赛马活动的中奖获利期待远高于商业赛马的公益期待时，就容易产生民众病态性赌博行为，催生私彩泛滥和地下赌马。所以普及赛马文化知识就显得非常必要，在马文化退出现代化生活的今天重新推广发扬赛马文化并非易事，为了让赛马文化得到更好的推广，首先要使赛马有关的故事、文艺作品走进寻常百姓的家庭，成为普通百姓热衷爱护的一种生活文化氛围。① 其次，在推行马文化时需根据不同对象与赛马文化之间可能关联的接触方式而进行分类处理。在社会大众面前，赛马文化理应是一种休闲文化的代言，它应是民众生活中的牵挂，以一种话题形式在街头巷尾广为议论，使其能为广大百姓认知、认可及认同。因此，正确引导商业赛马的文化氛围将是控制赛马社会文化风险中至关重要的一个环节。

第三节　商业赛马赛事风险管理体系的构建

一、提高风险管理意识，构建全面风险管理组织框架

商业赛马赛事组委会在赛事启动前，应成立由风险管理方面专家和部分决策层成员组成的团队，并设置专门的商业赛马风险管理机构，这个机构应是一个专业化、独立的部门，可以为商业赛马活动中可能面临的各种风险进行专业、系统的识别和评估，并制定"风险管理方案"和"突发风险应急预案"，以保证整个商业赛马活动在风险管理计划内运行。在具体操作上，应根据风险的特征和类别并结合小组成员自身专长，将风险管理部门进一步细分为几个或多个的风险管理小组，各小组分工明确、职责分明、相互协调，形成严密、有效、完善的风险管理

---

① 　吴显英：《文化风险内部影响因素的结构分析》，载《哈尔滨工程大学学报》2005 年第 6 期。

组织框架。

二、优化组合各种技术方法，建立全面风险识别技术

风险识别是商业赛马风险管理的基础工作之一，对任何重大风险的忽略都会导致整个赛事风险管理的失败，而商业赛马这类大型体育赛事风险具有很强的内隐性、突发性和规律性，在比赛中同种类型所产生的风险可能会产生多种表现形式和后果，因此，在识别风险方面具有一定的难度，这就需要我们引进先进的风险识别方法和技术手段，并进行优化组合，明确风险种类，分析商业赛马活动每一个环节可能涉及的因素，[①] 找到影响因素与风险事件之间的内在关联，在实践中有以下几种方法可供参考。

第一，反馈函询法。首先由赛事委员会成立的风险管理小组对商业赛马活动中可能出现的风险做出预测并汇编成一份调查问卷，咨询各相关行业专家，收集专家意见进行整理、归纳、统计、反馈、集中，反复沟通，直到最终收集到的意见趋于稳定为宜。

第二，结构分解法。这是一种化整为零的风险分析方法。在确立风险管理目标后，将商业赛马风险按照各自特征分解成较简单、易于认识和理解的几大类别，并按其内容和功能分解为若干相对独立的小单元，针对每个小的单元提出可以落实到每个过程中的具体的工作方法，从而对整个赛事过程中的风险进行清晰的识别。

第三，案例借鉴法。这是指收集以前举办过的赛事所积累的资料、数据、经验，例如香港赛马会的管理经验，通过引入熟悉业务的工作人员和具有丰富经验的赛事管理者，利用他们的专业技能和个人常识以及在过去工作中的经验教训，来识别商业赛马运行管理中可能存在风险的一种方法。

三、构建商业赛马风险指标体系

通过对商业赛马体育赛事风险的分析不难看出，很多风险通常是以复杂的交

---

① 刘东波、姜立嘉、吕丹：《大型体育赛事风险管理研究》，载《体育文化导刊》2009 年第 3 期。

又复合形式存在，而整个风险体系中各种单一形式的风险与其他风险具有相关联动性，因此商业赛马的风险管理应当从整个赛事系统角度对各种不同的风险进行整体的把握和集合的管理，考虑到各种风险的相关性，商业赛马风险管理体系要求包含商业赛马运行中整个赛事机构内的各个层次、业务单位、相关责任人，能够涵盖来自赛事财政、政策法律、管理体制、赛事赛制、舆论导向、社会公信力、社会道德、社会文化等各种风险，并覆盖到涉及这些风险的相关资产和承担这些风险的各赛事机构和业务单位。只有通过对风险的详细划分，才能对导致这些风险事件的原因进行系统的分析，并加以控制，一方面能够节约赛事活动的风险管理成本，另一方面也提高了赛事活动的风险管理的效率，使风险指标体系中的各项指标能得到有效的控制。

如图 8.1 所示，体育赛事风险指标体系共包括两个层次：第一个层次是风险源类别，其主要包括社会环境、赛事管理两个方面。第二个层次是风险事件层，通过进一步的分析可知，社会环境风险又分为政策法律风险、经济风险、舆论风险、社会道德风险、社会文化风险五个风险事件。赛事管理风险也可以分为财务风险、管理体制风险、赛制风险、赛事质量风险、赛事安全风险五个风险事件。以上这些风险要素正是商业赛马活动中所产生的各种具体风险事件的源头。商业赛马活动的风险管理主要是针对这些风险源进行的监督和控制。

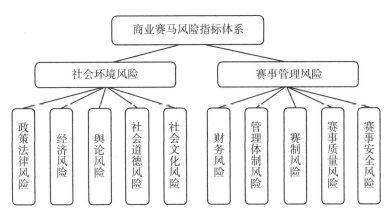

图 8.1　商业赛马风险识别框架图

四、定性、定量排列风险因子，强化风险意识提高赛事风险评估水平

如图8.2所示，通过风险定性以及量化的方法，将风险概率和风险结果统一在一张量表上，综合评价风险发生概率、风险影响程度及风险影响范围等评价目标，这种方法是风险识别和风险应对之间相互联系的重要纽带，可以让决策者能够快速、清晰、准确地抓住重点，从而客观、准确地认识风险以及这些风险对商业赛马活动发展的影响以及风险之间的相互作用，同时也有助于赛事管理者制订完备的应急计划，有效地选择风险防范措施，在赛事成本估计、进度计划安排与安全管理等方面变得更现实、可靠。

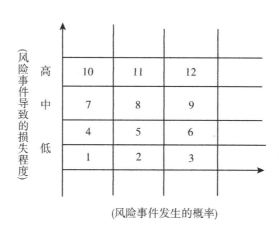

图8.2　风险结果及风险概率二维表

五、商业赛马管理内部控制系统与风险管理体系结合提高决策层风险防范能力

"内部控制"一词最早源于1992年美国全国虚假财务报告委员会下属的发起人委员（COSO），其主要解决的是常规性风险，同时告诉我们如何"正确地做事"，强化决策层内部控制能力，是商业赛马活动中常态化风险防范的一种方式。"风险管理"解决的是非常规性风险，主要告诉我们"如何正确地做事"，这类风

险的发生有着显著的特征，往往不是单一原因导致的，在初期容易被忽视。[①] 内部控制也是风险管理的基础和重要组成部分，忽视内部控制的风险管理体系不是完善的风险管理体系，没有内部控制的风险管理也必将是无本之木，在商业赛马的风险管理体系的框架中它们是不可分割的一个部分，同时既有联系又有区别，如果把商业赛马活动内部控制比作一部高速奔跑的列车，风险管理就类似飞奔列车下的铁轨，商业赛马要平稳、有序的发展，既要全力奔跑又要走在正确的道路上，二者缺一不可。

我国内地商业赛马活动处于萌芽阶段，对赛马活动中的风险控制尚无成功的经验可以借鉴和参考，在以往的两次尝试中都未能将风险管理与内部控制有机结合起来。以广州赛马场和北京通顺赛马场为例，前一家是地方政府开办的，赛马会的董事长是由广州市政府的副秘书长兼任，后一家是由海外商人投资与国内企业合作开办。两家马场采用的规则都是复制了香港商业赛马的规则而制定的，马场除了在设施、用马、管理方式等方面有所不同外，面临的问题却是相同的，就是缺乏有效的内部控制系统和风险管理体系，马场的公平性得不到监督，虽然身为地方政府主办的广州马会的监督是由政府有关部门执行的，但这种监督仅仅停留在对马场财务和马场政府官员的个人行为的监督上，而这种监督方式并不涉及对整个赛事管理体制和运行模式不断修正和对风险进行识别与控制，对每场参与赛马投注的上万观众来说也是实际意义不高。因此，商业赛马只有从加强内部控制做起，找到商业赛马活动中组织内部经营活动中各职能部门之间对业务活动进行组织、制约、考核和调节的方法以及组织程序和措施，走出一条适合自己的路子，在此基础上增强风险意识，尤其是提高商业赛马活动中处于关键地位的中、高层管理人员对风险的全面把握能力，提高他们的风险意识，才能使商业赛马活动安全运行。

六、建立透明、全面的风险沟通机制

毫不避讳地说，商业赛马的最终目的就是赛马彩票，而发行彩票在百姓眼里一直是一种政府行为，国内各大彩票的发行一直备受社会大众的关注。西安即开

---

① 周放生：《企业的风险管理及内部控制》，载《中国流通经济》2009 年第 11 期。

型彩票做假案在央视曝光后，直接负责人一个被撤职、一个被刑拘，令人唏嘘不已。在一些社会问题上政府、企业界、科学界和公众之间关于风险问题的认识存在差异；在一些社会问题的处理过程中，风险沟通的渠道不畅通，沟通效率低下，公众一直没有得到相关信息，地方政府处于"捉迷藏"的状态，在处理相关事件中并没有征求群众的意见，而是单方面根据某些专家的意见来决定政策的导向。而沟通的缺乏导致专家的解释无法得到公众的认可，从而造成了一些群众对政府、专家的不信任，甚至戏称专家为"砖家"，进而引发了部分公众恐慌和不满情绪的滋生，政府职能部门的公信力不断下降。商业赛马彩票的公信力是商业赛马发展的重要根基，没有社会公信力商业赛马将寸步难行，因此加强商业赛马风险沟通就成为当前构建商业赛马风险管理体系中不可忽视的重要内容。

第一，建立以信任为基础的风险沟通平台。

在社会风险管理中，消极事件对大众信任度的降低相较积极事件对大众信任的提高而言，前者的效果更为显著且引人注意。当风险事件发生以后消极事件较之积极事件带有更大的权重。同时在风险沟通中社会心理有一种较为显著的特征，即认为负面消息的信息源比正面消息的信息源更为可靠，正所谓好事不出门坏事传千里；在商业赛马活动中不信任案一旦出现，质疑就会不断得到强化，如北京、广州的两次赛马试点的失败，长期以来就是公众心中挥之不去的一层阴影。因此如果公众对信息的发布者缺乏信任，发布者就很难准确有效地将信息传达给公众，同时信息对公众产生影响的预期就会大打折扣，甚至毫无作用。① 因此，贯穿在所有风险沟通策略中的一条主线就是必须建立政府、企业界、公众三方的基础信任，在此基础上才可能实现教育、构建共识等目标。

第二，建立合作伙伴式的风险沟通关系。

商业赛马风险管理中的风险沟通是一种较特殊的沟通方式，一般来说，是由下至上的沟通过程，公众一方总是处在信息的接收方和询问方的位置，沟通角色相比政府部门或其他管理部门而言比较被动。因此，信息的发布方，是否能以伙伴的形式与之沟通，这对于信息沟通的实效性具有关键性的影响。公众必须充分享有那些可能对其生命、财产以及合法权益产生重大影响的风险决策的知情权，

---

① 唐胜明：《优化内部控制环境规范内部控制》，载《财政监督》2010 年第 12 期。

并参与决策制定。这样的风险沟通目标不仅可以增加职能部门的信息透明度，降低公众的忧虑，提高采取行动的效率，增强公共服务能力，同时也培养了这样一类积极参与的、知情的、致力于解决问题的、有思想的、理性的公众合作群体。

第三，建立"双向对称"风险沟通的模式。

"双向对称沟通"是基于政府、业界学者和公众在风险感知方面差异下的一种理想化的风险沟通方式。通过这种模式，让不同利益群体的要求和兴趣可以得到充分的表达，并根据这些诉求来处理风险信息以及设计沟通策略。让商业赛马活动的受众参与风险问题的决策，交换多边信息和表达不同利益团体的诉求，最后设定可以接受的风险对策。同时业界学者、管理者以及决策者必须认识到没有绝对的风险控制，只能通过多边合作尽可能将风险降低到可控的程度，并接受自己不是全知全能的这样一个事实，并认识到风险是一个涉及多个利益团体表达，只有通过沟通和协作才能解决的开放性问题。只有这样，才能实现有效的风险沟通的目的。

七、建立风险管理后评价机制及风险管理持续改进机制

商业赛马在内地的发展没有成功先例，目前是以借鉴来自中国香港和国外的优秀风险管理经验为主，同时在此基础上不断总结，并结合本土实际情况逐步发展和提高。武汉商业赛马活动处于萌芽状态，但作为赛马运动来说，武汉已将其办成了一大城市特色体育赛事并走过了十余载，截至 2011 年已连续成功举办八届赛马节和其他各类大小赛马赛事，同时承接各种赛马相关的培训工作，积累了相当的工作经验。如何将以往的工作成果和经验教训成功应用到商业赛马活动中来，商业赛马活动如何在前进中发展，在发展中壮大，完善风险管理的后评价机制和风险管理持续改进机制就显得尤其重要，① 这要求风险管理者建立起相应的问责机制，杜绝已经出现过的问题反复出现，并形成一股强有力的内驱动力推进风险管理的执行和深化，以此保障在未来的比赛中，对各个风险要素的管理达到预期的效果。实际操作过程中，首先应回顾分析在整个赛事风险管理过程中的每

---

① 唐海军、朱长跃：《体育赛事品牌的营销策略研究》，载《西安体育学院学报》2009 年第 2 期。

一个环节，区分哪些管理行为是成功的，哪些做法是不足的，以此总结成功的经验和失败的教训，提出合理化的建议，使商业赛马活动风险管理体系不断优化，同时促使风险管理的后评价机制和持续改进机制走上更加规范化和制度化的发展道路。

第九章　我国电子竞技产业的发展现状及规制实践改进

　　电子竞技是近年来在中国发展迅速的一项新兴体育形式，同时又是一项显露出重大经济效益的文化产业。电子竞技借助信息技术和电子游戏开展，具有极高的竞技性、交互性和娱乐性，在青少年中具有广泛的群众基础，已经成为最具前途的运动形式。在 2017 年，电子竞技在国内的发展更是有关键性的突破：4 月，国家体育总局在其网站上通告了体育信息中心的《关于举办 2017CHINA TOP 国家杯电子竞技大赛的通知》。① 7 月下旬，高职（专科）志愿填报将面临首次电子竞技运动与管理专业国内招生，该专业主要面向电子竞技产业的市场类和管理类岗位，致力于弥补国内本产业 26 万个岗位空缺。② 电子竞技已经正式登陆 2022 年杭州亚运会，曾被视为"打游戏"的不务正业之举，如今也登堂入室，运动员可以与其他传统体育项目一样为国争光。③ 但是，在电子竞技炙手可热的发展背后，相关负面新闻也层出不穷，公共媒体对其质疑的声音也一直不绝于耳。从 2016 年开始，陆续有未成年人由于沉迷《英雄联盟》《王者荣耀》等电子竞技游戏而发生的负面新闻见诸报端，如 17 岁少年狂打 40 小时网游诱发脑梗，险些丧命；小学生偷偷打赏游戏主播，花掉环卫工母亲 4 万元积蓄，等等。近年来发展

---

　　① 国家体育总局体育信息中心：《关于举办 2017 CHINA TOP 国家杯电子竞技大赛的通知》，http：//www. sport. gov. cn/n316/n336/c796946/content. html，访问日期：2021 年 1 月 13 日。
　　② 王峰：《首批高校电子竞技专业将招生 岗位"大缺口"急需人才填补》，载《21 世纪经济报道》2017 年 6 月 27 日。
　　③ 钱童心：《电竞市场登堂入室，4 亿玩家引爆资本》，载《第一财经日报》2017 年 5 月 26 日。

风头正盛的网游《王者荣耀》尤其受到公众媒体的关注和批评，人民网、新华社、《人民日报》纷纷发文，对《王者荣耀》引发的社会负面因素进行批判，痛斥"没有责任血液的游戏注定走不远"[①]。

毫无疑问，电子竞技的发展现状遭遇了"冰火两重天"的尴尬：一方面，从发展新兴体育运动和文化产业的角度来看，电子竞技显然应当受到政策扶持；另一方面，电子竞技与网络游戏有着不可否认的天然联系性，与一般体育运动相比，它更容易诱发"成瘾性消费"，容易对心智发育不成熟、自控力弱的未成年人造成负面影响。[②] 电子竞技发展的"双刃剑"效应呼吁我们必须建立健全的规制结构，一方面要对其发展新兴体育运动、促进经济发展和丰富公民文娱生活的正面效果予以促进，另一方面又要有效抑制其沉迷效果，减少社会负面因素的发生。

我国的《体育法》制定于1995年，彼时尚未产生现象级的电子竞技问题，因此，在该部立法中，并不存在对电子竞技进行专门调整的相关法律规范。时过境迁，面对电子竞技这一具有时代特色的新问题，《体育法》所构建的基本体育法律制度体系并非不能适用，而是需要结合新的社会现象，在科学的体育法治思维下，做出妥当的法律解释和法律适用。本章认为，要在全新的社会语境下，对电子竞技的法律性质进行一次深入的再探讨。既要肯定电子竞技作为一项新兴体育活动的法律性质，同时又要正视其特殊性，将其与传统体育运动区分开来。《体育法》所确立的社会体育、学校体育、竞技体育三种类型互补的基本体育法律制度格局并不完全适用于电子竞技，而是需要有所扬弃——适合电子竞技法律性质的部分应予以贯彻；不适合的部分则应当有所变通，乃至需要改革。在此基础上，本章意图设计出一个限制与激励相平衡的健全规制机制，促进我国电子竞技产业的健康、良性发展。

第一节　游戏还是体育：电子竞技法律性质再分析

一、"电子游戏说"与"体育项目说"的观念冲突回顾

电子竞技的定位曾经历了从"电子游戏说"到"体育项目说"的观念修正。在

---

① 佚名：《继人民网三批之后，新华社刊文再批"王者荣耀"》，http：//inews. ifeng. com/51387620/news. shtml？ch＝qd_wbfx_dl1&back，访问日期：2021年1月13日。

② 于忠宁：《爆红网友俘获小学生，谁"背锅"》，载《工人日报》2017年6月9日。

国内电子竞技运动推广的早期，阻碍其发展的一个意识形态方面的原因即是将电子竞技运动员视为"打游戏的"，从而淡化甚至贬低其社会价值。从产生渊源上来看，电子竞技也确实产生于电子游戏，它本质上是种类繁多的电子游戏中符合如下特征的体育运动：人与人之间通过电子手段和设备，在虚拟环境中依照一定规则，所进行的具有一定观赏性的竞赛。① 从这个角度来看，电子竞技是电子游戏的子概念，它实际上是电子游戏中符合体育性质的一类游戏机制的总称。伴随电子竞技在国内的推广和发展，"电子游戏说"的偏颇逐渐受到批判，学界开始更加注重其作为一项新兴体育项目的基本性质，电子竞技的社会功能得以正名。② 电子竞技完全符合传统体育运动中的基本外在特征，按照阿伦·古特曼在《从仪式到记录：现代体育的本质》中所设计的体育概念模型，电子竞技应当属于组织性、竞争性体育运动。③ 且在信息技术的辅助下，电子竞技运动全程实现了电子信息备份，比赛过程紧张刺激，相较传统体育运动更能确保竞技性、公平性和观赏性。④

将电子竞技视为一类体育项目，并不仅仅意味着其发展定位的变化，更昭示着在法律制度层面电子竞技规制结构的重大改变。法律意义上的规制通常以治理市场失灵为己任，⑤ 本质上是政府针对微观经济层面上的部分市场失灵而制定的公共政策和行政法律制度，是直接干预市场配置机制或间接改变企业和消费者供需决策的规则体系。⑥ 现实中，根据市场失灵具体表现的不同，不同社会领域的规制逻辑存在显著差别：对于酒店、舞厅、博彩、网吧这类娱乐性产业，虽不得否认其在促进经济发展、丰富文娱生活等方面的积极作用，但由于其经营活动存在一定的社会负面因素，如引发败德行为、诱导成瘾性消费等，通常会在法律规制的设计中，对其经营活动进行严格的限制，如征收较高比例的消费税、查处

---

① 黄鑫：《体育法治视域中的电子竞技》，载《南京体育学院学报》2015 年第 6 期。

② 石晋阳、张义兵：《论电子竞技的教育价值——兼为被"妖魔化"的电子游戏正名》，载《学科教育》2004 年第 12 期。

③ 董新风：《电子竞技的体育性分析》，载《体育文化导刊》2013 年第 9 期。

④ 耿美凤：《电子竞技归属论》，载《体育文化导刊》2013 年第 12 期。

⑤ [美]丹尼尔·F. 史普博著：《管制与市场》，余晖、何帆、钱佳骏、周维富译，格致出版社、上海三联书店、上海人民出版社 2008 年版，第 10~11 页。

⑥ 余晖著：《管制与自律》，浙江大学出版社 2008 年版，第 43 页。

"黄赌毒"等不法经营行为，等等。而对于科学、教育、卫生、体育、艺术、环保等公共服务类产业，它们通常具有强烈的社会公益属性，但可能在经济效益上表明不甚明显，市场经营者很难基于纯粹的逐利动机产生从事此类服务的动力，但社会大众却又显然具有强烈的公共服务需求。此时，法律规制的设计通常以激励为主，即通过出台法律的形式，通过一系列的扶持和优待政策促进相关产业的发展，满足公民的此类公共服务需求。此类立法被称为"促进型立法"，典型代表有《农业技术推广法》《民办教育促进法》等。① 《体育法》亦属此类，在该立法中，大部分法律制度设计的目的并不致力于对体育进行规范或限制，而是旨在对社会体育、学校体育、竞技体育等各类体育活动的开展予以保障和推进。

电子竞技从电子游戏到体育项目的法律性质的转变，意味着其法律规制逻辑的根本变化：从针对娱乐产业的以限制为主的规制体制向针对体育产业的以激励为主的规制体制转变。中国的电子竞技产业在这一转变过程中实现了质的飞跃，但与此同时，也由于"体育项目说"法律性质界定的粗糙而不可避免地带来了社会风险。如果说将电子竞技草率地纳入电子游戏的范畴，进而否定其社会价值，是一种偏颇；那么简单地将其纳入体育运动概念体系中，进而误以为可以统一适用《体育法》的整体法律规范，不正视其与传统体育活动的区别，也是一个明显的误区。电子竞技兼具电子游戏和体育项目的双重性质，这决定了其法律规制体系的设计必须足够审慎和周全，单纯地限制或激励都不利于电子竞技产业的健康发展。

二、作为游戏的电子竞技：区分"两种游戏"

电子竞技源于电子游戏，尤其与电子游戏中的网络游戏具有近亲关系。"电子竞技是从网络游戏中脱颖而出的阳光游戏，它是按体育精神、体育规则在网络的虚拟世界里进行的一项体育运动。"② 可以将电子游戏分为电子竞技型游戏和普通电子游戏两类，二者的关系为：

其一，只有电子竞技型游戏方能纳入体育运动范畴，除此之外的普通电子游戏则仅仅是一种娱乐活动。换言之，对于非属电子竞技的普通电子游戏，其规制

---

① 李艳芳：《"促进型立法"研究》，载《法学评论》2005 年第 3 期。
② 王骏：《我国电子竞技运动发展探讨》，载《体育文化导刊》2011 年第 6 期。

结构的设计更应当更强调限制与规范措施，而不能像对待体育运动一样进行扶持。在这方面，我国体现得最为明显的便是原新闻出版总署公布的《关于在游戏出版物中登载〈健康游戏公告〉的通知》，它是引导消费者尤其是未成年人树立健康游戏观念的重要制度设计。① 在电子竞技的发展过程中，如果对两类游戏区分不当，很容易造成制度设计的偏颇：早期电子竞技发展的桎梏即是因为没有认识到电子竞技相较普通电子游戏的特殊性，对其整体施加了限制性的规制；而近年来又颇有矫枉过正之势，将各类电子游戏不加以区分地纳入电子竞技的范畴进行扶持，导致其社会风险的扩大。

其二，即使是电子竞技型游戏，也不可避免地携带普通电子游戏的社会负面因素，最典型的便是其容易诱发的成瘾性消费现象。从这个角度来看，电子竞技并不纯粹是体育运动，它在像传统体育运动一样有益身心的同时，并未免除电子游戏作为娱乐活动可能存在的负面因素。事实上，如今的主流电子竞技项目如《魔兽争霸3》《英雄联盟》等，更强调竞技过程的对抗性和可观赏性，其诱发成瘾性消费的机制比一般电子游戏还要强。这一特征决定，即便是对于电子竞技型游戏，我们也不能完全将其不加甄别地纳入《体育法》的调整范畴，而必须对其负面影响有所制度回应。

其三，电子竞技型游戏和普通电子游戏之间没有泾渭分明的界限，而是相互转化的。一方面，很多成熟的电子竞技都是普通电子游戏演化的结果，即在长期发展过程中形成了颇具公平性和公信力的基本规则和游戏机制，方符合体育运动的公平性、竞技性要求；另一方面，电子竞技项目本身也在经历着更新换代，旧的电子竞技项目一经淘汰，便有可能还原为普通电子游戏。②

---

① 该通知要求在所有电子游戏出版物和互联网游戏出版物中，必须于画面显著位置登载《健康游戏忠告》，否则将一律停止出版、运营和销售。《健康游戏忠告》的全文为："抵制不良游戏，拒绝盗版游戏。注意自我保护，谨防受骗上当。适度游戏益脑，沉迷游戏伤身。合理安排时间，享受健康生活。"

② 以知名的《魔兽争霸3》为例：早期的《魔兽争霸3》其实只是一个普通电脑游戏，但在经历了数轮游戏机制的不断调整和变化后，形成了游戏中三类"种族"相互制衡、彼此平等对抗的机制，才构成了电子竞技的规则基础，这便是普通电子游戏向电子竞技转化的典型。同样地，近年来，伴随电子竞技的发展，易上手、赛时短、团体赛的电子竞技项目更多地受到青睐，《魔兽争霸3》的原有游戏机制已开始逐渐退出电子竞技平台，在《魔兽争霸3》游戏基础上逐渐形成的新型模式《DOTA》和《英雄联盟》逐渐取而代之，这又是电子竞技型游戏向普通电子游戏转化的体现。

三、作为体育的电子竞技：区分"三种体育"

《体育法》规定了三类典型的体育形式，它们构成了中国体育事业的核心体系，即社会体育、学校体育和竞技体育。《体育法》从第二章到第四章对三类体育形式的法律制度进行分别设计，以促进其各自的发展。这三类体育形式的功能定位存在明显区别：社会体育注重全体社会成员的整体参与，以提高全民身心素质、丰富文化生活为主要目的；学校体育以在校学生为参与主体，是教育活动的重要组成部分，旨在促进学生的身心健康；竞技体育则具有高度的组织性和制度化特色，以专业运动员为参与主体。但在现实中，这种以功能定位的不同对体育活动进行的划分并未受到青睐，大部分人更倾向于按照具体体育项目的不同进行区分，如游泳、射箭、田径等，其典型体现便是国家体育总局所编制的体育竞赛项目，合计 78 个，电子竞技即被作为第 78 个体育项目增补在内。① 这些体育项目中的大部分能跨越社会体育、学校体育和竞技体育中的两个或三个维度，如足球便可以同时构成这三类体育形式，而相对小众的高尔夫则构成社会体育和竞技体育，难以成为学校体育的活动内容。

而对电子竞技来说，它应当界定为一类纯竞技体育运动，这也与"电子竞技"这一词语的外在表达相符合。作为一种新兴体育形式，电子竞技难融于《体育法》中的社会体育和学校体育体系，这便意味着在《体育法》所设计的一系列促进体育发展的措施中，与社会体育和学校体育有关的法律制度是不适用于电子竞技的。这是因为：其一，电子竞技与这两类体育形式的功能定位不符。《体育法》规定，社会体育活动旨在推行全民健身计划、增进身心健康；学校体育活动旨在促进学生德、智、体全面发展。② 而对电子竞技来说，除了组织化的电子竞技赛事具有强烈的体育属性之外，其在日常生活中的体育色彩被严重淡化，仅仅是一项与普通电子游戏无异的娱乐活动，难以实现上述功能定位。其二，电子竞技也没有适用这两类法律制度的必要。《体育法》所规定的社会体育和学校体育

---

① 2003 年，电子竞技被国家体育总局列为第 99 个正式体育竞赛项，之后在 2008 年又因为体育竞赛项编制的变化被批为第 78 个。

② 参见《体育法》第十至十一条、第十七条。

法律制度，主要是通过明确政府责任的形式，促进这两类体育活动的实践开展，如要求各级政府、企事业单位、工会等积极组织社会体育活动；学校要配备合格的体育教师、体育场地、设施和器材等。[①] 这些制度设计是建立在体育活动供给不充分的前提下，而对电子竞技来说，其在青少年中具有高度的群众基础，根本无须借助这些激励性制度，市场本身即能实现充分的制度供给。恰相反，当务之急反而是如何抑制未成年人在学习和生活过程中过分沉浸于电子竞技的现象。

第二节　激励还是限制：电子竞技规制逻辑的演变与反思

一、从限制到激励：中国电子竞技规制的演变历程

中国电子竞技产业的发展历程可以分为三个阶段：从 1998 年《星际争霸》正式发售到 2003 年国家体育总局将电子竞技列为正式体育竞赛项属于"萌芽起步阶段"；从 2004 年到 2009 年国内首个电子竞技联赛筹办属于"成长探索阶段"；从 2010 年至今则属于"新兴爆发阶段"，电子竞技开始突飞猛进地发展。[②] 在这整个过程中，针对电子竞技的法律规制经历了从限制到激励的演变历程。

在萌芽起步阶段和成长探索阶段，电子竞技作为一项新兴体育运动的性质未得到公认，电子竞技与一般电子游戏的区别未被有效甄别，社会观念视电子游戏为"洪水猛兽"，其对未成年人造成的负面影响在公共舆论中被过分放大，法律规制措施主要倾向于对电子竞技进行限制。在这一阶段，最著名的规制措施有 2000 年国务院第 44 号令和国家广电总局 2004 年禁令。前者是指《国务院办公厅转发文化部等部门关于开展电子游戏经营场所专项治理意见的通知》，该通知明确要求："自本意见发布之日起，各地要立即停止审批新的电子游戏经营场所，也不得审批现有的电子游戏经营场所增添或更新任何类型的电子游戏设备。"自此开始，任何专门生产和经营电子游戏设备的活动都遭到禁止，直至 2015 年 7 月

---

① 参见《体育法》第十二至十四条、第二十至二十二条。

② 阳骏滢、黄海燕、张林：《中国电子竞技产业的现状、问题与发展对策》，载《首都体育学院学报》2014 年第 3 期。

《文化部关于允许内外资企业从事游戏游艺设备生产和销售的通知》才正式终结中国电子游戏设备"15年禁令"的寒冬，令国内主机游戏市场的发展错过了黄金时期。① 后者则是指2004年国家广电总局发布的《关于禁止播出电视网络游戏类节目的通知》，明确要求"各级广播电视播出机构一律不得开设电脑网络游戏类栏目，不得播出电脑网络游戏节目"。受此影响，中央电视台于2003年开始播出的《电子竞技世界》也停播。

从2010年开始，电子竞技在我国进入高速发展阶段，"体育项目说"开始逐渐受到重视。重要的全国赛事逐渐开展，国家体育总局也开始有意识地采取一系列扶持和推动措施，电子竞技的法律规制开始以激励为主。② 但是，这种转变却有矫枉过正之势，飞速发展的电子竞技的负面影响逐渐显露端倪：随着移动电子设备的发展，未成年人游玩电子游戏的手段更加便利，监护人意图对其沉迷于游戏的行为进行控制的目的却愈加难以实现，相关负面新闻见诸报端，由此出现了前文提到的电子竞技发展的"冰火两重天"现象。一方面，各种顶级赛事层出不穷，官方的激励措施不遗余力；另一方面，家庭和社会对未成年人的成瘾性消费现象忧心忡忡，法律制度难以实现有效规制。

二、从激励到平衡：中国电子竞技规制的未来改进目标

导致目前电子竞技的发展"冰火两重天"现象的根源在于，不论是"电子游戏说"还是"体育项目说"，都无法完整地概括电子竞技的全部法律性质。一方面，电子竞技携带着电子游戏的若干固有基因，对未成年人不可避免地具有诱发成瘾性消费的效果，这是传统体育运动所不具备的，有必要在法律规制的设计中进行必要限制；另一方面，电子竞技符合竞技体育的全部特征，但又明显不融于学校体育和社会体育体系，《体育法》所设计的若干激励措施需要进行扬弃，仅适用竞技体育的法律规范即可，学校体育和社会体育的相关法律制度不应当适用。

因此，一个理想的电子竞技规制体系需要有效平衡"限制"与"激励"两大举

① 关健：《15年禁令全面解禁 国内主机游戏或已错过黄金期》，载《第一财经日报》2015年7月27日。

② 高源、赵容娴、杜梅：《我国电子竞技产业发展研究》，载《哈尔滨体育学院学报》2015年第6期。

措，一方面对其社会风险进行有效控制，另一方面促进其健康发展。未来中国电子竞技法律制度的改进目标就是要建立起限制和激励两大举措相平衡的法律规制体系。所谓限制，即是要清醒地认识到电子竞技给社会公众尤其是未成年人带来的诱导成瘾机制，通过对电子竞技开发商、电子竞技运营平台和未成年监护人等法律主体施加一系列义务的形式，防控诱导成瘾机制的不良影响，塑造理性的游戏价值观；所谓激励，即要正视电子竞技的竞技体育本质，不遗余力地推动相关体育赛事的开展，建立健全电子竞技产业政策法规。

第三节 中国电子竞技法律规制框架的基本设计

一、限制性规制：构建双层监管结构下的防沉迷系统

电子竞技的限制性规制措施主要针对其作为网络游戏可能引发的成瘾性消费问题，应当通过"运营平台－监护人"双层监管结构的形式，构建一个致力于未成年人保护的防沉迷系统。而且，这一限制性规制措施并不是仅仅只面对电子竞技型游戏，而是应当针对所有具有沉迷效果的网络游戏。

未成年人心智发展不成熟，面临网络游戏展现出的巨大吸引力，经常难以有效克制其行为，过分沉迷于游戏当中，耽误其正常学业和生活；现实中，未成年人还有可能借助便利的电子支付系统，短期内将大量父母账户的钱财投入网络游戏中，诸如此类的案例屡屡见诸报端。这都是双层监管结构下的防沉迷体系意图纠正的行为。如今多数网络游戏都是在运营商提供的游戏平台中展开服务，未成年人通过使用智能手机、电脑等家中便利的电子设备接入服务游玩，在这一过程中，对未成年人此类行为进行控制和纠正的最便利的法律主体有两个：网络游戏平台的运营商和未成年人的监护人。最有效的限制性规制措施应当有效调动两大主题，构建起一个双层监管结构：一方面，政府对网络游戏运营商苛以构建防沉迷系统的行为责任，运营商有义务在其提供的游戏平台中施加一系列的规则机制，如控制每日游戏时间，设置电子支付数额上限，等等；如果运营商未按照要求构建起防沉迷体系，将遭受行政处罚，严重的还有可能取缔其经营资格。另一方面，运营商构建的防沉迷系统应存在一定的自由裁量范围，监护人有权利根据

未成年人的实际年龄、心智发育程度、自控力程度等具体情况自主决定对其行为的控制力度。比如，运营商构建的防沉迷系统将每日游戏时间控制在最高不超过2小时，监护人则可在这一裁量范围内，自由调节将游戏时间限制在1小时、半小时等。这种双层监管结构的本质是：政府通过监管运营商来构建防沉迷体系；而监护人通过防沉迷体系来保护未成年人。其基本原理参见图9.1。

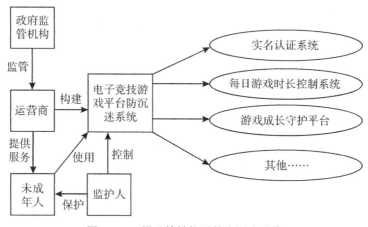

图 9.1　双层监管结构下的防沉迷系统

事实上，早在2007年，国家新闻出版总署就发布了《关于保护未成年人身心健康实施网络游戏防沉迷系统的通知》，其中提出了一个"网络游戏防沉迷系统开发标准"，这其中的一个核心制度设计是，根据累积游戏在线时间的不同，令游戏收益逐步下降，从而间接抑制未成年人的游戏在线时间。如果累积在线时间不超过3小时，游戏收益为正常；超过3小时但在5小时以内的，游戏收益降为正常值的50%；5小时以上的，无游戏收益。但该标准并未得到普遍性遵守，现实中普遍有未成年玩家通过切换游戏账号的形式规避该制度。[1] 且该标准有其明显的局限性：仅仅通过抑制游戏收益的形式来限制沉迷于游戏的时间，其有效性值得怀疑；且该机制更适用于强调游戏收益累积的非电子竞技型网络游戏，而对于电子竞技游戏来说，它更强调对抗性和技术性，游戏收益与在线时间的关联性

---

[1]　王月：《玩王者荣耀被小学生坑哭？史上最严的防沉迷系统来了》，载《电脑报》2017年4月17日。

不强，受到该种标准限制的余地更小。

近年来，随着一系列电子竞技游戏的火爆，很多著名的网络游戏平台运营商也在主动探索建立类似的防沉迷系统。尤其是近年炙手可热的电子竞技《王者荣耀》，由于接连发生了未成年人因过分沉迷该游戏而产生的负面新闻，进而招致了社会负面评价，其运营商腾讯近年来在《王者荣耀》防沉迷系统的构建上可谓不遗余力。[1] 其一为每日游戏登录时长控制系统，12 周岁以下未成年人每日限玩游戏不超过 1 小时，12 周岁以上未成年人则不超过 2 小时，超出时间将强制下线，晚上 9 时以后禁止 12 周岁以下未成年人登录游戏平台。其二为实名认证系统的强化，防止未成年人通过切换游戏账号、伪造成年人身份信息的形式规避防沉迷系统。其三，更重要的，腾讯一开始尝试建立"游戏成长守护平台"，未成年人的监护人可以通过该平台同步掌控孩子的游戏登录和消费信息；设置个性化的游戏时间规划；乃至生成孩子的游戏行为报告和咨询专家干预意见。[2] 这俨然已形成一个双层监管结构的初步框架，其中有很多优秀的经验值得推广。

二、激励性规制：构建白名单制度下的电子竞技产业促进体系

电子竞技的激励性规制措施主要针对其作为一项新兴体育运动所具有的社会意义，应当通过构建一系列产业促进法律制度的形式，坚定地推动电子竞技赛事的开展及其整体产业的发展。但是，基于电子竞技型游戏与普通电子游戏并不存在不可逾越的鸿沟，二者极易混淆，且还有可能相互转化，针对电子竞技的激励性规制措施在现实中很有可能会被"搭便车"，进而导致并不具有体育性质，但沉迷效果强烈的劣性电子游戏反而得到不适宜的优待和扶持，使其负面影响更甚。为了预防这一问题，电子竞技产业促进体系的构建须建立在"白名单制度"的基础之上。

电子竞技领域的白名单制度是指体育主管部门通过对各种类型电子游戏的甄别，将符合体育项目竞技性、公平性和观赏性要求，并得到社会普遍接受、在大

---

① 王健、伍肖、涂国文等：《预防孩子沉迷手游 谁是"第一责任人"》，载《法制日报》2017 年 7 月 5 日。

② 关于腾讯"游戏成长守护平台"更全面的内容可参见 https：//jiazhang. qq. com/jz/home. html。

型赛事中拥有稳定位置的电子竞技项目纳入一个名录当中，并根据现实电子竞技的发展状况适时对名录内容进行调整。按照这一要求，根据电子竞技发展的现状，诸如《魔兽争霸》《英雄联盟》《反恐精英》《星际争霸》等已经极度成熟和完善的电子竞技类型均可纳入名录当中。凡属于白名单所列范围的，即被认可为电子竞技型体育的，能够得到国家一系列产业促进法律制度的支持；而不在白名单所列范围的，将仍然主要按照电子游戏的标准进行限制性规制，不会受到产业扶持。白名单制度下的电子竞技产业促进体系主要具有如下三方面的内涵与功能：

其一，白名单制度有利于电子竞技规制疑难问题的有效处理——解决了电子竞技型游戏和一般电子游戏难以区分的困难。并且，白名单并非一成不变，而是根据电子竞技的发展状况进行适时调整，这也起到引导电子竞技产业健康发展的作用：一方面，未被纳入白名单的电子游戏将积极改进其游戏机制，以争取进入名单，从而获得产业扶持；另一方面，已进入白名单的电子竞技也将有动力时刻保持其游戏机制的公平性、竞技性和大众接受度，防止被新版本的白名单淘汰。

其二，在白名单范围内的电子竞技将得到产业扶持的公平性对待，从而解决了产业促进法律制度"冷热不均"的问题。电子竞技产业的发展具有强烈的不均等性特征，不同电子竞技项目受到的关注各不相同，这便有可能造成产业促进法律制度的不均等现象。以 2017 年国家杯电子竞技大赛为例，该赛事由国家体育总局体育信息中心主办，具有强烈的产业扶持色彩，但其比赛项目仅包含《DOTA2》《炉石传说》《CS：GO》《WAR3》《皇室战争》五个，存在明显的不均等表现：一方面，一些公众接受度不次于乃至高于上述比赛项目的电子竞技项目如《星际争霸》《英雄联盟》等未纳入其中；另一方面，上述五个比赛项目均面向以手机或电脑接入游戏的电子竞技平台，缺乏主机端如 PS4、Xbox 平台的电子竞技项目。① 白名单制度的构建将有利于弥补上述问题，即在名录范围内的电子竞技均可得到产业促进措施的均等化优待，享受在赛事举办、产业发展等方面更加符合公平竞争要求的政策。

---

① 以手机、电脑等接入游戏平台的电子竞技属于"电脑游戏"，除该类游戏之外，还包含以 PS4、Xbox 等交互式游戏主机接入游戏平台、以电视屏幕为显示器的电子竞技类型，它们属于"主机游戏"。中国的主机电子竞技类型之所以受到忽视，与前文所述 2000 年国务院第 44 号令造成电子游戏设备 15 年"寒冬"有关，它使主机游戏在中国的发展远不如电脑游戏。

其三，在白名单范围内的电子竞技运动，其产业促进法律制度的构建有其独特的范围和内涵，并不包含学校体育和社会体育的相关激励措施。针对电子竞技白名单所设置的激励性措施，主要局限于《体育法》第四章所规定的竞技体育法律制度范围之内，而不包含其他体育形式。结合第四章的规定，电子竞技促进法律制度应当包含电子竞技后备人才培养制度，运动员选拔和教育制度，电子竞技赛事分级分类管理制度，运动员、裁判员和教练员技术等级制度，等等。① 结合电子竞技运动的特殊性，未来还应当积极借鉴韩国等电子竞技产业发达的国家，健全运动员选拔体系，强化政府资金支持，提高自主电子竞技研发力度，等等。②

结　　语

电子竞技是一个新生事物，其在发展过程中必然同时面临溢美与非议，这是它身上所携带的电子游戏和竞技体育两类基因发生化学反应的结果。在法律制度层面，对一项新生事物的态度必须足够公允，即要充分认识到其两面性，在通过制度设计促进其良性发展的同时，又能有效抑制其负面影响，防范社会风险。本章所设计的将激励与限制相平衡的法律规制体系，即是在这一观念指导下的一些浅见。希望本研究能够有利于启发顶层制度决策者，促进我国电子竞技的长效、稳步和健康发展。

---

① 参见《体育法》第二十五至三十一条。

② 闫彦：《韩国电子竞技运动发展成功经验对中国的启示》，载《体育文化导刊》2013 年第 2 期。

第十章　数字经济与体育产业融合发展的
实践现状及规制改进

　　数字经济与实体经济的深度融合业已成为经济社会发展的重要战略和基本方向。而数字经济与体育产业融合，催生出体育产业数字化发展新模式，成为实践领域与理论研究的新热点。国务院办公厅 2019 年 8 月颁发的《体育强国建设纲要》提出，"加快推动互联网、大数据、人工智能与体育实体经济深度融合"，打造现代产业体系，培育经济发展新动能。现实观之，一方面，在数字技术跃迁和产业模式变革的推动下，数字经济快速发展。2019 年我国数字经济增加值达到 39.2 万亿元，占 GDP 的比重攀升至 38.6%，数字经济对经济增长的贡献率达到 68.2%。[①] 另一方面，在我国政策的大力推动下，体育产业快速发展，在国民经济中的地位和作用显著增强。2020 年体育产业总规模在疫情的冲击下仍然高达 27372 亿元，[②] 体育产业增加值占 GDP 比重超过 1%，预计到 2035 年我国体育产业总量占 GDP 的比重将达到 4%。[③] 整体来看，数字经济与体育产业呈现快速发展态势，二者的融合发展亦不断深入。基于此，本章拟探讨数字经济与体育产业融合发展的动力与意义，阐释数字经济与体育产业融合发展的理论基础，梳理数

[①]　中国信息通信研究院：《中国数字经济发展白皮书：2021 年》，http：//www.caict. ac.cn/kxyj/qwfb/bps/202104/t20210423_374626.htm，访问日期：2022 年 10 月 5 日。

[②]　中国信息通信研究院：《中国数字经济发展白皮书：2021 年》，http：//www.caict. ac.cn/kxyj/qwfb/bps/202104/t20210423_374626.htm，访问日期：2022 年 10 月 5 日。

国家统计局、国家体育总局：《2020 年全国体育产业总规模与增加值数据公告》，http：//www.gov.cn/xinwen/2021-12/30/content_5665345.htm，访问日期：2022 年 10 月 5 日。

[③]　中华人民共和国中央人民政府：《体育产业力争成为国民经济支柱性产业》，http：//www.gov.cn/zhengce/2019-09/03/content_5426712.htm，访问日期：2022 年 10 月 20 日。

字经济与体育产业融合发展的应用场景，总结当前数字经济与体育产业融合发展面临的现实困境，并在此基础上尝试提出数字经济与体育产业融合发展的改进路径，希冀对推进体育产业数字化发展有所助益。

第一节 数字经济与体育产业融合的动力与意义

一、数字经济的内涵特征与发展现状

数字经济是指以数据资源为关键生产要素，以现代信息网络作为重要载体，以信息通信技术的有效使用作为效率提升和经济结构优化的重要推动力的一系列经济活动。相较传统的工业经济，数字经济实现了诸多突破，蕴含着数字经济驱动产业高质量发展的内在机理。具体而言，首先，数据成为驱动经济发展的关键生产要素，数字基础设施成为新的基础设施。数据作为信息的最优载体，取得与土地、劳动、资本、技术等相并列的生产要素的价值地位，已成为数字经济发展的关键和核心。商业模式的创新、产业的数字化转型、决策流程的优化等诸方面都离不开数据的基础作用，换言之，数据挖掘成为产业升级、业务创新与社会变革的动力基础和源泉。借由数据分析，可以深度挖掘数据的内在价值，判断社会的深层次需求，不断为新产品拓展市场，进而获得较大的经济社会价值。其次，供需的精准配置成为商业模式和业态创新的重要动力。数据、技术等无形资产与实体经济的融合，使得产品更具数智化和个性化，产品供需和时空间的差距大大缩短，供需动态平衡更容易实现。以数据和数字技术为重要手段的数字经济通过创造新的生产力和新的供给手段，满足社会新的需求，从而实现商品产业化。在此意义上，数字经济时代新的产业供给和新的需求是驱动经济发展的基本动力。最后，数字平台成为新的资源配置方式。通过数据采集、聚合和分析，并借由大数据云计算、人工智能数字技术，数字平台基于平台内部资源的整合链接，实现供给和需求的精准匹配，构建一整套的生产服务体系，实现数字技术和现有技术的深度融合，使之成为产业全要素链接、资源汇聚、有效分享的重要平台。换言之，数字平台可以实现数据采集、传输的自动化与全面化，提升资源配置效率，达到服务互动的闭环管理，助力传统产业的发展。由于数字平台的功能，消费者价值导向成为实现"熊彼特创新"的重要出发点，① 通过物流、资金等传统产业环节的数字化改造，交易成本大幅度降低，产业结构得以优化。而且企业通过对产业流程中数据信息的收集和分析，可以实现从产业链前端的技术和资本到后端的消费数据的全程掌握，从而能够基于消费者的需求，进行个性化的产品定制，满足不同消费者的多元化需求。

数字经济时代，要素配置亦发生一定程度的变革。数据作为数字经济的高级要素，不仅具有规模经济效应，且边际报酬也不具有递减性。在与其他要素的关系方面，数据要素作为新型要素对劳动、资本、技术等传统要素具有渗透性，传统要素通过与数据要素的融合实现要素升级。同时，数字经济时代的经济发展也由效率驱动转化为创新驱动。

作为一种新的经济社会形态，数字经济的概念具有阶段性，其内涵和外延随着实践发展和认知改变而不断改变。② 现今，数字经济已经在最初的产业数字化和数字产业化两部分内容的基础上又加入治理数字化和数据价值化的内容。③ 随着数字技术的跃迁和产业变革的推进，数字经济的规模不断扩大，产业结构不断优化，吸纳就业的能力亦不断增强。2016—2020 年，我国数字经济规模由 22.6 万亿元增长至 39.2 万亿元，年均增长率达到 18.1%；数字经济规模占当年 GDP 的比重由 30.3% 增长至 38.6%。数字经济结构不断优化。数字产业化和产业数字化是数字经济的两大部分组成。产业数字化占数字经济的比重决定着数字经济结构优化的程度。数据显示，2016—2020 年，我国产业数字化占数字经济的比重由 77.0% 增长至 82.5%，数字经济结构呈现优化升级态势。数字经济吸纳就业的能力不断增强。2020 年我国数字经济就业岗位为 2.21 亿个，占全年总就业人数的 25.6%，数字经济领域吸纳就业人数呈现两位数增长。④

---

① 祝合良、王春娟：《数字经济引领产业高质量发展：理论、机理与路径》，载《财经理论与实践》2020 年第 5 期。

② 马化腾、孟昭莉、闫德利等著：《数字经济：中国创新增长新动能》，中信出版集团 2019 年版，第 3~4 页。

③ 赵骏：《"一带一路"数字经济的发展图景与法治路径》，载《中国法律评论》2021 年第 2 期。

④ 中国信息通信研究院：《中国数字经济白皮书：2015—2020 合集》，http://www. caict. ac. cn/kxyj/qwfb/bps/202104/t20190417_197905. htm，访问日期：2022 年 10 月 10 日。

二、数字经济与体育产业融合的动力

(一) 数字经济与体育产业融合的外在动力

数字经济与体育产业融合符合经济社会发展的一般规律，具有强大的外在和内在动力。从外在而言，数字经济与体育产业融合的动力主要包括产业政策的驱动力、市场需求的拉动力和企业竞争的推动力三个方面。具言之：

其一，产业政策的本质是国家对产业经济活动的主动干预，具有优化产业资源配置、提升产业竞争力等价值功用。[①] 21 世纪以来，中央提出全民健身的国家战略，并陆续颁发了一系列促进政策助力体育事业的发展。尤其是近些年来，数字经济与体育产业融合发展已经成为体育产业政策制定的一个重点。相关政策主要聚焦于推进"互联网+体育"发展、创新健身休闲业数字化发展、创新竞赛表演业数字化发展、创新体育用品制造业数字化发展等诸方面，旨在为促进数字经济与体育产业融合发展提供政策导向与保障。

其二，体育市场需求是催生体育消费的重要手段，体育消费则构成体育产业发展的前提和基础。随着 5G、人工智能等现代数字技术的发展普及，社会公众的体育消费需求呈现出由线下转向线上的基本趋势。2019 年，我国各年龄段体育消费总量继续呈现增长趋势，其中，"95 后"群体体育消费增长更是高达38.6%，成为互联网体育消费群体的新生力量，甚至是中坚力量。根据《2020 互联网体育消费新趋势》的统计，互联网体育消费在体育用品、运动鞋服、户外装备、健身训练等诸多品类的销售总额，呈现出超过 10% 的年均增长率。

其三，市场是配置资源的最佳方式，应当在资源配置中起决定性作用。根据市场经济的基本规律，企业作为市场竞争的直接参与者，进入特定市场的根本原因在于有利可图。体育企业在体育产业发展过程中扮演着执行者的角色，并发挥着重要作用。[②] 近年来，由于国家体育产业友好政策的推动，体育企业的活力和

---

① 苏东水主编：《产业经济学 (第四版)》，高等教育出版社 2017 年版，第 28 页。

② 杨强：《体育产业与相关产业融合发展的内在机理与外在动力研究》，载《北京体育大学学报》2013 年第 11 期。

创造力不断增强，市场主体通过相互竞争实现优胜劣汰，体育市场在供需平衡中实现较快发展。自《国务院关于加快发展体育产业促进体育消费的若干意见》(国发〔2014〕46号)颁发以来，以 BAT 为首的互联网巨头企业纷纷布局体育产业。比如，2015 年，腾讯出资 5 亿美元成为 NBA 中国未来 5 年数字媒体独家官方合作伙伴；再如，2018 年，阿里体育投入超过 10 亿元拿下中国大学生篮球联赛(CUBA)此后 7 个赛季的独立运营权。① 互联网企业积极布局体育产业领域，可能通过超强的引流能力带动体育版权变现，为数字经济与体育产业融合发展搭建良好的平台。

(二)数字经济与体育产业融合的内在动力

从内在而言，数字经济与体育产业的融合动力主要表现为数字技术的应用效应，即降低体育产业的运行成本，深化体育产业分工与生产协同，以及网络外部性对体育产业高效发展的助力。

具言之，首先，数字技术能够降低体育产业的运行成本。数字技术不仅能够降低企业数据信息采集、汇聚和处理成本，而且可以大幅度降低企业的交易成本。企业运行成本的降低能够使其获得更多的经济效益，从而在市场竞争中处于更加有利的位置。就体育企业而言，随着大数据、云计算、人工智能等现代数据技术向体育产业领域的渗透融合，体育产品能够更好地链接体育消费者，整体上降低体育消费的门槛。举例而言，体育用品零售业运用大数据分析技术，可以有效减少实体店面数量和货物中转运输成本，降低库存，降低企业运营成本。理性而论，体育企业借由数字技术实现供需的合理调配，最终受益的将是消费者。不唯如此，体育制造业中数字技术的运用，也能够提升产品生产效率和质量，增加生产经营的灵活性和市场适应性。

其次，数字技术能够深化体育产业分工与生产协同。数字经济与体育产业的深度融合，能够从整体上加速体育产业链的分工与重组，催生新的体育产业模

---

① 新华社：《体育产业调研系列稿之四：乐视"牺牲"了，BAT 却纷纷入局——欢迎来到体育版权江湖》，http：//www.xinhuanet.com/sports/2019-01/10/c_1123971950.htm，访问日期：2021 年 1 月 13 日。

式、应用和业态,进而推动体育产业分工的精细化、体育产业生产协同的智能化。随着 5G 等新一代信息通信网络的普及,智慧体育场馆业、远程体育培训业等将在其低时延、大连接等特点的推动下实现快速发展,体育产业分工将愈发精细;人工智能、数字孪生等数字技术应用到体育产业领域,将推进体育产品协同化生产。通过打破传统意义上人与人之间对体育产品与服务的供需诉求互动模式,逐渐转向人与物之间的多维度场景化互动,重构供需之间产生的经销、营销等传统供应链环节,创造个性化定制、精准化服务等体育产业新模式,加速体育产业的创新发展。

最后,数字技术网络外部性助力体育产业高效发展。网络外部性是指某项产品或服务的价值会随着用户数量的增加而提升的现象,即商品或服务的额外价值与用户数量呈现明显的正相关关系并呈现出需求方的规模经济效益。[①] 归根结底,数字技术的基本价值功用体现为网络用户黏性及其网络用户端的连接数量,与网络的外部性相关。就体育产业来看,体育赛事直播平台直播世界杯、NBA、欧冠等热门体育赛事,在线观看用户人数高达千万级,并由此带来广告植入、商业赞助和短视频开发等收益行为。数字技术的跃迁式发展,加之网络外部效应,体育企业与消费者之间建立起广泛的链接,体育消费群体所得效用呈几何倍数增长,形成正外部性经济效应,促进体育产业高效发展。

三、数字经济与体育产业融合的意义

数字经济作为新科技革命的产物,本质上是一种新的经济形态和资源配置方式。[②] 数字经济与体育产业的融合发展能有效适应新时代经济转型升级的需求,推动体育产业的高质量发展。

详言之,一方面,数字经济与体育产业融合发展有利于深化体育产业供给侧结构性改革。实际上,供给侧结构性改革不仅强调供给,而且也关注需求,在总需求适度扩大的同时,加强生产领域的优质供给,从而使供给体系能够更好地适

---

① 黄柏淛、朱小栋:《移动社交类 App 用户持续使用意愿的影响因素研究》,载《现代情报》2016 年第 12 期。

② 张新红:《数字经济与中国发展》,载《电子政务》2016 年第 11 期。

应需求结构的变化。[①] 必须承认的是，我国体育产业的发展存在市场较为薄弱、消费能力不强等供需错配和结构性矛盾问题，体育产业的供给侧改革面临一定的困境。而正如前文所言，通过运用大数据、云计算、人工智能等新一代数字技术，可以打破传统供需调配模式，转向个性化、定制化的新型供需匹配方式，从而做大做强体育市场；而通过推进健身休闲业、竞赛表演业等体育主导产业与数字经济的融合，能够发挥平台经济优势，促进体育产业结构向合理化和高级化发展。一言以蔽之，数字经济通过改变传统体育供需配置方式，深化体育产业供给侧结构性改革，促进体育产业高质量发展。

另一方面，数字经济与体育产业的融合发展有利于建设现代体育产业体系。作为介于微观经济学与宏观经济学二者之间的概念，产业体系通常指三大产业的结构比例关系及各产业内部的结构比例关系。细言之，产业体系包括从工业主导转向服务业主导、从低端化转向高级化两个维度。[②] 体育产业作为现代产业体系的重要组成部分，亦遵循上述两个维度的发展逻辑。就前者而言，体育产业因规模相对较小，可以通过数字技术赋能体育产业，促进体育产业数字化转型发展。就后者而言，由于体育服务业规模相对偏小，通过数字技术赋能体育服务业，扩展体育服务业数字化发展空间，搭建适宜体育市场健康发展、体育消费有序推进的现代体育产业体系。

此外，数字经济与体育产业的融合也有利于推动体育产业成为国民经济支柱性产业。支柱型产业指的是具有推动产业结构优化升级的功能，能够促进就业吸纳和经济社会发展的产业类别。现今，我国体育产业尚存在吸纳就业数量较少、内部结构不合理、整体规模较小等系列问题，还不具有作为国民经济支柱产业的能力。借由数字经济与体育产业的深度融合，尤其是现代数字技术的应用，可以降低体育企业的交易成本，深化体育产业领域的生产分工和协同，提升体育企业的正外部性效应和规模经济效应，实现体育产业的经济效益、生态效益和社会效益的有机统一。申言之，通过大数据、与计算、人工智能等现代数字技术的应

[①]　求是网：《习近平这样部署供给侧结构性改革》，http//www. qstheory. cn/zhuanqu/rdjj/2019-02/26/c_1124164133. htm，访问日期：2021 年 5 月 21 日。

[②]　高培勇、杜创、刘霞辉等：《高质量发展背景下的现代化经济体系建设：一个逻辑框架》，载《经济研究》2019 年第 4 期。

用，健身休闲、竞赛表演等核心体育产业将蓬勃发展，加快推动体育产业成为国民经济支柱性产业。同时，数字经济时代，传统就业形式和方式也发生深刻的结构性变革，共享经济、平台经济等新型经济业态业已打破了传统组织结构的边界，为体育产业带来更加灵活多样的就业方式，容纳就业能力显著增强，体育产业成为国民经济支柱型产业发展新的动能。

第二节　数字经济与体育产业融合发展的理论基础

一、供需关系理论

根据马克思主义政治经济学，供给和需求构成市场经济的一体两面，而新技术和新生产力则能影响供需关系的调整。[①] 现今，在"双循环"新发展格局背景下，供给侧改革和需求侧管理被提升至十分重要的地位。数字技术驱动的数字经济本质上是传统经济在新技术革命驱动下的生产力与生产关系调整的过程。在此过程中，数字技术带来的新生产力因受传统企业管理模式、生产组织方式和要素投入方式束缚，而发生生产关系与市场需求的变化难以匹配的问题，进而造成供给和需求二者间出现长期错配。[②] 职是之故，数据资源和数字技术所带来的新供给需要，只有在消费新需求的拉动下达至产业化和商品化，才能集聚形成新的产业价值，塑造"新供给创造新需求，新需求牵引新供给"的互动型供需格局。就体育产业来看，优化供需结构是数字经济与体育产业融合发展的首位需求。在供给层面，体育产业提质增效以新供给为基础。传统来看，体育产品的生产与服务的供给在较大程度上依赖于劳动力、土地、资本等传统生产要素，对能源消耗和生产空间的要求也较高，且产品以大规模批量生产为主，服务模式较为单一。而伴随大数据、云计算、人工智能等数字技术的应用推广，以个性化定制和智能化制造为代表的新型生产方式使得产品精量化供给成为现实，线上线下相结合的供

---

① 任红梅：《马克思经济学与西方经济学供给需求理论的比较研究》，载《西安财经学院学报》2016 年第 6 期。

② 周爱光、杜高山：《新常态视野下我国体育产业发展研究》，载《体育学刊》2016 年第 6 期。

给方式也催生了智慧物流、体育用品新零售等新型服务业态。在需求层面，体育消费扩容升级的关键抓手在于新型产品和服务的创造。随着大数据、区块链、云计算等现代数字技术的应用，体育产品的研发、设计和制造更加符合消费者的个性化需求，同时网络化、数字化、智能化成为体育企业开发新产品的基本特征，定制化、体验化、场景化也随之成为体育企业创造新服务的基本要求。①

二、产业融合理论

产业融合理论认为，两种具有较强经济关联度的产业，通过市场、技术和资源等相互渗透与交叉重组，能够有效打破传统产业边界的限制，形成新的产业形态。② 就内容观之，产业融合涵摄技术融合、业态融合、市场融合三种形式。数字经济背景下，新一代数字技术作为产业融合的驱动工具，伴随产业数字化和数字产业化过程不断向各个产业领域拓展延伸，催生了形式各异的新产品和新服务，形成了"数字技术+实体经济"的产业融合新范式。归根结底，数字经济与体育产业融合发展的实质表征就是数字技术在体育产业领域的应用和延伸，能够极大提升体育产业的竞争力和发展活力。

三、创新发展理论

熊彼特"创新"理论提出，创新通过建立一种"生产函数"，实现对生产条件或生产要素的"新组合"，本质上是打破旧结构、推进新方式的"创造性毁灭"过程。③ 申言之，上述"生产条件"或"生产要素"的新组合通常涵盖生产平台、生产工具、生产目标和生产方式的结构性调整，契合供给侧改革关于产业组织创新的基本要求。作为创新性经济形态，数字经济将数据要素渗透至传统产业链，借由建立"数字生产函数"形成以消费者为中心的"熊彼特"创新机制。就体育产业而言，数字经济与体育产业融合驱动供给侧结构性变革主要表现在平台创新与生产

---

① 白宇飞、杨松：《我国体育产业数字化转型：时代要求、价值体现及实现路径》，载《北京体育大学学报》2021年第5期。

② 薛金霞、曹冲：《国内外关于产业融合理论的研究综述》，载《新西部》2019年第30期。

③ ［美］约瑟夫·熊彼特著：《经济发展理论》，何畏、易家详译，商务印书馆1990年版。

创新上。就平台创新而言，大数据交易平台、工业互联网协同平台和体育企业"数据中台"建设，有益于体育企业内部各部门间、各企业间实施"横向"的网络平台协作，形成包容开放的新型产业竞争与合作关系，进而推动产业增值渠道的延展，即由传统的研发、生产或流通单点增值环节向信息与技术组合而成的增值面延展，最终实现提升体育产业链上下游信息流、物流以及资本流循环效率的效果。[①] 就生产创新层面而言，数字经济时代，柔性化、自动化的体育产品生产模式将逐步取代传统的定点作坊代工、贴牌和机器流水线生产模式，体育产品生产的质量和效率将得到大幅度提升，其收益将远远高于生产企业数字化转型的成本。与此同时，实物产品的智能化和服务产品的线上化将催生以精神消费为主导的新型消费模式，进而倒逼体育企业增加享受性、服务性产品的供给量，从而推动产品生产由"定量"向"定制"的转变，大幅度减少体育产品库存积压，减少资源浪费。

四、长尾效应理论

长尾效应理论是指，只要产品的存储和流通的渠道足够大，需求不旺或销量不佳的产品所共同占据的市场份额可以与那些少数热销产品所占据的市场份额相匹敌甚至更大，即众多小市场汇聚成可产生与主流相匹敌的市场能量。数字经济时代，随着物流、仓储渠道的拓展和交易成本的降低，大量处于市场边缘的分散的产品和服务依然能够通过平台的宣传曝光和信息推送优势来提高产品市场份额，以削弱主流市场在销售方面的垄断地位。[②] 当非主流市场的体量和产出贡献率达到一定临界值时，其"冷门产品"也能通过销量累积获得与"畅销产品"一样的竞争价值，推动边缘市场的利润曲线不断延伸，呈现出"长尾效应"。就体育产业来看，长尾效应滥觞于赛事营销市场，即以赛事为核心而展开的广告赞助、游戏制作、纪念品销和节目选秀等边缘市场开发。近年来，数字平台迅猛发展，不仅拓宽了企业盈利时间和空间，也促进了消费者的消费便利化，体育产业实现长尾经济效应具备了基本条件。详言之，一方面，数字经济时代，体育消费者的搜索成本和选择成本大幅度降低。随着电商平台的迅猛发展和功能优化，体育用

---

① 李艳丽、杜炤：《我国体育产业数字化转型研究》，载《体育文化导刊》2020 年第 10 期。

② ［美］克里斯·安德森著：《长尾理论》，乔江涛译，中信出版社 2006 年版。

品经营者能够将其产品和服务进行类型化的细分并展示在交易平台上，同时能够通过对平台用户实施数字画像直接向消费者推送契合其兴趣的体育产品和服务。由此，消费者能够快速准确地获知产品信息，缩减体育消费的时间成本并大幅度提升交易的成功率。另一方面，数字经济时代，体育企业创收渠道有所拓展，产出规模和效益亦有所提升。由于受新型冠状病毒性肺炎疫情的影响，健身休闲、体育培训等体育服务业的业务活动逐渐由线下转向移动终端等线上平台，因此开发出各类性价比高的数字体育服务，有助于发挥网络外部效应，吸引更多用户进行居家体育消费。此外，随着流媒体平台和社交平台的日渐普及，网络直播、大众点评等新型服务业态也使得体育产品的曝光度大幅度提升，小众体育产品的规模化、市场化进程开始提速，中小体育企业也可以享受规模经济效益。

第三节　数字经济与体育产业融合发展的应用场景

概括而言，数字经济与体育产业融合发展具体表现为如下方面：一是竞赛表演业的数字化转型，体育产业与 5G 产业相融合，有助于体育智能产品市场和赛事直播市场的发展，满足体育客户"快消费"的体验需要；二是体育中介服务业的数字化转型，体育产业与区块链等数字技术相融合，有助于体育产业要素资源市场化高效配置；三是体育制造业的数字化转型，体育产业与工业互联网相融合，有助于体育制造业与体育服务业融合发展。下文将通过两个例证详细呈现数字经济与体育产业融合发展的应用场景。

一、5G 技术与竞赛表演业的融合应用：以中国移动咪咕公司直播 CBA 赛事为例

竞赛表演业是体育产业的核心产业和本体产业，推动竞赛表演业的数字化转型构成体育服务业提质增效和体育产业结构优化升级的必然要求。[①] 当前。作为竞赛表演业探索数字化转型的主要技术工具，5G 通信技术被广泛应用于体育赛事直播等领域。凭借高可靠、低时延、海量连接和网络超高带宽等优势特征，

[①]　刘佳昊：《网络与数字时代的体育产业》，载《体育科学》2019 年第 10 期。

5G 技术有效消解了传统体育赛事直播存在的信号传输不稳定、语音不同步、视频不清晰且卡顿等问题，实现了 4K 和 8K 超高清视频的稳定传输，群众的体育赛事观赏体验得到极大的优化提升。

追根溯源，为应对数字经济催生的海量设备的连接需求、移动数据流量的爆发式增长以及新应用场景的不断涌现，第五代通信技术（5th Generation），即 5G 通信技术应运而生。当前，5G 技术因具备大连接、高速率和低时延的技术优势而已渗透到经济社会的方方面面。早在 2019 年 6 月，工信部就已经向中国电信、中国移动、中国广电和中国联通四家电信企业发放 5G 商用牌照。此举也标志着我国正式步入 5G 商用元年。赋能产业数字化发展，实现 5G 技术与实体经济的深度融合是 5G 技术成功商用的核心和关键。可以说，5G 通信技术为体育产业数字化转型开辟了新的途径，体育产业的产业链因 5G 通信技术的应用而全面发展，在产业链上游升级基站，中游优化网络服务，下游拓展数字化应用场景，为高质量的体育赛事传播提供强大的网络支撑。[①]

作为开启第四次工业革命的"钥匙"，5G 通信技术不仅会在普通消费者领域产生重大影响，而且更会在行业应用领域创造无限商机。中国移动是全球最大的通信运营商，同时也是最早开启 5G 通信技术研发的企业之一。为超前布局 5G 业务，中国移动成立了专门面向移动互联网的咪咕公司，不仅在体育、文娱等领域拥有海量的数字内容，更在 5G+VR/AR+4K/8K 等方面累积了丰富的实践经验。同时，作为中国最具影响力的篮球联赛，中国职业篮球联赛（CBA 联赛）拥有庞大的球迷基础。咪咕公司与 CBA 联赛合作推动体育赛事直播，是 5G 应用商业模式创新的一大典型案例，实现了场馆服务、商业增值和用户体验三大升级，有效推动了体育产业的数字化转型和数字经济的增长。具体而言：

首先，5G 技术凭借高速率、低延时和恒稳定的技术优势，为体育赛事直播提供了更好的观赛体验。2019 年 1 月 18 日，北京首钢对阵浙江广厦控股的 CBA 常规赛比赛，中国移动咪咕公司运用 5G 通信技术进行直播，打造了全球首场 5G+真 4K 体育赛事直播。在赛事直播中，5G+边缘计算技术的应用不仅使得场外

---

① 吴承忠：《5G 智能时代的文化产业创新》，载《深圳大学学报（人文社会科学版）》2019 年第 4 期。

观众可以看到现场画面的时延降低，而且场内观众也可以通过手机看到最佳视角的高清图像。5G 通信技术支持的 4K 直播体育赛事，具有赛场画面更逼真、观看更流畅和画质更清晰三大优点。中国移动咪咕公司通过 5G+计划，充分探索 5G 技术与 CBA 赛事内容和观赛场景之间的融合，通过业内首创的 5G 云观众、5G 云包厢、VR/AR、AI 智能剪辑、无人机直播、自由视角、超高清等核心技术，为球迷提供"5G+体育"的全场景沉浸式体验。

其次，5G 技术提升移动网络的功能，重塑了赛事直播中的采、编、播流程。5G 开启了新的智能时代革命，包括体育产业在内诸多产业领域在其推动下开始实施数字化转型，人与物、物与物的连接开始逐步实现。CBA 联赛直播中 5G 通信技术的应用，使得移动网络的处理能力和承载能力大幅度提升，体育媒体人员的传统采编播流程并因之而发生改变，高清、超高清信号的采集与传输得以极度简化。5G 技术使得视频采集终端更加移动化和多样化，信息存储和编辑变得更为便捷化，播放和互动也更为流畅化。咪咕公司通过"技术+内容"的双轮驱动，从产业创新技术应用到用户群体服务，不断深耕 5G+体育产业，在 5G 创新应用领域的探索上长期处于领跑地位。

最后，5G 技术在较大幅度上提升了连接密度与流量密度，可以保障高标准的通信要求并推动赛事服务的数字化创新。相较上一代通信技术，5G 技术使得设备连接密度提升了 10~100 倍，流量密度提升了 1000 倍。正因如此，大型赛事高负荷场景的通信需求得以满足。需要注意的是，咪咕公司的实践探索仅仅是 5G 通信技术与竞赛表演业融合的开始，随着 5G 通信技术与竞赛表演业的深度融合，应用场景将会不断创新，产生更多的数字化赛事服务。2020 年 10 月，为在 5G 智慧转播、5G 智慧平台及衍生品等领域进行深度合作，咪咕公司与 CBA 联盟成立了 5G 联合实验室，助力 CBA2.0+转型升级。[①]

二、区块链技术与体育中介服务业的融合应用：以 vSport 体育价值链为例

区块链具有防篡改、可信任和不可逆的特性，本质上是一个由数据区块通过

---

① 沈克印、曾玉兰、董芹芹等：《数字经济驱动体育产业高质量发展的理论阐释与实践路径》，载《武汉体育学院学报》2021 年第 10 期。

链式结构组成的去中心化分布式共享账本系统。通过使用数学和密码学巧妙的分布式算法，区块链技术无须借助任何中心化机构的管理就能建立起稳固的共识机制。借由区块链载体，体育中介服务企业通过让线下各类体育资产"上链"，可以实现体育资产的通证化，再借由完善的利益共享机制向各权益主体分发通证，达到权益的合理化分配。理性来看，体育资产权益分配中区块链技术的应用，能够有效增进利益相关者之间的信任，降低各方主体的沟通协调成本，为体育产业的价值表现、价值聚拢、价值流通、价值变现提供高效解决方案。

举例而言，作为全球首个基于区块链技术的体育价值流通和交易平台，vSport 在现有区块链技术的基础上进行创新并应用于体育产业。vSport 体育价值链通过鉴定评估体育资产的真实价值，并转换成对应价格的加密货币，打造价值区块和形成价值链条，实现体育资产的"上链"流通和价值交换，进而构建体育产业价值闭环。截至目前，vSport 体育价值链已成功应用于俱乐部资产通证化、彩票销售、体育公益活动募资、球星专属数字资产交易等场景，有效消解了体育产业变现难、融资难等问题。具体而言：

其一，vSport 体育价值链使得体育产业的影响力更容易变现。究其根本，vSport 创建体育价值链的直接原因就在于旧模式无法有效聚拢凝练体育产业的价值、流量和影响力，而 vSport 体育价值链通过将上述要素聚拢使体育企业从传统市场中重新获利。通过打破体育产业不同业态间条块分割的状态，vSport 建构起包括俱乐部、门票销售、体育竞猜、体育媒体、赛事运营等在内的规模庞大的链上社区，实现各个环节与模块的互联互通与流量共享，体育产业影响力被汇聚到一起，并在区块链体育生态圈中共同创造价值。不仅如此，vSport 还放眼全球，不断寻找招募优质生态合作伙伴。当前，其公有链现已聚合了包括运动营养领军企业康比特、世界顶级足球俱乐部和足球巨星等在内的诸多世界级体育资源。

其二，vSport 体育价值链使构建合理的利益分配机制更简单和容易。原本难以被量化的成员贡献可以借由区块链固有的不可篡改、去中心化的特质得到准确且公正的衡量，从而易于形成稳定合理的分利模式，促进利益相关者形成规模庞大的体系，并推动体育事业的规模化发展。比如，作为一支历史悠久且曾经获得过荷兰冠军杯的足球俱乐部，乌特勒支俱乐部（DHSC）可以在 vSport 上借由区块链技术实现重新构建，利用区块链不可篡改、去中心化等技术特质，在俱乐部会员间建立合理的利益分配机制。通过区块链技术对会员架构的重新塑造，DHSC 俱乐部原本松散的会员关系得以有效整合，建立起新的体系严密的组织结构。

其三，vSport 体育价值链使体育产业的资金募集更灵活和可行。通过 vSport 的体育价值链，体育产业的资金募集可以开拓新的出路，申言之，可将 VSC 与体育俱乐部、球星、足球场等体育资产的真实价值相互锚定，通过向其发放权益通证方式，使线下体育资产大规模"上链"，投资者和体育爱好者购买通证作为相关权益的证明，并从资产增值中获得分红。作为一种非常灵活的融资方式，vSport 体育价值链发放的权益通证事实上通过资产拆分的方式将体育赛事、体育场馆这类大型资产细化，从而能够有效拓展投资主体的种类和范围，体育爱好者等个人投资者亦可参与其中。

第四节　数字经济与体育事业融合发展的现实困境

一、体育产业数字化转型的规制难度大与法律法规滞后并存

在数字经济时代，生产关系和生产方式都发生了深刻变革，需要构建相应的监管体制与法律法规体系。数字经济与体育产业的融合发展，亦即体育产业的数字化转型，给现有监管体制和法律法规带来了诸多挑战。

一方面，数字经济与体育产业的融合发展的规制难度较大。数字经济时代，市场主体跨界扩张的门槛渐趋降低，甚至消失，各个产业领域的边界被打破，各类产品间可借由组合创新的方式实现功能扩张，交叉监管的现实在很大程度上挑战着不同领域监管机构的监管能力。[1] 通常而言，制度规范会在一定程度上落后于市场发展，应当通过不断完善规制规则，满足新业态不断创新发展的需要。[2] 在数字经济与体育产业的融合发展进程中，随着体育产业的快速数字化转型，以往的体育市场监管体系无法有效适应体育产业新消费、新业态、新模式下涌现的

---

[1]　杨卓凡：《数字化转型带来的经济社会变革与监管挑战》，载《新经济导刊》2019 年第 3 期。

[2]　中国信息通信研究院：《中国数字经济发展与就业白皮书：2019 年》，http：//www. caict. ac. cn/kxyj/qwfb/bps/201904/t20190417_197904. htm，访问日期：2021 年 5 月 20 日。

监管需要，挑战着传统监管方式。可以说，滞后的传统监管体系已经成为数字经济与体育产业融合发展的阻滞和障碍。从现实来看，数字经济时代的政府体育市场治理水平和治理能力尚存在较大的不足，体育产业领域的市场准入和负面清单制度尚未涉及体育产业数字化转型的内容，相关监管政策体系也尚未建立。

另一方面，数字经济与体育产业融合发展的法律法规滞后。建立健全适配于数字经济时代的法律体系，尤其是数据相关立法，可以更好地释放数据要素价值，促进数字经济的发展。[①] 在数字经济时代，当前普遍滞后的法律法规已无法适应体育产业数字化转型催生出的新商业模式。数据资源构成体育产业数字化转型的核心要素资源，数据权属立法的滞后性成为体育产业数字化转型的重要障碍。数字技术在提高体育产业生产经营效率和推动创新的同时，也造成网络安全、隐私权与知识产权保护和劳动保障等一系列新的问题。[②] 比如，智慧体育场馆作为体育场馆数字化转型的产物，在票务接口数字化方面就面临用户数据信息保护的难题。再如，线上培训作为体育培训数字化的产物，则面临教学视频的知识产权保护问题。上述诸端都会因数据和知识产权方面法律法规的缺失而给企业数字化转型造成困难。

二、体育产业领域的"数字鸿沟"与"数据孤岛"并存

随着数字经济与实体经济的深度融合，数字化转型成为各产业领域的必然选择。数据作为核心要素资源，不同地域、不同群体之间的数据获取并不相同，存在较大的"数字鸿沟"（Digital Divide）。同时，相关产业业态之间的数据也联系不紧密，存在"数据孤岛"现象。上述问题使体育产业数字化转型面临着一些困难。具体而言：

其一，"数字鸿沟"现象。数字鸿沟具体是指在全球数字化进程中，不同国家、区域、行业、企业、社区之间，由于对信息、网络技术的拥有程度、应用程度以及创新能力的差别而造成的信息落差及贫富进一步两极分化的趋势。从现实

---

① 何伟、张伟东、王超贤：《面向数字化转型的"互联网+"战略升级研究》，载《中国工程科学》2020 年第 4 期。

② 马化腾、孟昭莉、闫德利等著：《数字经济：中国创新增长新动能》，中信出版集团2019 年版，第 251 页。

来看，我国与发达国家之间、国内不同区域间、城乡之间、不同产业之间、各年龄段人群间都存在着一定程度的"数字鸿沟"现象。[①] 体育产业数字化转型因"数字鸿沟"现象的存在而面临着一定的阻碍。根据《2014 年全民健身活动状况调查公报》，互联网作为获取体育信息的重要途径在城乡居民和不同年龄段人群间存在较大差距。申言之，城镇居民从互联网中获取体育信息的比例比乡村居民高7.5%，20~29 岁人群从互联网获取信息的百分比最高，为 17.8%，年龄越大，通过互联网获取体育信息的人数百分比越低，50 岁以上的群体基本上不从互联网获取体育信息。

其二，"数据孤岛"现象。数据不仅仅是对生产活动信息的记载，而且会与业务深度融合。[②] 随着数字经济与体育产业的深度融合，体育企业内部、体育企业与外部企业的数据交互需求将会日益强烈。比如，体育产业与旅游业、住宿餐饮业之间，需根据体育市场需求变化，整合数据信息，实现互通互联，提升体育产业及其相关产业的整体发展水平。从现实来看，条块分割的管理体制使各行业部门间的业务交流不顺畅，数据信息共享受阻，制约了包括养老产业和体育产业等在内的大健康产业融合发展。同时，传统体育制造业与现代体育服务业并不存在紧密关联，二者间的"数据孤岛"造成体育制造企业与体育服务企业实施上处于的业务隔绝状态。

三、体育企业数字化转型的高成本与长周期并存

作为体育产业发展的微观市场主体，体育企业的数字化转型决定着体育产业的整体发展状况。从现实来看，体育企业的数字化转型面临成本较高和周期较长的难题，阻滞了体育产业整体的数字化转型进程。

首先，体育企业的数字化转型成本较高。实践中，企业数字化转型是一项复杂的系统工程，耗资巨大、历时较长。[③] 根据《中国产业数字化报告（2020）》，我

---

① 杜振华：《"互联网+"背景的信息基础设施建设愿景》，载《改革》2015 年第 10 期。
② 中国科学院科技战略咨询研究院课题组著：《产业数字化转型战略与实践》，机械工业出版社 2020 年版，第 61 页。
③ 国家信息中心信息化和产业发展部、京东数字科技研究院：《中国产业数字化报告 2020》，第 22~24 页。

国产业数字化转型存在较大的投入不足问题，仅有14%的企业数字化转型投入超过年销售额的5%。目前，我国体育产业领域的市场主体整体数量一般且规模偏小，骨干体育企业非常稀少，中小微体育企业活跃程度不高，数字化转型的成本压力较大。一般而言，企业数字化经营涵摄市场调研、业务流程的重新梳理、针对市场的数字营销、培养数字化营销专业人员、系统硬件使用等一系列费用，前期成本投入较大。① 比如，安踏作为我国大型体育用品制造企业，在数字化转型方面的投入将超过 10 亿元，② 不难想象，中小体育企业基本不可能负担得起如此大的数字化转型成本。

其次，体育企业的数字化转型周期较长。从顶层设计到落地实施，企业数字化转型需要一套复杂的商业流程改造，包括数字化组织架构建立，数字化营销转型，生产线、供应链、财务流程等内部管理流程的数字化等。除此之外，企业数字化转型不仅仅是技术的更新，而且也是组织运营和经营理念等全方位的升级变革，最终实现整体性、战略性、规范性、安全性、协同性和可操作性，这需要经历较长的时间周期才能最终实现。尤其就体育产业而言，其属于适合渐进式发展的慢产业。《国务院关于加快发展体育产业促进体育消费的若干意见》发布后，体育产业历经数年发展，更加鲜明地呈现出发展周期较长的特征。③ 总而言之，在数字经济时代，体育产业既处于最好的发展时期，也面临数字化转型带来的深度变革难题，为此，需要积极适应体育产业的发展规律，引导体育企业转变发展方式，通过数字化转型实现高质量发展。

四、体育产业数字化人才短缺与结构性失业风险并存

体育产业的繁荣发展离不开高质量的产业人才队伍。④ 体育产业的数字化转型对体育产业领域的数字化人才存在巨大的需求。从现实来看，随着数字经济与体育产业融合的进程加速，体育产业领域同时存在数字化人才短缺和结构性失业

① 朱晶裕：《企业到底该花多少钱做数字化转型？》，https//www. cnwebe. com/articles/125257. html，访问日期：2021 年 5 月 2 日。
② 晋江新闻网：《率先实现规模化应用安踏开启设计数字化变革》，http：//news. ijjnews. com/system/2020/10/12/030041047. shtml，访问日期：2021 年 5 月 2 日。
③ 珂珂：《体育产业须下高质量发展的慢功夫》，载《光明日报》2019 年 10 月 8 日。
④ 国家体育总局人事司：《新中国体育人才工作发展研究》，载《体育文化导刊》2019 年第 11 期。

风险的双重问题,数字经济驱动体育产业高质量发展面临一定程度的阻碍。

具言之,一方面,体育产业数字化转型存在人才短缺的基本问题。在数字经济与体育产业融合发展进程中,数字化人才是决定企业数字化转型的关键要素。实践中,我国面临信息与通信技术人才短缺的问题,根据《中国产业数字化报告2020》,我国企业信息与通信技术人员占总员工的比重仅为 1.0% ~ 1.5%,我国体育产业领域数字化人才短缺问题可见一斑。就我国经济社会发展状况观之,产业人才供给结构的调整无法紧跟产业结构变化的步伐。① 作为服务业的基本范畴,体育产业的数字化转型过程实际是体育产业结构不断优化升级的过程,对数字化人才的需求呈现不断扩张的趋势,然而,目前由于尚无专门的体育产业数字化人才培养机构或单位,体育产业数字化人才培养渠道不畅,体育市场存在供给端人才短缺的困境。

另一方面,体育产业领域同时存在结构性失业的风险。结构性失业是指市场结构、产品结构、产业结构等的发展变化造成劳动力市场供需不匹配而引发的失业,具有职位空缺和劳动者失业并存的特点。深究之,同时具备如下两个条件就会存在结构性失业的风险:一是社会劳动力需求结构因经济变动而发生变化;二是劳动力供给结构因主客观条件的限制无法迅速针对需求结构变化做出相应调整。随着现代数字技术在体育产业领域的融合应用,体育企业的组织分工和生产效率发生根本性变化,尤其是数字化营销和平台化运营创造了对数字化人才的巨大需求。然而,因缺乏数字技术的操控能力,传统体育人才短期内无法适应体育产业数字化转型的要求。这也在很大程度上增加了体育产业结构性失业的风险。进一步而言,体育产业领域的结构性失业风险主要体现在如下两方面:一是机器人替代低端劳动者的风险。整体来看,我国体育制造业在全球价值链中处于中低端,主要从事常规性、重复性的生产组装工作,劳动者的知识层次较低,存在较大的被机器生产替代的可能性。二是生产效率提升造成的失业风险,数字经济与体育产业融合发展使得体育产业的分工日趋精细化和专业化,即使劳动需求量保持不变,体育产业领域也会因较少劳动力能完成较大生产规模而极大降低劳动力需求。

---

① 中国信息通信研究院:《中国数字经济发展与就业白皮书:2019 年》,http://www.caict.ac.cn/kxyj/qwfb/bps/201904/t20190417_197904.htm,访问日期:2021 年 5 月 20 日。

第五节　数字经济与体育事业融合发展的改进路径

一、推进体育企业数字化转型

一般而言，企业的数字化转型涵盖企业战略、商业模式、营销、管理、商品和企业文化等整体的数字化转变。体育市场的发展活力和体育产业的发展状况通常以体育企业的数量与规模作为衡量标志。体育企业的数字化转型应当从体育企业的商业模式数字化、产品数字化、营销数字化和管理数字化等方面予以推进。

(一)商业模式的数字化转型

数字经济时代，体育企业的商业模式数字化转型依赖于数字平台的驱动力。作为双边或多边市场，数字平台在现代数字技术支撑下能够使两个或多个潜在交易主体完成交易。基于网络外部性效应，数字平台能够在很大程度上整合消费者、生产者与第三方的需求，创造新的商业模式。体育企业的数字化转型催生出以 C2B 为代表的能整合生产制造、物流、消费等多个流程的新型商业模式。与工业经济时代以经营者为中心、以商业资源供给创造需求和驱动需求的 B2C 模式不同，C2B 模式通过数字技术为消费者赋能，进而引致消费者端发生改变。申言之，[①] C2B 模式遵循"用户为中心"的商业逻辑，通过市场力量倒逼供给，促进企业吸纳消费者共同参与产品的研发、设计和生产等环节，达至个性化服务与定制化生产相结合，实现价值共创，推动企业整体商业模式的转型。

(二)产品的数字化转型

产品数字化是指通过数字技术改变产品的功能和形态，涵盖体育产品的生产、销售和服务等诸方面。根据《体育产业统计分类(2019)》，体育产业涵摄竞赛表演、健身休闲、体育用品制造、体育培训与教育等 11 个子业态。一方面，

---

① 汤潇著：《数字经济：影响未来的新技术、新模式、新产业》，人民邮电出版社 2019年版，第 100 页。

应当通过推动体育产业子业态产品的数字化转型,积极促进体育商业模式的创新,充分利用新一代数字技术创造个性化的产品与服务,推动体育市场的多元化;另一方面,应当积极利用数字技术赋能体育产品,推动体育产品的功能升级。比如,就体育智能可穿戴设备而言,可以通过体育用品制造业的数字化转型,升级传统体育产品的功能,提升体育产品的便捷化和智能化水平。

(三)营销的数字化转型

正如有学者所言,"数字营销是数字化转型的关键"。[1] 体育企业应当积极利用现代数字媒体、数字技术等,增加与用户互动,提升用户体验,推进体育营销的数字化转型。具体来说,一是通过社交网络进行营销。社交网络营销是建立品牌口碑的有效途径,换言之,社交网络营销可以通过粉丝经济、平台经济效应提升体育品牌的口碑,提升体育品牌影响力。二是增加线上线下的合作互动。可以考虑通过发放体育产品消费券的方式,引导用户积极转发产品与服务,深度参与线上互动,搭建厂商与消费者间的良性互动平台。三是提升线上线下的便利性和一致性。具体而言,加强线上线下购物环境和消费服务保障的一致性,以及消费环境的便捷性,提升体育消费者的忠诚度,增加用户粘度。四是提升用户参与度。数字技术向体育产业领域的渗透能够通过需求倒逼供给,创造新的商业模式。易言之,体育企业应当积极吸纳消费者参与体育产品与服务的研发和设计,提供更加精准化的产品服务,满足消费者的个性化需求。

(四)管理的数字化转型

为了实现管理的数字化转型,可以大幅度提升体育企业的运行效率。为此,首先,体育企业应当提升数字化转型的战略地位。体育企业应在明确数字化转型整体战略目标的基础上,制订阶段性目标、任务分工和主要战略举措,推动企业数字化转型。其次,体育企业需要调整组织结构。可以考虑设置企业数字化转型的专门部门,明确企业的数字化业务职能,以便更好地适应企业数字化转型的要

---

[1] 马化腾、孟昭莉、闫德利等著:《数字经济:中国创新增长新动能》,中信出版集团 2019 年版,第 240 页。

求。再次，体育企业需要建立数字化平台。数字化平台是适应未来去中心化领导之组织结构发展方向的必然选择。通过推动体育企业管理的数字化转型，提升生产效率和柔性化水平。最后，需要加强多方合作，探索"政产学研用+人才服务平台"为一体的数字化人才培养体系和人才输送体系，主动吸收其他行业数字化人才加入体育产业领域，建设专家咨询机制，筹建能够为产业数字化转型提供决策意见的"体育智库"。[1]

二、促进数字经济与体育产业深度融合

数字经济时代，大数据、云计算、人工智能等现代数字技术有向体育产业的渗透，为体育产业的高质量发展带来了广阔的空间。推进数字技术向体育产业的渗透融合，加速体育产业的数字化转型，是数字经济时代体育产业高质量发展的必然要求。

(一)体育制造业的数字化转型

数字经济时代，制造业兴起"新制造"的潮流，通过将数字技术融入生产过程实现柔性化生产、个性化定制和智能化制造，最终产生出新的制造方式和新的产品、服务。作为我国体育产业中规模最大的业态，体育制造业的总规模在2019年达至13614.1亿元，占体育产业总规模的比重高达46.2%。[2] 数字技术赋能体育制造业，表现为发展动力、协作方式、制造方式、运行方式和价值创造方式等方面的变革。详言之，其一，数据资源是体育制造业数字化的主要驱动力，借此，体育产品的生产可以有效匹配消费需求，呈现发展动力。其二，数字平台为体育制造业数字化提供支撑，推动传统的线性分工协作方式向网络化协同分工方式转化，并形成企业用户间和企业与消费间的协同化生产与服务的新生态圈。其三，数字技术向体育产业领域的渗透推动生产方式从传统的实体制造向实体制造

---

① 潘玮、沈克印：《数字经济助推体育产业高质量发展的理论基础、动力机制与实施路径》，载《体育学刊》2022年第5期。

② 国家统计局、国家体育总局：《2019年全国体育产业总规模与增加值数据公告》，http：//www.stats.gov.cn/tjsj/zxfb/202012/t20201231_1811943.html，访问日期：2021年5月21日。

与虚拟制造融合转变。其四，体育制造业数字化以智能为主导，实现体育制造业的高起点和高标准生产。其五，数字技术与体育产业的融合，通过规模化生产降低制造成本，为消费者提供个性化、多样化的体育智能产品与服务，提升消费者的体验价值。

(二)体育场馆服务业的数字化转型

体育场馆是大众进行体育消费的基础条件，也构成促进体育产业发展的基础保障。数字技术向体育场馆服务业的渗透融合，可以促进新型智慧体育场馆的形成。具体来说，就运营系统数字化来看，体育场馆服务业的数字化转型，能够降低场馆能源消耗，在人员调度、通风系统、设备使用状况等诸多方面优化资源配置，通过场馆运营数据实时获取、分析和利用，提升场馆运营效率。就票务接口数字化来看，数字技术支撑的"刷脸入场"的指挥系统可以大幅降低人力资源耗费，节约运营成本。就市场开发数字化来看，上述票务接口数字化可以获取不同观众对体育赛事的需求数据，从而有助于开发和拓展市场。就观众体验数字化来看，体育场馆中 VR/AR、数字孪生等现代数字技术的应用，能为体育消费者带来沉浸式体验与实时回放。就后勤保障数字化来看，体育场馆的数字化应用能帮助观众精准定位席座次，并与住宿、餐饮等深度融合，最大程度上实现场馆运营的经济与社会效益。

(三)体育培训业的数字化转型

当前，随着国家政策的变化，我国体育教育与培训业呈现较快发展态势。截至 2019 年，体育教育与培训业整体规模已达到 1909.4 亿元，年均增长率高达 66.6%。[①] 青少年和中老年的体育培训更是呈现火爆态势。2020 年以来，体育培训业在新型冠状病毒性肺炎疫情的影响下加快数字化转型步伐。从现实来看，体育培训业的数字化转型主要表现为通过大数据、互联网等数字技术，整合线下资

---

① 国家统计局、国家体育总局：《2019 年全国体育产业总规模与增加值数据公告》，http://www.stats.gov.cn/tjsj/zxfb/202012/t20201231_1811943.html，访问日期：2021 年 5 月 21 日。

源，实现线上培训。具言之，一方面，体育培训的线上线下融合不仅能在消费者端更好地提升消费者的体验，而且也能在企业端帮助机构提升教学质量，优化成本结构；另一方面，线上培训能够赋能线下业务，增强消费者黏性，拓展线上业务范围，推动体育培训业的发展。从现实来看，数字化转型已成为体育培训企业的优先选择。比如，动因体育作为体育培训机构典型代表，自 2011 年创办以来，深耕儿童和青少年综合类体育培训市场，在不断提升科技创新及产品服务质量的同时，大力发展在线运动课程，有效弥补线下培训的缺陷和不足，推进体育培训行业迈入"互联网+"时代。①

(四)体育零售业数字化

2019 年，体育零售业的总规模达到 4501.2 亿元，在体育产业总规模的占比为 15.3%，在体育服务业总规模的占比则高达 30.1%。② 体育用品新零售业因体育用品及其相关产品销售、出租与贸易代理的大规模发展而获得广阔的发展空间。新零售作为以数据驱动为内核、以消费者体验为中心的泛零售形态，能够为消费者提供超出预期的"内容"。概括而言，体育用品新零售涵盖线上线下深度融合、体验式消费、智能化、定制化、零库存产品五个方面。其一，就线上线下深度融合而言，新零售能够推动线上电商与线下实体店的融合，为消费者提供个性化、精准化和多样化的产品与服务。其二，就体验式消费而言，通过运用 VR/AR 等现代数字技术，可以创造线下体验、线上消费的新模式。其三，就智能化来看，借由大数据、云计算和人工智能等新型数字技术，新零售能实现产品市场的精准定位，熟知消费者需求，提供智能化的供需匹配服务。其四，就定制化产品来看，消费者可通过线上平台提出个性化需求，实现供给端的定制化生产和服务。其五，就零库存而言，大数据与计算等新型数字技术能够促进新零售实现精准预测、合理生产，达至零库存。举例而言，阿迪达斯作为世界知名运动品牌，

---

① 中国网：《动因体育率先启动线上运动课，探索体育培训行业成长新路径》，http://zjnews.china.com.cn/yuanchuan/2020-02-26/213575.html，访问日期：2021 年 6 月 18 日。

② 国家统计局、国家体育总局：《2019 年全国体育产业总规模与增加值数据公告》，http://www.stats.gov.cn/tjsj/zxfb/202012/t20201231_1811943.html，访问日期：2021 年 5 月 21 日。

近年来积极探索新零售模式，通过打造线下体验+线上购买的互动式供需新方式，在不断提升品牌保证的同时，不断给用户带来更好的购物体验，形成了线上线下一体化的"全渠道新零售模式"。[①]

三、提升体育产业数字化治理水平

数字化治理是数字经济的应有之义，旨在通过数字技术提升综合治理能力，完善治理体系，实现治理模式创新和治理方式变革。鉴于数字经济与体育产业融合发展存在监管体系与能力落后、法律法规不健全等问题，有必要提升体育产业的数字化治理水平，推动体育产业高质量发展。

（一）构建多元主体协同治理模式

数字经济与体育产业融合发展推动体育产业的数字化转型，并呈现出多元参与和去中心化的特征。[②] 由此，体育产业数字化的健康、快速发展取决于多元主体的协同治理能力。在此背景下，应当解决体育主管部门与信息技术部门间信息共享不畅、职能交叉等问题，建立部门间的协同共治模式，形成监管合力，实现监管的常态化和制度化。综合考量，建立部级联席会议制度是较为现实可行的选择。同时，应当探索政府主导、行业自律、企业自治和公众参与的协同共治新模式，政府负责数字平台监管与服务工作，体育行业严格执行相关法律法规，体育企业提供智能化、优质化的全流程生产与服务，社会公众积极参与体育产业治理过程。通过多元主体共治的新模式，规范体育市场行为。

（二）提高数字平台治理能力

作为新型复杂的经济现象，平台经济的核心是提供双边或多边市场。数字平台治理核心要义在于政府、平台、第三方责任的合理界定，充分发挥平台的枢纽作用，并规范平台行为。具言之，首先，应当完善平台治理规则，强化平台用户

[①]　新华网：《阿迪全面进军中国健身市场，将开创新零售模式》，http：//www.xinhuanet.com/sports/2019-05/24/c_1124539056.htm，访问日期：2021年5月2日。

[②]　汤潇著：《数字经济：影响未来的新技术、新模式、新产业》，人民邮电出版社2019年版，第273页。

管理，制定合理的平台准入标准，提升体育企业平台运营准则的约束力，保证体育产品与服务质量。其次，应当建立健全适配于平台特征的监管体系，推动经营者与消费者互通互联，构建自愿、平等、诚信的平台经营环境。最后，应当加强数字平台的个人信息保护和网络安全保障，构建畅通的消费者权益保护途径，提升平台自我治理能力。数字经济时代，体育企业积极借助数字技术拓展线上业务，以抵销新型冠状病毒性肺炎疫情等导致的线下业务的萎缩，体育产业领域的平台经济存在较大发展空间。提升数字平台治理能力，能够为中小微体育企业借由平台经济摆脱经营困境提供助力，消解体育产业在特殊时期面临的困境。

(三) 完善治理制度

数字经济的创新性与法律的稳定性二者间无可避免地存在一定的张力。数字经济时代，数字产业化与产业数字化的快速发展冲击着现行法律制度。随着数字经济与体育产业的加速融合，体育产业领域治理存在着个人信息保护乏力、知识产权保护不足，以及法律法规滞后等问题，急需完善体育产业数字化转型的治理制度。申言之，一是需要针对数字经济与体育产业融合发展进程中存在的法制问题，加快相关立法的制定、修改和解释工作，健全体育产业数字化发展的相关法律制度，明确数字平台、体育企业和消费者等多方主体的法律责任边界，使体育产业数字化发展有章可循、有法可依。二是体育主管部门应制定并实施契合体育产业数字化转型需求的监管政策，提升监管政策的针对性和时效性，增强体育市场的治理效能。

(四) 优化治理手段与方式

数字经济与体育产业融合发展的治理，不仅需要完善治理规则与治理理念，也需要优化治理手段与治理方式。为此，一方面，需要通过数字平台加强对体育赛事等体育事业的事中、事后监管。比如，放开体育赛事审批权促使体育赛事数量井喷式增长，因此需要充分借助新型数字技术手段，加强赛中、赛后的交通道路疏导、安保人员调配、参赛线路等的全流程监控，加强对体育赛事的掌控与管理能力。另一方面，应当运用大数据、云计算、人工智能等现代数字技术提升体育产业治理能力。针对电商平台体育用品假货问题、社交平台体育网络谣言等问题，可通过数字技术予以有效治理。举例而言，基于嵌入式数字技术的体育用品电商平台能够保障体育市场的良性运行和高效治理。另外，还应当建立多层级信用体系，规范和约束体育多元主体的行为。

结　语

体育产业是现代市场经济体系的重要构成部分，更是新时代的健康产业和幸福产业，对一国经济社会发展具有重要意义。我国经济社会发展已然步入数字经济时代，随着以技术创新为驱动、信息网络为基础的新一代数字技术向体育产业领域的渗透，体育产业面临着数字化转型的时代命题。可以说，加强数字经济与体育产业深度融合，推动体育产业数字化转型，成为新时代体育产业高质量发展的内在要求。正因如此，本章尝试性探析数字经济与体育产业融合的动力、意义、理论基础、应用场景、现实困境与改进路径等基本问题，试图起到抛砖引玉之功效，为体育产业数字化发展助力。

附录：法律法规与政策文件汇编

《中华人民共和国体育法》

(1995 年 8 月 29 日第八届全国人民代表大会常务委员会第十五次会议通过；根据 2009 年 8 月 27 日第十一届全国人民代表大会常务委员会第十次会议《关于修改部分法律的决定》第一次修正；根据 2016 年 11 月 7 日第十二届全国人民代表大会常务委员会第二十四次会议《关于修改〈中华人民共和国对外贸易法〉等十二部法律的决定》第二次修正；2022 年 6 月 24 日第十三届全国人民代表大会常务委员会第三十五次会议修订)

第一章 总 则

第一条 为了促进体育事业，弘扬中华体育精神，培育中华体育文化，发展体育运动，增强人民体质，根据宪法，制定本法。

第二条 体育工作坚持中国共产党的领导，坚持以人民为中心，以全民健身为基础，普及与提高相结合，推动体育事业均衡、充分发展，推进体育强国和健康中国建设。

第三条 县级以上人民政府应当将体育事业纳入国民经济和社会发展规划。

第四条 国务院体育行政部门主管全国体育工作。国务院其他有关部门在各自的职责范围内管理相关体育工作。

县级以上地方人民政府体育行政部门主管本行政区域内的体育工作。县级以上地方人民政府其他有关部门在各自的职责范围内管理相关体育工作。

第五条　国家依法保障公民平等参与体育活动的权利，对未成年人、妇女、老年人、残疾人等参加体育活动的权利给予特别保障。

第六条　国家扩大公益性和基础性公共体育服务供给，推动基本公共体育服务均等化，逐步健全全民覆盖、普惠共享、城乡一体的基本公共体育服务体系。

第七条　国家采取财政支持、帮助建设体育设施等措施，扶持革命老区、民族地区、边疆地区、经济欠发达地区体育事业的发展。

第八条　国家鼓励、支持优秀民族、民间、民俗传统体育项目的发掘、整理、保护、推广和创新，定期举办少数民族传统体育运动会。

第九条　开展和参加体育活动，应当遵循依法合规、诚实守信、尊重科学、因地制宜、勤俭节约、保障安全的原则。

第十条　国家优先发展青少年和学校体育，坚持体育和教育融合，文化学习和体育锻炼协调，体魄与人格并重，促进青少年全面发展。

第十一条　国家支持体育产业发展，完善体育产业体系，规范体育市场秩序，鼓励扩大体育市场供给，拓宽体育产业投融资渠道，促进体育消费。

第十二条　国家支持体育科学研究和技术创新，培养体育科技人才，推广应用体育科学技术成果，提高体育科学技术水平。

第十三条　国家对在体育事业发展中做出突出贡献的组织和个人，按照有关规定给予表彰和奖励。

第十四条　国家鼓励开展对外体育交往，弘扬奥林匹克精神，支持参与国际体育运动。

对外体育交往坚持独立自主、平等互利、相互尊重的原则，维护国家主权、安全、发展利益和尊严，遵守中华人民共和国缔结或者参加的国际条约。

第十五条　每年 8 月 8 日全民健身日所在周为体育宣传周。

第二章　全民健身

第十六条　国家实施全民健身战略，构建全民健身公共服务体系，鼓励和支持公民参加健身活动，促进全民健身与全民健康深度融合。

第十七条　国家倡导公民树立和践行科学健身理念，主动学习健身知识，积极参加健身活动。

第十八条　国家推行全民健身计划，制定和实施体育锻炼标准，定期开展公民体质监测和全民健身活动状况调查，开展科学健身指导工作。

国家建立全民健身工作协调机制。

县级以上人民政府应当定期组织有关部门对全民健身计划实施情况进行评估，并将评估情况向社会公开。

第十九条　国家实行社会体育指导员制度。社会体育指导员对全民健身活动进行指导。

社会体育指导员管理办法由国务院体育行政部门规定。

第二十条　地方各级人民政府和有关部门应当为全民健身活动提供必要的条件，支持、保障全民健身活动的开展。

第二十一条　国家机关、企业事业单位和工会、共产主义青年团、妇女联合会、残疾人联合会等群团组织应当根据各自特点，组织开展日常体育锻炼和各级各类体育运动会等全民健身活动。

第二十二条　居民委员会、村民委员会以及其他社区组织应当结合实际，组织开展全民健身活动。

第二十三条　全社会应当关心和支持未成年人、妇女、老年人、残疾人参加全民健身活动。各级人民政府应当采取措施，为未成年人、妇女、老年人、残疾人安全参加全民健身活动提供便利和保障。

第三章　青少年和学校体育

第二十四条　国家实行青少年和学校体育活动促进计划，健全青少年和学校体育工作制度，培育、增强青少年体育健身意识，推动青少年和学校体育活动的开展和普及，促进青少年身心健康和体魄强健。

第二十五条　教育行政部门和学校应当将体育纳入学生综合素质评价范围，将达到国家学生体质健康标准要求作为教育教学考核的重要内容，培养学生体育锻炼习惯，提升学生体育素养。

体育行政部门应当在传授体育知识技能、组织体育训练、举办体育赛事活动、管理体育场地设施等方面为学校提供指导和帮助，并配合教育行政部门推进学校运动队和高水平运动队建设。

第二十六条 学校必须按照国家有关规定开齐开足体育课，确保体育课时不被占用。

学校应当在体育课教学时，组织病残等特殊体质学生参加适合其特点的体育活动。

第二十七条 学校应当将在校内开展的学生课外体育活动纳入教学计划，与体育课教学内容相衔接，保障学生在校期间每天参加不少于一小时体育锻炼。

鼓励学校组建运动队、俱乐部等体育训练组织，开展多种形式的课余体育训练，有条件的可组建高水平运动队，培养竞技体育后备人才。

第二十八条 国家定期举办全国学生(青年)运动会。地方各级人民政府应当结合实际，定期组织本地区学生(青年)运动会。

学校应当每学年至少举办一次全校性的体育运动会。

鼓励公共体育场地设施免费向学校开放使用，为学校举办体育运动会提供服务保障。

鼓励学校开展多种形式的学生体育交流活动。

第二十九条 国家将体育科目纳入初中、高中学业水平考试范围，建立符合学科特点的考核机制。

病残等特殊体质学生的体育科目考核，应当充分考虑其身体状况。

第三十条 学校应当建立学生体质健康检查制度。教育、体育和卫生健康行政部门应当加强对学生体质的监测和评估。

第三十一条 学校应当按照国家有关规定，配足合格的体育教师，保障体育教师享受与其他学科教师同等待遇。

学校可以设立体育教练员岗位。

学校优先聘用符合相关条件的优秀退役运动员从事学校体育教学、训练活动。

第三十二条 学校应当按照国家有关标准配置体育场地、设施和器材，并定期进行检查、维护，适时予以更新。

学校体育场地必须保障体育活动需要，不得随意占用或者挪作他用。

第三十三条 国家建立健全学生体育活动意外伤害保险机制。

教育行政部门和学校应当做好学校体育活动安全管理和运动伤害风险防控。

第三十四条　幼儿园应当为学前儿童提供适宜的室内外活动场地和体育设施、器材，开展符合学前儿童特点的体育活动。

第三十五条　各级教育督导机构应当对学校体育实施督导，并向社会公布督导报告。

第三十六条　教育行政部门、体育行政部门和学校应当组织、引导青少年参加体育活动，预防和控制青少年近视、肥胖等不良健康状况，家庭应当予以配合。

第三十七条　体育行政部门会同有关部门引导和规范企业事业单位、社会组织和体育专业人员等为青少年提供体育培训等服务。

第三十八条　各级各类体育运动学校应当对适龄学生依法实施义务教育，并根据国务院体育行政部门制定的教学训练大纲开展业余体育训练。

教育行政部门应当将体育运动学校的文化教育纳入管理范围。

各级人民政府应当在场地、设施、资金、人员等方面对体育运动学校予以支持。

第四章　竞 技 体 育

第三十九条　国家促进竞技体育发展，鼓励运动员提高竞技水平，在体育赛事中创造优异成绩，为国家和人民争取荣誉。

第四十条　国家促进和规范职业体育市场化、职业化发展，提高职业体育赛事能力和竞技水平。

第四十一条　国家加强体育运动学校和体育传统特色学校建设，鼓励、支持开展业余体育训练，培养优秀的竞技体育后备人才。

第四十二条　国家加强对运动员的培养和管理，对运动员进行爱国主义、集体主义和社会主义教育，以及道德、纪律和法治教育。

运动员应当积极参加训练和竞赛，团结协作，勇于奉献，顽强拼搏，不断提高竞技水平。

第四十三条　国家加强体育训练科学技术研究、开发和应用，对运动员实行科学、文明的训练，维护运动员身心健康。

第四十四条　国家依法保障运动员接受文化教育的权利。

体育行政部门、教育行政部门应当保障处于义务教育阶段的运动员完成义务教育。

第四十五条 国家依法保障运动员选择注册与交流的权利。

运动员可以参加单项体育协会的注册，并按照有关规定进行交流。

第四十六条 国家对优秀运动员在就业和升学方面给予优待。

第四十七条 各级人民政府加强对退役运动员的职业技能培训和社会保障，为退役运动员就业、创业提供指导和服务。

第四十八条 国家实行体育运动水平等级、教练员职称等级和裁判员技术等级制度。

第四十九条 代表国家和地方参加国际、国内重大体育赛事的运动员和运动队，应当按照公开、公平、择优的原则选拔和组建。

运动员选拔和运动队组建办法由国务院体育行政部门规定。

第五十条 国家对体育赛事活动实行分级分类管理，具体办法由国务院体育行政部门规定。

第五十一条 体育赛事实行公平竞争的原则。

体育赛事活动组织者和运动员、教练员、裁判员应当遵守体育道德和体育赛事规则，不得弄虚作假、营私舞弊。

严禁任何组织和个人利用体育赛事从事赌博活动。

第五十二条 在中国境内举办的体育赛事，其名称、徽记、旗帜及吉祥物等标志按照国家有关规定予以保护。

未经体育赛事活动组织者等相关权利人许可，不得以营利为目的采集或者传播体育赛事活动现场图片、音视频等信息。

第五章 反兴奋剂

第五十三条 国家提倡健康文明、公平竞争的体育运动，禁止在体育运动中使用兴奋剂。

任何组织和个人不得组织、强迫、欺骗、教唆、引诱体育运动参加者在体育运动中使用兴奋剂，不得向体育运动参加者提供或者变相提供兴奋剂。

第五十四条 国家建立健全反兴奋剂制度。

县级以上人民政府体育行政部门会同卫生健康、教育、公安、工信、商务、药品监管、交通运输、海关、农业、市场监管等部门，对兴奋剂问题实施综合治理。

第五十五条 国务院体育行政部门负责制定反兴奋剂规范。

第五十六条 国务院体育行政部门会同国务院药品监管、卫生健康、商务、海关等部门制定、公布兴奋剂目录，并动态调整。

第五十七条 国家设立反兴奋剂机构。反兴奋剂机构及其检查人员依照法定程序开展检查，有关单位和人员应当予以配合，任何单位和个人不得干涉。

反兴奋剂机构依法公开反兴奋剂信息，并接受社会监督。

第五十八条 县级以上人民政府体育行政部门组织开展反兴奋剂宣传、教育工作，提高体育活动参与者和公众的反兴奋剂意识。

第五十九条 国家鼓励开展反兴奋剂科学技术研究，推广先进的反兴奋剂技术、设备和方法。

第六十条 国家根据缔结或者参加的有关国际条约，开展反兴奋剂国际合作，履行反兴奋剂国际义务。

第六章　体　育　组　织

第六十一条 国家鼓励、支持体育组织依照法律法规和章程开展体育活动，推动体育事业发展。

国家鼓励体育组织积极参加国际体育交流合作，参与国际体育运动规则的制定。

第六十二条 中华全国体育总会和地方各级体育总会是团结各类体育组织和体育工作者、体育爱好者的群众性体育组织，应当在发展体育事业中发挥作用。

第六十三条 中国奥林匹克委员会是以发展体育和推动奥林匹克运动为主要任务的体育组织，代表中国参与国际奥林匹克事务。

第六十四条 体育科学社会团体是体育科学技术工作者的学术性体育社会组织，应当在发展体育科技事业中发挥作用。

第六十五条 全国性单项体育协会是依法登记的体育社会组织，代表中国参加相应的国际单项体育组织，根据章程加入中华全国体育总会、派代表担任中国奥林匹克委员会委员。

全国性单项体育协会负责相应项目的普及与提高，制定相应项目技术规范、竞赛规则、团体标准，规范体育赛事活动。

第六十六条 单项体育协会应当依法维护会员的合法权益，积极向有关单位反映会员的意见和建议。

第六十七条 单项体育协会应当接受体育行政部门的指导和监管，健全内部治理机制，制定行业规则，加强行业自律。

第六十八条 国家鼓励发展青少年体育俱乐部、社区健身组织等各类自治性体育组织。

第七章 体 育 产 业

第六十九条 国家制定体育产业发展规划，扩大体育产业规模，增强体育产业活力，促进体育产业高质量发展，满足人民群众多样化体育需求。

县级以上人民政府应当建立政府多部门合作的体育产业发展工作协调机制。

第七十条 国家支持和规范发展体育用品制造、体育服务等体育产业，促进体育与健康、文化、旅游、养老、科技等融合发展。

第七十一条 国家支持体育用品制造业创新发展，鼓励企业加大研发投入，采用新技术、新工艺、新材料，促进体育用品制造业转型升级。

国家培育健身休闲、竞赛表演、场馆服务、体育经纪、体育培训等服务业态，提高体育服务业水平和质量。

符合条件的体育产业，依法享受财政、税收、土地等优惠政策。

第七十二条 国家完善职业体育发展体系，拓展职业体育发展渠道，支持运动员、教练员职业化发展，提高职业体育的成熟度和规范化水平。

职业体育俱乐部应当健全内部治理机制，完善法人治理结构，充分发挥其市场主体作用。

第七十三条 国家建立健全区域体育产业协调互动机制，推动区域间体育产业资源交流共享，促进区域体育协调发展。

国家支持地方发挥资源优势，发展具有区域特色、民族特色的体育产业。

第七十四条 国家鼓励社会资本投入体育产业，建设体育设施，开发体育产品，提供体育服务。

第七十五条 国家鼓励有条件的高等学校设置体育产业相关专业，开展校企合作，加强职业教育和培训，培养体育产业专业人才，形成有效支撑体育产业发展的人才队伍。

第七十六条 国家完善体育产业统计体系，开展体育产业统计监测，定期发布体育产业数据。

第八章 保障条件

第七十七条 县级以上人民政府应当将体育事业经费列入本级预算，建立与国民经济和社会发展相适应的投入机制。

第七十八条 国家鼓励社会力量发展体育事业，鼓励对体育事业的捐赠和赞助，保障参与主体的合法权益。

通过捐赠财产等方式支持体育事业发展的，依法享受税收优惠等政策。

第七十九条 国家有关部门应当加强对体育资金的管理，任何单位和个人不得侵占、挪用、截留、克扣、私分体育资金。

第八十条 国家支持通过政府购买服务的方式提供公共体育服务，提高公共体育服务水平。

第八十一条 县级以上地方人民政府应当按照国家有关规定，根据本行政区域经济社会发展水平、人口结构、环境条件以及体育事业发展需要，统筹兼顾，优化配置各级各类体育场地设施，优先保障全民健身体育场地设施的建设和配置。

第八十二条 县级以上地方人民政府应当将本行政区域内公共体育场地设施的建设纳入国民经济和社会发展规划、国土空间规划，未经法定程序不得变更。

公共体育场地设施的规划设计和竣工验收，应当征求本级人民政府体育行政部门意见。

公共体育场地设施的设计和建设，应当符合国家无障碍环境建设要求，有效满足老年人、残疾人等特定群体的无障碍需求。

第八十三条 新建、改建、扩建居住社区，应当按照国家有关规定，同步规划、设计、建设用于居民日常健身的配套体育场地设施。

第八十四条 公共体育场地设施管理单位应当公开向社会开放的办法，并对未成年人、老年人、残疾人等实行优惠。

免费和低收费开放的体育场地设施，按照有关规定享受补助。

第八十五条 国家推进体育公园建设，鼓励地方因地制宜发展特色体育公园，推动体育公园免费开放，满足公民体育健身需求。

第八十六条 国家鼓励充分、合理利用旧厂房、仓库、老旧商业设施等闲置资源建设用于公民日常健身的体育场地设施，鼓励和支持机关、学校、企业事业单位的体育场地设施向公众开放。

第八十七条 任何单位和个人不得侵占公共体育场地设施及其建设用地，不得擅自拆除公共体育场地设施，不得擅自改变公共体育场地设施的功能、用途或者妨碍其正常使用。

因特殊需要临时占用公共体育场地设施超过十日的，应当经本级人民政府体育行政部门同意；超过三个月的，应当报上一级人民政府体育行政部门批准。

经批准拆除公共体育场地设施或者改变其功能、用途的，应当依照国家有关法律、行政法规的规定先行择地重建。

第八十八条 县级以上地方人民政府应当建立全民健身公共场地设施的维护管理机制，明确管理和维护责任。

第八十九条 国家发展体育专业教育，鼓励有条件的高等学校培养教练员、裁判员、体育教师等各类体育专业人才，鼓励社会力量依法开展体育专业教育。

第九十条 国家鼓励建立健全运动员伤残保险、体育意外伤害保险和场所责任保险制度。

大型体育赛事活动组织者应当和参与者协商投保体育意外伤害保险。

高危险性体育赛事活动组织者应当投保体育意外伤害保险。

高危险性体育项目经营者应当投保体育意外伤害保险和场所责任保险。

第九章　体　育　仲　裁

第九十一条 国家建立体育仲裁制度，及时、公正解决体育纠纷，保护当事人的合法权益。

体育仲裁依法独立进行，不受行政机关、社会组织和个人的干涉。

第九十二条　当事人可以根据仲裁协议、体育组织章程、体育赛事规则等，对下列纠纷申请体育仲裁：

（一）对体育社会组织、运动员管理单位、体育赛事活动组织者按照兴奋剂管理或者其他管理规定作出的取消参赛资格、取消比赛成绩、禁赛等处理决定不服发生的纠纷；

（二）因运动员注册、交流发生的纠纷；

（三）在竞技体育活动中发生的其他纠纷。

《中华人民共和国仲裁法》规定的可仲裁纠纷和《中华人民共和国劳动争议调解仲裁法》规定的劳动争议，不属于体育仲裁范围。

第九十三条　国务院体育行政部门依照本法组织设立体育仲裁委员会，制定体育仲裁规则。

体育仲裁委员会由体育行政部门代表、体育社会组织代表、运动员代表、教练员代表、裁判员代表以及体育、法律专家组成，其组成人数应当是单数。

体育仲裁委员会应当设仲裁员名册。仲裁员具体条件由体育仲裁规则规定。

第九十四条　体育仲裁委员会裁决体育纠纷实行仲裁庭制。仲裁庭组成人数应当是单数，具体组成办法由体育仲裁规则规定。

第九十五条　鼓励体育组织建立内部纠纷解决机制，公平、公正、高效地解决纠纷。

体育组织没有内部纠纷解决机制或者内部纠纷解决机制未及时处理纠纷的，当事人可以申请体育仲裁。

第九十六条　对体育社会组织、运动员管理单位、体育赛事活动组织者的处理决定或者内部纠纷解决机制处理结果不服的，当事人自收到处理决定或者纠纷处理结果之日起二十一日内申请体育仲裁。

第九十七条　体育仲裁裁决书自作出之日起发生法律效力。

裁决作出后，当事人就同一纠纷再申请体育仲裁或者向人民法院起诉的，体育仲裁委员会或者人民法院不予受理。

第九十八条　有下列情形之一的，当事人可以自收到仲裁裁决书之日起三十日内向体育仲裁委员会所在地的中级人民法院申请撤销裁决：

（一）适用法律、法规确有错误的；

（二）裁决的事项不属于体育仲裁受理范围的；

（三）仲裁庭的组成或者仲裁的程序违反有关规定，足以影响公正裁决的；

（四）裁决所根据的证据是伪造的；

（五）对方当事人隐瞒了足以影响公正裁决的证据的；

（六）仲裁员在仲裁该案时有索贿受贿、徇私舞弊、枉法裁决行为的。

人民法院经组成合议庭审查核实裁决有前款规定情形之一的，或者认定裁决违背社会公共利益的，应当裁定撤销。

人民法院受理撤销裁决的申请后，认为可以由仲裁庭重新仲裁的，通知仲裁庭在一定期限内重新仲裁，并裁定中止撤销程序。仲裁庭拒绝重新仲裁的，人民法院应当裁定恢复撤销程序。

第九十九条 当事人应当履行体育仲裁裁决。一方当事人不履行的，另一方当事人可以依照《中华人民共和国民事诉讼法》的有关规定向人民法院申请执行。

第一百条 需要即时处理的体育赛事活动纠纷，适用体育仲裁特别程序。

特别程序由体育仲裁规则规定。

第十章 监督管理

第一百零一条 县级以上人民政府体育行政部门和有关部门应当积极履行监督检查职责，发现违反本法规定行为的，应当及时做出处理。对不属于本部门主管事项的，应当及时书面通知并移交相关部门查处。

第一百零二条 县级以上人民政府体育行政部门对体育赛事活动依法进行监管，对赛事活动场地实施现场检查，查阅、复制有关合同、票据、账簿，检查赛事活动组织方案、安全应急预案等材料。

县级以上人民政府公安、市场监管、应急管理等部门按照各自职责对体育赛事活动进行监督管理。

体育赛事活动组织者应当履行安全保障义务，提供符合要求的安全条件，制定风险防范及应急处置预案等保障措施，维护体育赛事活动的安全。

体育赛事活动因发生极端天气、自然灾害、公共卫生事件等突发事件，不具备办赛条件的，体育赛事活动组织者应当及时予以中止；未中止的，县级以上人民政府应当责令其中止。

第一百零三条 县级以上人民政府市场监管、体育行政等部门按照各自职责对体育市场进行监督管理。

第一百零四条 国家建立体育项目管理制度，新设体育项目由国务院体育行政部门认定。

体育项目目录每四年公布一次。

第一百零五条 经营高危险性体育项目，应当符合下列条件，并向县级以上地方人民政府体育行政部门提出申请：

（一）相关体育设施符合国家标准；

（二）具有达到规定数量的取得相应国家职业资格证书或者职业技能等级证书的社会体育指导人员和救助人员；

（三）具有相应的安全保障、应急救援制度和措施。

县级以上地方人民政府体育行政部门应当自收到申请之日起三十日内进行实地核查，并作出批准或者不予批准的决定。予以批准的，应当发给许可证；不予批准的，应当书面通知申请人并说明理由。

国务院体育行政部门会同有关部门制定、调整高危险性体育项目目录并予以公布。

第一百零六条 举办高危险性体育赛事活动，应当符合下列条件，并向县级以上地方人民政府体育行政部门提出申请：

（一）配备具有相应资格或者资质的专业技术人员；

（二）配置符合相关标准和要求的场地、器材和设施；

（三）制定通信、安全、交通、卫生健康、食品、应急救援等相关保障措施。

县级以上地方人民政府体育行政部门应当自收到申请之日起三十日内进行实地核查，并作出批准或者不予批准的决定。

国务院体育行政部门会同有关部门制定、调整高危险性体育赛事活动目录并予以公布。

第一百零七条 县级以上地方人民政府应当建立体育执法机制，为体育执法提供必要保障。体育执法情况应当向社会公布，接受社会监督。

第一百零八条 县级以上地方人民政府每届任期内至少向本级人民代表大会或者其常务委员会报告一次全民健身、青少年和学校体育工作。

第十一章　法律责任

第一百零九条　国家机关及其工作人员违反本法规定，有下列行为之一的，由其所在单位、主管部门或者上级机关责令改正；对负有责任的领导人员和直接责任人员依法给予处分：

(一)对违法行为不依法查处的；

(二)侵占、挪用、截留、克扣、私分体育资金的；

(三)在组织体育赛事活动时，有违反体育道德和体育赛事规则，弄虚作假、营私舞弊等行为的；

(四)其他不依法履行职责的行为。

第一百一十条　体育组织违反本法规定的，由相关部门责令改正，给予警告，对负有责任的领导人员和直接责任人员依法给予处分；可以限期停止活动，并可责令撤换直接负责的主管人员；情节严重的，予以撤销登记。

第一百一十一条　学校违反本法有关规定的，由有关主管部门责令改正；对负有责任的领导人员和直接责任人员依法给予处分。

第一百一十二条　运动员、教练员、裁判员违反本法规定，有违反体育道德和体育赛事规则，弄虚作假、营私舞弊等行为的，由体育组织按照有关规定给予处理；情节严重、社会影响恶劣的，由县级以上人民政府体育行政部门纳入限制、禁止参加竞技体育活动名单；有违法所得的，没收违法所得，并处一万元以上十万元以下的罚款。

利用体育赛事从事赌博活动的，由公安机关依法查处。

第一百一十三条　体育赛事活动组织者有下列行为之一的，由县级以上地方人民政府体育行政部门责令改正，处五万元以上五十万元以下的罚款；有违法所得的，没收违法所得；情节严重的，给予一年以上三年以下禁止组织体育赛事活动的处罚：

(一)未经许可举办高危险性体育赛事活动的；

(二)体育赛事活动因突发事件不具备办赛条件时，未及时中止的；

(三)安全条件不符合要求的；

(四)有违反体育道德和体育赛事规则，弄虚作假、营私舞弊等行为的；

（五）未按要求采取风险防范及应急处置预案等保障措施的。

第一百一十四条 违反本法规定，侵占、破坏公共体育场地设施的，由县级以上地方人民政府体育行政部门会同有关部门予以制止，责令改正，并可处实际损失五倍以下的罚款。

第一百一十五条 违反本法规定，未经批准临时占用公共体育场地设施的，由县级以上地方人民政府体育行政部门会同有关部门责令限期改正；逾期未改正的，对公共体育场地设施管理单位处十万元以上五十万元以下的罚款；有违法所得的，没收违法所得。

第一百一十六条 未经许可经营高危险性体育项目的，由县级以上地方人民政府体育行政部门会同有关部门责令限期关闭；逾期未关闭的，处十万元以上五十万元以下的罚款；有违法所得的，没收违法所得。

违法经营高危险性体育项目的，由县级以上地方人民政府体育行政部门责令改正；逾期未改正的，处五万元以上五十万元以下的罚款；有违法所得的，没收违法所得；造成严重后果的，由主管部门责令关闭，吊销许可证照，五年内不得再从事该项目经营活动。

第一百一十七条 运动员违规使用兴奋剂的，由有关体育社会组织、运动员管理单位、体育赛事活动组织者作出取消参赛资格、取消比赛成绩或者禁赛等处理。

第一百一十八条 组织、强迫、欺骗、教唆、引诱运动员在体育运动中使用兴奋剂的，由国务院体育行政部门或者省、自治区、直辖市人民政府体育行政部门没收非法持有的兴奋剂；直接负责的主管人员和其他直接责任人员四年内不得从事体育管理工作和运动员辅助工作；情节严重的，终身不得从事体育管理工作和运动员辅助工作。

向运动员提供或者变相提供兴奋剂的，由国务院体育行政部门或者省、自治区、直辖市人民政府体育行政部门没收非法持有的兴奋剂，并处五万元以上五十万元以下的罚款；有违法所得的，没收违法所得；并给予禁止一定年限直至终身从事体育管理工作和运动员辅助工作的处罚。

第一百一十九条 违反本法规定，造成财产损失或者其他损害的，依法承担民事责任；构成违反治安管理行为的，由公安机关依法给予治安管理处罚；构成犯罪的，依法追究刑事责任。

第十二章　附　　则

第一百二十条　任何国家、地区或者组织在国际体育运动中损害中华人民共和国主权、安全、发展利益和尊严的，中华人民共和国可以根据实际情况采取相应措施。

第一百二十一条　中国人民解放军和中国人民武装警察部队开展体育活动的具体办法，由中央军事委员会依照本法制定。

第一百二十二条　本法自 2023 年 1 月 1 日起施行。

《彩票管理条例》

（2009 年 4 月 22 日国务院第 58 次常务会议通过；2009 年 5 月 4 日中华人民共和国国务院令第 554 号公布；自 2009 年 7 月 1 日起施行）

第一章　总　则

第一条　为了加强彩票管理，规范彩票市场发展，维护彩票市场秩序，保护彩票参与者的合法权益，促进社会公益事业发展，制定本条例。

第二条　本条例所称彩票，是指国家为筹集社会公益资金，促进社会公益事业发展而特许发行、依法销售，自然人自愿购买，并按照特定规则获得中奖机会的凭证。

彩票不返还本金、不计付利息。

第三条　国务院特许发行福利彩票、体育彩票。未经国务院特许，禁止发行其他彩票。禁止在中华人民共和国境内发行、销售境外彩票。

第四条　彩票的发行、销售和开奖，应当遵循公开、公平、公正和诚实信用的原则。

第五条　国务院财政部门负责全国的彩票监督管理工作。国务院民政部门、体育行政部门按照各自的职责分别负责全国的福利彩票、体育彩票管理工作。

省、自治区、直辖市人民政府财政部门负责本行政区域的彩票监督管理工作。省、自治区、直辖市人民政府民政部门、体育行政部门按照各自的职责分别负责本行政区域的福利彩票、体育彩票管理工作。

县级以上各级人民政府公安机关和县级以上工商行政管理机关，在各自的职责范围内，依法查处非法彩票，维护彩票市场秩序。

第二章　彩票发行和销售管理

第六条　国务院民政部门、体育行政部门依法设立的福利彩票发行机构、体育彩票发行机构(以下简称彩票发行机构)，分别负责全国的福利彩票、体育彩票发行和组织销售工作。

省、自治区、直辖市人民政府民政部门、体育行政部门依法设立的福利彩票销售机构、体育彩票销售机构(以下简称彩票销售机构)，分别负责本行政区域的福利彩票、体育彩票销售工作。

第七条 彩票发行机构申请开设、停止福利彩票、体育彩票的具体品种(以下简称彩票品种)或者申请变更彩票品种审批事项的，应当依照本条例规定的程序报国务院财政部门批准。

国务院财政部门应当根据彩票市场健康发展的需要，按照合理规划彩票市场和彩票品种结构、严格控制彩票风险的原则，对彩票发行机构的申请进行审查。

第八条 彩票发行机构申请开设彩票品种，应当经国务院民政部门或者国务院体育行政部门审核同意，向国务院财政部门提交下列申请材料：

(一)申请书；

(二)彩票品种的规则；

(三)发行方式、发行范围；

(四)市场分析报告及技术可行性分析报告；

(五)开奖、兑奖操作规程；

(六)风险控制方案。

国务院财政部门应当自受理申请之日起 90 个工作日内，通过专家评审、听证会等方式对开设彩票品种听取社会意见，对申请进行审查并作出书面决定。

第九条 彩票发行机构申请变更彩票品种的规则、发行方式、发行范围等审批事项的，应当经国务院民政部门或者国务院体育行政部门审核同意，向国务院财政部门提出申请并提交与变更事项有关的材料。国务院财政部门应当自受理申请之日起 45 个工作日内，对申请进行审查并作出书面决定。

第十条 彩票发行机构申请停止彩票品种的，应当经国务院民政部门或者国务院体育行政部门审核同意，向国务院财政部门提出书面申请并提交与停止彩票品种有关的材料。国务院财政部门应当自受理申请之日起 10 个工作日内，对申请进行审查并作出书面决定。

第十一条 经批准开设、停止彩票品种或者变更彩票品种审批事项的，彩票发行机构应当在开设、变更、停止的 10 个自然日前，将有关信息向社会公告。

第十二条　因维护社会公共利益的需要，在紧急情况下，国务院财政部门可以采取必要措施，决定变更彩票品种审批事项或者停止彩票品种。

第十三条　彩票发行机构、彩票销售机构应当依照政府采购法律、行政法规的规定，采购符合标准的彩票设备和技术服务。

彩票设备和技术服务的标准，由国务院财政部门会同国务院民政部门、体育行政部门依照国家有关标准化法律、行政法规的规定制定。

第十四条　彩票发行机构、彩票销售机构应当建立风险管理体系和可疑资金报告制度，保障彩票发行、销售的安全。

彩票发行机构、彩票销售机构负责彩票销售系统的数据管理、开奖兑奖管理以及彩票资金的归集管理，不得委托他人管理。

第十五条　彩票发行机构、彩票销售机构可以委托单位、个人代理销售彩票。彩票发行机构、彩票销售机构应当与接受委托的彩票代销者签订彩票代销合同。福利彩票、体育彩票的代销合同示范文本分别由国务院民政部门、体育行政部门制定。

彩票代销者不得委托他人代销彩票。

第十六条　彩票销售机构应当为彩票代销者配置彩票投注专用设备。彩票投注专用设备属于彩票销售机构所有，彩票代销者不得转借、出租、出售。

第十七条　彩票销售机构应当在彩票发行机构的指导下，统筹规划彩票销售场所的布局。彩票销售场所应当按照彩票发行机构的统一要求，设置彩票销售标识，张贴警示标语。

第十八条　彩票发行机构、彩票销售机构、彩票代销者不得有下列行为：

（一）进行虚假性、误导性宣传；

（二）以诋毁同业者等手段进行不正当竞争；

（三）向未成年人销售彩票；

（四）以赊销或者信用方式销售彩票。

第十九条　需要销毁彩票的，由彩票发行机构报国务院财政部门批准后，在国务院民政部门或者国务院体育行政部门的监督下销毁。

第二十条　彩票发行机构、彩票销售机构应当及时将彩票发行、销售情况向社会全面公布，接受社会公众的监督。

第三章　彩票开奖和兑奖管理

第二十一条　彩票发行机构、彩票销售机构应当按照批准的彩票品种的规则和开奖操作规程开奖。

国务院民政部门、体育行政部门和省、自治区、直辖市人民政府民政部门、体育行政部门应当加强对彩票开奖活动的监督，确保彩票开奖的公开、公正。

第二十二条　彩票发行机构、彩票销售机构应当确保彩票销售数据的完整、准确和安全。当期彩票销售数据封存后至开奖活动结束前，不得查阅、变更或者删除销售数据。

第二十三条　彩票发行机构、彩票销售机构应当加强对开奖设备的管理，确保开奖设备正常运行，并配置备用开奖设备。

第二十四条　彩票发行机构、彩票销售机构应当在每期彩票销售结束后，及时向社会公布当期彩票的销售情况和开奖结果。

第二十五条　彩票中奖者应当自开奖之日起 60 个自然日内，持中奖彩票到指定的地点兑奖，彩票品种的规则规定需要出示身份证件的，还应当出示本人身份证件。逾期不兑奖的视为弃奖。

禁止使用伪造、变造的彩票兑奖。

第二十六条　彩票发行机构、彩票销售机构、彩票代销者应当按照彩票品种的规则和兑奖操作规程兑奖。

彩票中奖奖金应当以人民币现金或者现金支票形式一次性兑付。

不得向未成年人兑奖。

第二十七条　彩票发行机构、彩票销售机构、彩票代销者以及其他因职务或者业务便利知悉彩票中奖者个人信息的人员，应当对彩票中奖者个人信息予以保密。

第四章　彩票资金管理

第二十八条　彩票资金包括彩票奖金、彩票发行费和彩票公益金。彩票资金构成比例由国务院决定。

彩票品种中彩票资金的具体构成比例，由国务院财政部门按照国务院的决定确定。

随着彩票发行规模的扩大和彩票品种的增加，可以降低彩票发行费比例。

第二十九条 彩票发行机构、彩票销售机构应当按照国务院财政部门的规定开设彩票资金账户，用于核算彩票资金。

第三十条 国务院财政部门和省、自治区、直辖市人民政府财政部门应当建立彩票发行、销售和资金管理信息系统，及时掌握彩票销售和资金流动情况。

第三十一条 彩票奖金用于支付彩票中奖者。彩票单注奖金的最高限额，由国务院财政部门根据彩票市场发展情况决定。

逾期未兑奖的奖金，纳入彩票公益金。

第三十二条 彩票发行费专项用于彩票发行机构、彩票销售机构的业务费用支出以及彩票代销者的销售费用支出。

彩票发行机构、彩票销售机构的业务费实行收支两条线管理，其支出应当符合彩票发行机构、彩票销售机构财务管理制度。

第三十三条 彩票公益金专项用于社会福利、体育等社会公益事业，不用于平衡财政一般预算。

彩票公益金按照政府性基金管理办法纳入预算，实行收支两条线管理。

第三十四条 彩票发行机构、彩票销售机构应当按照国务院财政部门的规定，及时上缴彩票公益金和彩票发行费中的业务费，不得截留或者挪作他用。财政部门应当及时核拨彩票发行机构、彩票销售机构的业务费。

第三十五条 彩票公益金的分配政策，由国务院财政部门会同国务院民政、体育行政等有关部门提出方案，报国务院批准后执行。

第三十六条 彩票发行费、彩票公益金的管理、使用单位，应当依法接受财政部门、审计机关和社会公众的监督。

彩票公益金的管理、使用单位，应当每年向社会公告公益金的使用情况。

第三十七条 国务院财政部门和省、自治区、直辖市人民政府财政部门应当每年向本级人民政府报告上年度彩票公益金的筹集、分配和使用情况，并向社会公告。

第五章 法律责任

第三十八条 违反本条例规定，擅自发行、销售彩票，或者在中华人民共和国境内发行、销售境外彩票构成犯罪的，依法追究刑事责任；尚不构成犯罪的，由公安机关依法给予治安管理处罚；有违法所得的，没收违法所得。

第三十九条 彩票发行机构、彩票销售机构有下列行为之一的，由财政部门责令停业整顿；有违法所得的，没收违法所得，并处违法所得3倍的罚款；对直接负责的主管人员和其他直接责任人员，依法给予处分；构成犯罪的，依法追究刑事责任：

（一）未经批准开设、停止彩票品种或者未经批准变更彩票品种审批事项的；

（二）未按批准的彩票品种的规则、发行方式、发行范围、开奖兑奖操作规程发行、销售彩票或者开奖兑奖的；

（三）将彩票销售系统的数据管理、开奖兑奖管理或者彩票资金的归集管理委托他人管理的；

（四）违反规定查阅、变更、删除彩票销售数据的；

（五）以赊销或者信用方式销售彩票的；

（六）未经批准销毁彩票的；

（七）截留、挪用彩票资金的。

第四十条 彩票发行机构、彩票销售机构有下列行为之一的，由财政部门责令改正；有违法所得的，没收违法所得；对直接负责的主管人员和其他直接责任人员，依法给予处分：

（一）采购不符合标准的彩票设备或者技术服务的；

（二）进行虚假性、误导性宣传的；

（三）以诋毁同业者等手段进行不正当竞争的；

（四）向未成年人销售彩票的；

（五）泄露彩票中奖者个人信息的；

（六）未将逾期未兑奖的奖金纳入彩票公益金的；

（七）未按规定上缴彩票公益金、彩票发行费中的业务费的。

第四十一条 彩票代销者有下列行为之一的，由民政部门、体育行政部门责令改正，处 2000 元以上 1 万元以下罚款；有违法所得的，没收违法所得：

（一）委托他人代销彩票或者转借、出租、出售彩票投注专用设备的；

（二）进行虚假性、误导性宣传的；

（三）以诋毁同业者等手段进行不正当竞争的；

（四）向未成年人销售彩票的；

（五）以赊销或者信用方式销售彩票的。

彩票代销者有前款行为受到处罚的，彩票发行机构、彩票销售机构有权解除彩票代销合同。

第四十二条 伪造、变造彩票或使用伪造、变造的彩票兑奖的，依法给予治安管理处罚；构成犯罪的，依法追究刑事责任。

第四十三条 彩票公益金管理、使用单位违反彩票公益金管理、使用规定的，由财政部门责令限期改正；有违法所得的，没收违法所得；在规定期限内不改正的，没收已使用彩票公益金形成的资产，取消其彩票公益金使用资格。

第四十四条 依照本条例的规定履行彩票管理职责的财政部门、民政部门、体育行政部门的工作人员，在彩票监督管理活动中滥用职权、玩忽职守、徇私舞弊，构成犯罪的，依法追究刑事责任；尚不构成犯罪的，依法给予处分。

第六章 附 则

第四十五条 本条例自 2009 年 7 月 1 日起施行。

《彩票管理条例实施细则》

(2012 年 1 月 18 日财政部、民政部、国家体育总局令第 67 号公布，根据 2018 年 8 月 16 日《财政部、民政部、国家体育总局关于修改〈彩票管理条例实施细则〉的决定》修订)

第一章 总 则

第一条 根据《彩票管理条例》(以下简称条例)，制定本细则。

第二条 条例第二条所称特定规则，是指经财政部批准的彩票游戏规则。

条例第二条所称凭证，是指证明彩票销售与购买关系成立的专门凭据，应当记载彩票游戏名称，购买数量和金额，数字、符号或者图案，开奖和兑奖等相关信息。

第三条 财政部负责全国的彩票监督管理工作，主要职责是：

(一)制定彩票监督管理制度和政策；

(二)监督管理全国彩票市场以及彩票的发行和销售活动，监督彩票资金的解缴和使用；

(三)会同民政部、国家体育总局等有关部门提出彩票公益金分配政策建议；

(四)审批彩票品种的开设、停止和有关审批事项的变更；

(五)会同民政部、国家体育总局制定彩票设备和技术服务标准；

(六)审批彩票发行机构财务收支计划，监督彩票发行机构财务管理活动；

(七)审批彩票发行机构的彩票销毁方案。

第四条 民政部、国家体育总局按照各自的职责分别负责全国的福利彩票、体育彩票管理工作，主要职责是：

(一)制定全国福利彩票、体育彩票事业的发展规划和管理制度；

(二)设立福利彩票、体育彩票发行机构；

(三)制定民政部门、体育行政部门彩票公益金使用管理办法，指导地方民政部门、体育行政部门彩票公益金的使用和管理；

（四）审核福利彩票、体育彩票品种的开设、停止和有关审批事项的变更；

（五）监督福利彩票、体育彩票发行机构的彩票销毁工作；

（六）制定福利彩票、体育彩票的代销合同示范文本。

第五条 省级财政部门负责本行政区域的彩票监督管理工作，主要职责是：

（一）制定本行政区域的彩票监督管理具体实施办法；

（二）监督管理本行政区域彩票市场以及彩票的销售活动，监督本行政区域彩票资金的解缴和使用；

（三）会同省级民政部门、体育行政部门制定本行政区域的彩票公益金管理办法；

（四）审批彩票销售机构财务收支计划，监督彩票销售机构财务管理活动。

第六条 省级民政部门、体育行政部门按照各自的职责分别负责本行政区域的福利彩票、体育彩票管理工作，主要职责是：

（一）设立本行政区域的福利彩票、体育彩票销售机构；

（二）批准建立本行政区域福利彩票、体育彩票的销售网络；

（三）制定本行政区域民政部门、体育行政部门彩票公益金使用管理办法，指导省以下民政部门、体育行政部门彩票公益金的使用和管理；

（四）监督本行政区域彩票代销者的代销行为。

第七条 条例第五条所称非法彩票，是指违反条例规定以任何方式发行、销售以下形式的彩票：

（一）未经国务院特许，擅自发行、销售福利彩票、体育彩票之外的其他彩票；

（二）在中华人民共和国境内，擅自发行、销售的境外彩票；

（三）未经财政部批准，擅自发行、销售的福利彩票、体育彩票品种和彩票游戏；

（四）未经彩票发行机构、彩票销售机构委托，擅自销售的福利彩票、体育彩票；

（五）擅自利用互联网销售的福利彩票、体育彩票。

县级以上财政部门、民政部门、体育行政部门，以及彩票发行机构、彩票销售机构，应当积极配合公安机关和市场监督管理部门依法查处非法彩票，维护彩票市场秩序。

第二章　彩票发行和销售管理

第八条　福利彩票发行机构、体育彩票发行机构，按照统一发行、统一管理、统一标准的原则，分别负责全国的福利彩票、体育彩票发行和组织销售工作，主要职责是：

（一）制定全国福利彩票、体育彩票发行销售的发展规划、管理制度、工作规范和技术标准等；

（二）建立全国福利彩票、体育彩票的发行销售系统、市场调控机制、激励约束机制和监督管理机制；

（三）组织彩票品种的研发，申请开设、停止彩票品种或者变更彩票品种审批事项，经批准后组织实施；

（四）负责组织管理全国福利彩票、体育彩票的销售系统数据、资金归集结算、设备和技术服务、销售渠道和场所规划、印制和物流、开奖兑奖、彩票销毁；

（五）负责组织管理全国福利彩票、体育彩票的形象建设、彩票代销、营销宣传、业务培训、人才队伍建设等工作。

第九条　福利彩票销售机构、体育彩票销售机构，在福利彩票发行机构、体育彩票发行机构的统一组织下，分别负责本行政区域的福利彩票、体育彩票销售工作，主要职责是：

（一）制定本行政区域福利彩票、体育彩票销售管理办法和工作规范；

（二）向彩票发行机构提出停止彩票品种或者变更彩票品种审批事项的建议；

（三）制定本行政区域彩票销售实施方案，并组织实施；

（四）负责本行政区域福利彩票、体育彩票销售系统的建设、运营和维护；

（五）负责实施本行政区域福利彩票、体育彩票的销售系统数据管理、资金归集结算、销售渠道和场所规划、物流管理、开奖兑奖；

（六）负责组织实施本行政区域福利彩票、体育彩票的形象建设、彩票代销、营销宣传、业务培训、人才队伍建设等工作。

第十条　各省、自治区、直辖市福利彩票、体育彩票的销售网络，由福利彩票销售机构、体育彩票销售机构提出方案，分别报省级民政部门、体育行政部门批准后建立。

第十一条 条例第七条所称彩票品种，是指按照彩票游戏机理和特征划分的彩票类型，包括乐透型、数字型、竞猜型、传统型、即开型、视频型、基诺型等。

条例第七条所称开设，是指在已发行销售的彩票品种之外，增加新的品种。

条例第七条所称变更，是指在已发行销售的彩票品种之内，对彩票游戏规则、发行方式、发行范围等事项进行调整。

第十二条 彩票发行机构拟开设彩票品种或者拟变更彩票品种涉及对技术方案进行重大调整的，可以根据需要委托专业检测机构进行技术检测。

第十三条 对彩票发行机构申请开设彩票品种的审查，按照以下程序办理：

(一)彩票发行机构将拟开设彩票品种的申请材料报民政部或者国家体育总局进行审核；

(二)民政部或者国家体育总局审核同意后，彩票发行机构向财政部提交申请材料；

(三)财政部自收到申请材料之日起 10 个工作日之内，对申请材料进行初步审核，并出具受理或者不予受理意见书；

(四)受理申请后，财政部通过专家评审、听证会等方式听取社会意见；

(五)财政部自受理申请之日起 90 个工作日内，根据条例、有关彩票管理的制度规定以及社会意见作出书面决定。

第十四条 彩票发行机构申请变更彩票品种审批事项的，应当向财政部提交下列申请材料：

(一)申请书；

(二)拟变更彩票品种审批事项的具体内容，包括对彩票游戏规则、发行方式、发行范围等的具体调整方案；

(三)对变更彩票品种审批事项的市场分析报告；

(四)财政部要求报送的其他材料。

第十五条 对彩票发行机构申请变更彩票品种审批事项的审查，按照以下程序办理：

（一）彩票发行机构将拟变更彩票品种审批事项的申请材料报民政部或者国家体育总局进行审核；

（二）民政部或者国家体育总局审核同意后，彩票发行机构向财政部提交申请材料；

（三）财政部自收到申请材料之日起 10 个工作日之内，对申请材料进行初步审核，并出具受理或者不予受理意见书；

（四）财政部自受理申请之日起 45 个工作日内，根据条例、有关彩票管理的制度规定作出书面决定。

第十六条 彩票发行机构申请停止彩票品种或者彩票游戏，应当向财政部报送拟停止彩票品种或者彩票游戏上市以来的销售情况、奖池和调节基金余额、停止发行销售的理由等相关材料。

第十七条 对彩票发行机构申请停止彩票品种或者彩票游戏的审查，按照以下程序办理：

（一）彩票发行机构将拟停止彩票品种或者彩票游戏的申请材料报民政部或者国家体育总局进行审核；

（二）民政部或者国家体育总局审核同意后，彩票发行机构向财政部提交申请材料；

（三）财政部自收到申请材料之日起 5 个工作日之内，对申请材料进行初步审核，并出具受理或者不予受理意见书；

（四）财政部自受理申请之日起 10 个工作日内，根据条例、有关彩票管理的制度规定作出书面决定。

第十八条 彩票销售机构认为本行政区域内需要停止彩票品种或者彩票游戏、变更彩票品种审批事项的，经省级财政部门提出意见后可以向彩票发行机构提出书面申请建议。

第十九条 条例第十三条所称彩票设备和技术服务，根据彩票发行销售业务的专业性、市场性特点和彩票市场发展需要，分为专用的彩票设备和技术服务与通用的彩票设备和技术服务。

专用的彩票设备和技术服务包括：彩票投注专用设备，彩票开奖设备和服务，彩票发行销售信息技术系统的开发、集成、测试、运营及维护，彩票印制、仓储和运输，彩票营销策划和广告宣传，以及彩票技术和管理咨询等。

通用的彩票设备和技术服务包括：计算机、网络设备、打印机、复印机等通用硬件产品，数据库系统、软件工具等商业软件产品，以及工程建设等。

第二十条 彩票发行机构、彩票销售机构采购彩票设备和技术服务，依照政府采购法及相关规定，以公开招标作为主要采购方式。经同级财政部门批准，彩票发行机构、彩票销售机构采购专用的彩票设备和技术服务，可以采用邀请招标、竞争性谈判、单一来源采购、询价或者国务院政府采购监督管理部门认定的其他采购方式。

第二十一条 彩票代销者应当具备以下条件：

(一)年满18周岁且具有完全民事行为能力的个人，或者具有独立法人资格的单位；

(二)有与从事彩票代销业务相适应的资金；

(三)有满足彩票销售需要的场所；

(四)近五年内无刑事处罚记录和不良商业信用记录；

(五)彩票发行机构、彩票销售机构规定的其他条件。

第二十二条 彩票发行机构、彩票销售机构向社会征召彩票代销者和设置彩票销售场所，应当遵循以下原则：

(一)统筹规划，合理布局；

(二)公开公正，规范透明；

(三)从优选择，兼顾公益。

第二十三条 彩票发行机构、彩票销售机构应当根据民政部、国家体育总局制定的彩票代销合同示范文本，与彩票代销者签订彩票代销合同。彩票代销合同应当包括以下内容：

(一)委托方与受托方的姓名或者名称、住所及法定代表人姓名；

(二)合同订立时间、地点、生效时间和有效期限；

(三)委托方与受托方的权利和义务；

(四)彩票销售场所的设立、迁移、暂停销售、撤销；

(五)彩票投注专用设备的提供与管理；

(六)彩票资金的结算，以及销售费用、押金或者保证金的管理；

（七）不得向未成年人销售彩票和兑奖的约定；

（八）监督和违约责任；

（九）其他内容。

委托方与受托方应当遵守法律法规、规章制度和有关彩票管理政策，严格履行彩票代销合同。

第二十四条 签订彩票代销合同后，彩票发行机构、彩票销售机构应当向彩票代销者发放彩票代销证。福利彩票代销证、体育彩票代销证的格式分别由福利彩票发行机构、体育彩票发行机构制定。

彩票代销证应当置于彩票销售场所的显著位置。

彩票代销证是彩票代销者代理销售彩票的合法资格证明，不得转借、出租、出售。

第二十五条 彩票代销证应当记载以下事项：

（一）彩票代销证编号；

（二）彩票代销者的姓名或者名称、住所及法定代表人姓名；

（三）彩票销售场所地址；

（四）彩票代销证的有效期限；

（五）彩票发行机构规定的其他事项。

第二十六条 彩票发行机构、彩票销售机构应当对从事彩票代销业务的人员进行专业培训。

第二十七条 纸质即开型彩票的废票、尾票，应当定期销毁。

销毁彩票应当采用粉碎、打浆等方式。

第二十八条 彩票发行机构申请销毁纸质即开型彩票的废票、尾票的，应当向财政部提出书面申请并提交拟销毁彩票的名称、面值、数量、金额，以及销毁时间、地点、方式等材料。

财政部应当自受理申请之日起 10 个工作日内，对申请进行审查并作出书面决定。

彩票发行机构应当自财政部作出书面决定之日起 30 个工作日内分别在民政部、国家体育总局的监督下销毁彩票，并于销毁后 20 个工作日内向财政部报送销毁情况报告。

第二十九条 彩票发行机构、彩票销售机构、彩票代销者在难以判断彩票购买者或者兑奖者是否为未成年人的情况下，可以要求彩票购买者或者兑奖者出示能够证明其年龄的有效身份证件。

第三十条 彩票市场实行休市制度。休市期间，停止彩票的销售、开奖和兑奖。休市的彩票品种和具体时间由财政部向社会公告。

第三十一条 彩票发行机构、彩票销售机构应当于每年5月31日前，向社会公告上年度各彩票品种的销售量、中奖金额、奖池资金余额、调节基金余额等情况。

第三章 彩票开奖和兑奖管理

第三十二条 彩票发行机构、彩票销售机构应当向社会公告彩票游戏的开奖方式、开奖时间、开奖地点。

第三十三条 条例第二十二条所称开奖活动结束，是指彩票游戏的开奖号码全部摇出或者开奖结果全部产生。

通过专用摇奖设备确定开奖号码的，应当在当期彩票销售截止时封存彩票销售原始数据；通过专用电子摇奖设备或者根据体育比赛项目确定开奖号码的，应当定期封存彩票销售原始数据。

彩票销售原始数据保存期限，自封存之日起不得少于60个月。

第三十四条 民政部、国家体育总局和省级民政部门、体育行政部门应当制定福利彩票、体育彩票的开奖监督管理办法，加强对彩票开奖活动的监督。

第三十五条 彩票发行机构、彩票销售机构应当统一购置、直接管理开奖设备。

彩票发行机构、彩票销售机构不得将开奖设备转借、出租、出售。

第三十六条 彩票发行机构、彩票销售机构使用专用摇奖设备或者专用电子摇奖设备开奖的，开始摇奖前，应当对摇奖设备进行检测。摇奖设备进入正式摇奖程序后，不得中途暂停或者停止运行。

因设备、设施故障等造成摇奖中断的，已摇出的号码有效。未摇出的剩余号码，应当尽快排除故障后继续摇出；设备、设施故障等无法排除的，应当启用备用摇奖设备、设施继续摇奖。

摇奖活动结束后，彩票发行机构、彩票销售机构负责摇奖的工作人员应当对摇奖结果进行签字确认。签字确认文件保存期限不得少于60个月。

第三十七条 根据体育比赛结果进行开奖的彩票游戏，体育比赛裁定的比赛结果经彩票发行机构或者彩票销售机构依据彩票游戏规则确认后，作为开奖结果。

体育比赛因各种原因提前、推迟、中断、取消或者被认定为无效场次的，其开奖和兑奖按照经批准的彩票游戏规则执行。

第三十八条 未按照彩票游戏规则和开奖操作规程进行的开奖活动及开奖结果无效。

因自然灾害等不可抗力事件导致不能按期开奖的，应当及时向社会公告后延期开奖；导致开奖中断的，已开出的号码有效，应当及时向社会公告后延期开出剩余号码。

第三十九条 彩票发行机构、彩票销售机构应当及时、准确、完整地向社会公告当期彩票销售和开奖情况，公告内容包括：

（一）彩票游戏名称，开奖日期或者期号；

（二）当期彩票销售金额；

（三）当期彩票开奖结果；

（四）奖池资金余额；

（五）兑奖期限。

第四十条 彩票售出后出现下列情况的，不予兑奖：

（一）彩票因受损、玷污等原因导致无法正确识别的；

（二）纸质即开型彩票出现兑奖区覆盖层撕刮不开、无兑奖符号、保安区裸露等问题的。

不予兑奖的彩票如果是因印制、运输、仓储、销售原因造成的，彩票发行机构、彩票销售机构应当予以收回，并按彩票购买者意愿退还其购买该彩票所支付的款项或者更换同等金额彩票。

第四十一条 彩票中奖者应当自开奖之日起60个自然日内兑奖。最后一天为《全国年节及纪念日放假办法》规定的全体公民放假的节日或者彩票市场休市的，顺延至全体公民放假的节日后或者彩票市场休市结束后的第一个工作日。

第四十二条　彩票中奖奖金不得以人民币以外的其他货币兑付，不得以实物形式兑付，不得分期多次兑付。

第四十三条　彩票发行机构、彩票销售机构、彩票代销者及其工作人员不得违背彩票中奖者本人意愿，以任何理由和方式要求彩票中奖者捐赠中奖奖金。

第四章　彩票资金管理

第四十四条　条例第二十八条所称彩票资金，是指彩票销售实现后取得的资金，包括彩票奖金、彩票发行费、彩票公益金。

条例第二十八条所称彩票资金构成比例，是指彩票奖金、彩票发行费、彩票公益金占彩票资金的比重。

条例第二十八条所称彩票资金的具体构成比例，是指在彩票游戏规则中规定的，按照彩票销售额计提彩票奖金、彩票发行费、彩票公益金的具体比例。

第四十五条　彩票发行机构、彩票销售机构应当开设彩票资金专用账户，包括彩票资金归集结算账户、彩票投注设备押金或者保证金账户。

第四十六条　彩票奖金应当按照彩票游戏规则的规定支付给彩票中奖者。

彩票游戏单注奖金的最高限额，由财政部根据彩票市场发展情况在彩票游戏规则中规定。

第四十七条　彩票发行机构、彩票销售机构应当按照彩票游戏规则的规定设置奖池和调节基金。奖池和调节基金应当按照彩票游戏规则的规定分别核算和使用。

彩票发行机构、彩票销售机构应当设置一般调节基金。彩票游戏经批准停止销售后的奖池和调节基金结余，转入一般调节基金。

第四十八条　经同级财政部门审核批准后，彩票发行机构、彩票销售机构开展彩票游戏派奖活动所需资金，可以从该彩票游戏的调节基金或者一般调节基金中支出。

不得使用奖池资金、业务费开展派奖活动。

第四十九条　条例第三十二条所称业务费，是指彩票发行机构、彩票销售机构按照彩票销售额一定比例提取的，专项用于彩票发行销售活动的经费。

第五十条　彩票发行机构、彩票销售机构的业务费提取比例，由彩票发行机构、彩票销售机构根据彩票市场发展需要提出方案，报同级民政部门或者体育行政部门商同级财政部门核定后执行。

第五十一条　彩票发行机构、彩票销售机构的业务费由彩票发行机构、彩票销售机构按月缴入中央财政专户和省级财政专户，实行收支两条线管理。

彩票代销者的销售费用，由彩票发行机构、彩票销售机构与彩票代销者按照彩票代销合同的约定进行结算。

第五十二条　彩票发行机构、彩票销售机构应当根据彩票市场发展情况和发行销售业务需要，编制年度财务收支计划，报同级财政部门审核批准后执行。

财政部和省级财政部门应当按照国家有关规定审核批准彩票发行机构、彩票销售机构的年度财务收支计划，并根据其业务开支需要和业务费缴纳情况及时拨付资金。

未拨付的彩票发行机构、彩票销售机构的业务费，用于弥补彩票发行机构、彩票销售机构的收支差额，不得用于平衡财政一般预算或者其他支出。

第五十三条　彩票销售机构的业务费实行省级集中统一管理，由福利彩票销售机构、体育彩票销售机构按照省级财政部门审核批准的年度财务收支计划，分别统筹安排用于本行政区域内福利彩票、体育彩票的销售工作。

第五十四条　彩票发行机构、彩票销售机构应当在业务费中提取彩票发行销售风险基金、彩票兑奖周转金。

彩票发行销售风险基金专项用于因彩票市场变化或者不可抗力事件等造成的彩票发行销售损失支出。彩票兑奖周转金专项用于向彩票中奖者兑付奖金的周转支出。

第五十五条　彩票公益金按照政府性基金管理办法纳入预算，实行收支两条线管理，专项用于社会福利、体育等社会公益事业，结余结转下年继续使用，不得用于平衡财政一般预算。

第五十六条　彩票公益金按照国务院批准的分配政策在中央与地方之间分配，由彩票销售机构分别上缴中央财政和省级财政。

上缴中央财政的彩票公益金，由财政部驻各省、自治区、直辖市财政监察专员办事处就地征收；上缴省级财政的彩票公益金，由省级财政部门负责征收。

第五十七条　逾期未兑奖的奖金纳入彩票公益金，由彩票销售机构结算归集后上缴省级财政，全部留归地方使用。

第五十八条 中央和省级彩票公益金的管理、使用单位，应当会同同级财政部门制定彩票公益金资助项目实施管理办法。

彩票公益金的管理、使用单位，应当及时向社会进行公告或者发布消息，依法接受财政部门、审计部门和社会公众的监督。

彩票公益金资助的基本建设设施、设备或者社会公益活动，应当以显著方式标明彩票公益金资助标识。

第五十九条 财政部应当每年向社会公告上年度全国彩票公益金的筹集、分配和使用情况。省级财政部门应当每年向社会公告上年度本行政区域彩票公益金的筹集、分配和使用情况。

中央和地方各级彩票公益金的管理、使用单位，应当每年向社会公告上年度彩票公益金的使用规模、资助项目和执行情况等。

第五章 法 律 责 任

第六十条 彩票发行机构、彩票销售机构有下列行为之一的，由财政部门责令改正；对直接负责的主管人员和其他直接责任人员，建议所在单位或者主管部门给予相应的处分：

（一）违反彩票销售原始数据、彩票开奖设备管理规定的；

（二）违反彩票发行销售风险基金、彩票兑奖周转金或者彩票游戏的奖池资金、调节基金以及一般调节基金管理规定的；

（三）未按批准的销毁方式、期限销毁彩票的；

（四）未按规定向社会公告相关信息的；

（五）使用奖池资金、业务费开展派奖活动的；

（六）未以人民币现金或者现金支票形式一次性兑奖的。

第六十一条 彩票代销者有下列行为之一的，由民政部门、体育行政部门责令改正；情节严重的，责成彩票发行机构、彩票销售机构解除彩票代销合同：

（一）转借、出租、出售彩票代销证的；

（二）未以人民币现金或者现金支票形式一次性兑奖的。

第六十二条 各级财政部门、民政部门、体育行政部门及其工作人员，在彩票监督管理活动中存在违反本细则规定的行为，以及滥用职权、玩忽职守、徇私舞弊等违法违纪行为的，依照《中华人民共和国行政许可法》《中华人民共和国公务员法》《中华人民共和国监察法》《财政违法行为处罚处分条例》《彩票管理条例》等国家有关规定追究相应责任；涉嫌犯罪的，依法移送司法机关处理。

第六章　附　　则

第六十三条　本细则自 2012 年 3 月 1 日起施行。

《互联网销售彩票管理暂行办法》

为促进彩票市场健康发展，规范互联网销售彩票行为，维护彩票市场秩序，根据《彩票管理条例》(国务院令第 554 号，以下简称《条例》)有关规定，2010 年 9 月 26 日财政部制定了《互联网销售彩票管理暂行办法》(以下简称《暂行办法》)

第一章　总　　则

第一条　为促进彩票市场健康发展，规范互联网销售彩票行为，维护彩票市场秩序，保护彩票参与者的合法权益，根据《彩票管理条例》(以下简称条例)，制定本办法。

第二条　在中华人民共和国境内开展互联网销售彩票业务适用本办法。

第三条　互联网销售彩票是指使用浏览器或客户端等软件，通过互联网等计算机信息网络系统销售彩票。

第四条　未经财政部批准，任何单位不得开展互联网销售彩票业务。

第二章　审批管理

第五条　财政部负责互联网销售彩票业务的监督管理工作。

福利彩票发行机构、体育彩票发行机构(以下简称彩票发行机构)分别负责互联网销售福利彩票、体育彩票的统一规划和实施管理工作。

福利彩票销售机构、体育彩票销售机构(以下简称彩票销售机构)根据彩票发行机构的授权，分别负责互联网销售福利彩票、体育彩票的有关工作。

第六条　彩票发行机构可以与单位合作或者授权彩票销售机构开展互联网销售彩票业务，也可以委托单位开展互联网代理销售彩票业务。

彩票发行机构、经授权的彩票销售机构与单位合作开展互联网销售彩票业务的，应当与合作单位签订互联网销售彩票的合作协议；彩票发行机构委托单位开展互联网代理销售彩票业务的，应当与接受委托的单位(以下简称"互联网代销者")签订互联网销售彩票的代销合同。

第七条 合作单位、互联网代销者应当具备以下条件：

(一)具有独立法人资格；

(二)注册资本不低于5000万元人民币；

(三)有符合要求的场所和安全保障措施；

(四)有健全的组织机构、内部控制制度和风险管理措施；

(五)单位及其高级管理人员近五年内无犯罪记录和不良商业信用记录；

(六)取得相关互联网信息服务经营许可证。

第八条 彩票发行机构申请开展、调整或者停止互联网销售彩票业务的，应当根据条例规定，经民政部或者国家体育总局审核同意，向财政部提出书面申请。

财政部应当根据条例规定，对彩票发行机构的申请进行审查并作出书面决定。

第九条 申请开展互联网销售彩票业务的，彩票发行机构应当向财政部提交下列申请材料：

(一)申请书；

(二)市场分析报告及技术可行性分析报告；

(三)合作单位或者互联网代销者的资质证明材料；

(四)合同类材料，包括与银行、设备和技术服务供应商、合作单位或者互联网代销者等单位的合同或者协议意向书；

(五)管理类材料，包括合作单位或者互联网代销者管理、资金管理、销售管理、风险控制方案、设备和技术服务管理、监督和审计管理、应急处理等；

(六)第三方专业检测机构出具的技术检测报告。

第十条 申请调整互联网销售彩票品种的，彩票发行机构应当向财政部提交调整申请书及有关材料。

第十一条 申请停止互联网销售彩票业务的，彩票发行机构应当向财政部提交下列申请材料：

(一)申请书；

(二)彩票参与者合法权益保障方案；

(三)停止后的相关处理方案。

第十二条 经财政部批准开展、调整或者停止互联网销售彩票业务的，彩票发行机构应当在开展、调整或者停止互联网销售彩票业务的 10 个自然日前，将互联网销售彩票的品种、合作单位或互联网代销者及网站等有关信息向社会公告。

第三章 销售管理

第十三条 彩票发行机构、经授权的彩票销售机构、合作单位或者互联网代销者应当按财政部批准的彩票品种进行销售。未经财政部批准，任何彩票品种不得利用互联网销售。

第十四条 合作单位或者互联网代销者，应当按照财政部批准的事项和合作协议或者代销合同开展互联网销售彩票业务，不得委托他人代销。

第十五条 彩票购买者利用互联网购买彩票，应当通过彩票发行机构的互联网销售彩票管理系统注册开设投注账户。投注账户仅限彩票购买者本人使用，账户信息包括彩票购买者姓名、有效身份证件号码、联系电话、交易记录、资金收付记录等。

第十六条 彩票购买者应当提供本人使用的银行借记卡账户，并与投注账户绑定。

银行借记卡账户与投注账户的个人有关信息应当一致。

第十七条 彩票发行机构应当及时划转、结算彩票购买者的投注资金，确保互联网销售彩票过程中的资金安全。

第十八条 彩票购买者的投注信息由互联网销售彩票管理系统的前端服务平台受理，由后台管理系统对彩票购买者的投注信息和投注账户资金结余情况核实确认后，向彩票购买者发送彩票购买成功或未成功信息。

信息内容应当包括投注账号、投注彩票游戏名称和金额、投注时间、合作单位或者互联网代销者名称以及相关的验证码等，或购买未成功的原因。

第十九条 彩票发行机构、经授权的彩票销售机构、合作单位或者互联网代销者应当妥善保管彩票购买者投注账户信息，并对彩票购买者个人信息进行保密。

第二十条 合作单位或者互联网代销者应当按彩票发行机构的规定缴纳销售

保证金，用于防范互联网销售彩票活动中可能产生的各种风险。

第二十一条 彩票发行机构、经授权的彩票销售机构应当保存彩票销售原始数据，保存期限不得少于 60 个月。

第二十二条 彩票发行机构、经授权的彩票销售机构应当定期对彩票购买者的投注账户信息进行统计，及时掌握彩票购买者基本信息及变化情况。

第二十三条 禁止为未成年人开设投注账号。不得向未成年人兑奖。

第四章 资金管理

第二十四条 互联网销售彩票资金按照财政部批准的彩票游戏规则规定的比例，分别计提彩票奖金、彩票发行费和彩票公益金。

第二十五条 彩票发行机构应当按规定归集互联网销售彩票的资金，分配结算彩票奖金、彩票发行费和彩票公益金。

彩票发行机构应当根据彩票购买者的银行借记卡账户所属行政区域，对互联网销售彩票销量进行省际划分，并分别计入各省、自治区、直辖市的彩票销量。

第二十六条 彩票中奖奖金由彩票发行机构、彩票销售机构按规定支付给中奖者。

第二十七条 彩票发行费按规定比例和代销合同，分别计提彩票发行机构业务费、彩票销售机构业务费、互联网代销者销售费用。

彩票发行机构业务费、彩票销售机构业务费按规定分别缴入中央财政专户和省级财政专户，互联网代销者的销售费用按照代销合同进行结算。

第二十八条 彩票公益金按规定分别缴入中央国库和省级国库。

第五章 安全管理

第二十九条 彩票发行机构应当制定互联网销售彩票的设备和技术服务标准，建立资金风险管理体系和制度，保障互联网销售彩票的资金安全。

第三十条 彩票发行机构应当建立互联网销售彩票管理系统。管理系统应当包括销售监控系统、后台管理系统和前端服务平台，具有投注账户的开设和管理、投注受理和确认、资金划转结算、奖金支付管理、统计报表、投注服务指南、信息查询、销售实时监控等功能。

第三十一条 互联网销售彩票管理系统应当具备完善的数据备份、数据恢复、防病毒、防入侵等安全措施，确保系统安全可靠运行。

第三十二条 互联网销售彩票的数据应当以彩票发行机构互联网销售彩票管理系统的记录为准。

第三十三条 互联网销售彩票管理系统应当预留信息采集接口。

第六章 附 则

第三十四条 彩票发行机构应根据条例和本办法规定，制定互联网销售彩票管理规范，对合作单位或者互联网代销者管理、投注账户管理、资金管理、销售管理、兑奖管理、风险控制方案、设备和技术服务管理、监督和审计管理、应急处理等做出明确规定。

第三十五条 违反本办法规定的，根据条例规定进行处理。

第三十六条 本办法由财政部负责解释。

第三十七条 本办法自发布之日起施行。

《体育彩票公益金管理暂行办法》

(《体育彩票公益金管理暂行办法》是 1998 年 9 月 1 日，国家体育总局、财政部、中国人民银行发布的条例，自发布之日起实施)

第一章 总 则

第一条 为了加强体育彩票公益金的管理，根据《国务院关于进一步加强彩票市场管理的通知》(国发[1993]34 号)，制定本办法。

第二条 体育彩票公益金(以下简称"公益金")，是指经国务院批准，从体育彩票销售额中按规定比例提取的专项用于发展体育事业的资金。公益金按预算外资金管理办法纳入财政专户，实行收支两条线管理。

第三条 本办法适用于体育彩票公益金管理机构和公益金使用单位。

第二章 公益金管理机构

第四条 国家体育总局是公益金管理的行政职能部门，负责对全国公益金的管理和监督检查。

第五条 地方各级体育行政部门是本地区公益金管理的行政职能部门，负责对本地区公益金管理和监督检查。

第六条 体育彩票管理中心在体育行政部门领导下，负责日常公益金的收、缴事宜。

第三章 公益金的来源及构成

第七条 公益金的主要来源：

(一)从事体育彩票销售总额中按不低于 30% 的比例提取的资金。

(二)下级按规定比例上缴的公益金；

(三)公益金利息收入；

(四)即开型彩票的弃奖收入。

第八条　各级体育行政部门要严格按照国家法律、法规和制度所规定的范围、比例提取公益金，不得违反国家有关规定擅自或随意调整范围和比例。

第九条　公益金必须由各级体育行政部门进行统一管理，按规定及时向同级财政和上级主管部门缴付资金，任何单位和个人不得截留和坐收坐支，不得私设"小金库"。

第四章　公益金专户管理

第十条　公益金实行收支两条线管理办法，即收入全额缴入同级财政专户，支出由同级财政部门从财政专户中拨付。

第十一条　财政专户是财政部门在银行设立的预算外资金专用帐户，用于对预算外资金收支进行统一核算和集中管理。国家体育总局收取并集中的公益金，实行中央财政专户管理。地方体育行政部门收取并集中的公益金，实行地方财政专户管理。

第十二条　各级体育行政部门必须按国家规定在银行开设公益金专户。

公益金专户是体育行政部门在一家国有独资商业银行开设的单一用于公益金收支管理的计息专项账户。

公益金专户分为公益金过渡户和公益金支出户。

第十三条　过渡户是指体育行政部门委托体育彩票管理机构为代收统缴公益金而在银行开设的专用收入存款账户。过渡户的存款只限于缴入同级财政专户或下级管理单位过渡户。

第十四条　支出户是体育行政部门为接收财政部门从财政专户中拨入的公益金而在银行开设的账户。支出户只能发生公益金核拨和支出款项。

第十五条　每个体育彩票销售点的销售现金，必须于当日存入体育彩票管理机构指定的银行账户。

体育彩票销售实现后，应按规定的比例及时计提公益金，于结算后 5 日内存入公益金收入过渡户，并于每月 10 日前缴入同级财政专户。

第十六条　各级体育行政部门用款时要根据同级财政部门核定的公益金收支计划填写用款申请书报同级财政部门审批。同级财政部门根据公益金上缴财政专户情况及时审批并将所申请资金拨入公益金管理部门的支出户。

第五章　公益金的使用

第十七条　各级体育行政部门或专门管理机构，必须按照同级财政部门审核批准的公益金收支计划合理安排支出。

第十八条　公益金主要用于落实《全民健身计划纲要》和《奥运争光计划纲要》以下范围的开支：

（一）资助开展全民健身活动；

（二）弥补大型体育运动会比赛经费不足；

（三）修整和增建体育设施；

（四）体育扶贫工程专项支出。

资助开展全民健身活动是指用于群众性体育活动、进行全民体质监测、培训社会体育指导局等项开支。

弥补大型体育运动会比赛经费不足是指用于国际、国家、地方最高级别的大型综合性运动会及重大国际单项体育比赛。

修整和增建体育设施是指用于弥补维修和新建大众体育设施及专业体育比赛、训练场馆的经费不足。

体育扶贫工程专项支出是指专项用于支持贫困地区体育事业发展的支出。

第十九条　国家体育总局在安排公益金时，用于落实《全民健身计划纲要》的资金为年度公益金收入总额的 60%，用于弥补落实《奥运争光计划纲要》经费不足的资金为 40%。省级以下（含省级）的体育行政部门要按本办法规定的使用范围，根据实际情况参照上述比例执行。

第二十条　各级体育行政部门必须严格按照本办法合理安排使用公益金，建立健全会计核算制度，保证公益金专款专用。

任何部门、单位和个人不得以任何形式占用或挪用公益金。

第二十一条　各级体育行政部门要建立公益金收入使用跟踪问效制度，加强公益金的收支管理，提高公益金的整体效益。

第六章　公益金收支计划及报表

第二十二条　各级体育行政部门根据本级公益金收支规模和支出需要编制公

益金年度收支计划，并在规定时间内报同级财政预算外资金管理部门审批；同时，抄送上级体育行政部门备案。

第二十三条　公益金收支计划经同级财政部门批准后，一般不作调整。在年度执行中，因国家政策调整以及机构发生较大变化等原因需调整收支计划时，须报同级财政部门批准。

第二十四条　体育行政部门要按照财政部门规定，编报公益金年度收支决算。同时，要按照同级财政部门和上级体育行政部门的规定编制月份或季度公益金收支情况表，并上报有关部门。

第二十五条　体育行政部门对所属管理的公益金收支决算审核汇总后，编制本级公益金收支决算，并在规定的期限内报同级财政部门审批。

财政部门对体育行政部门报送的公益金收支决算进行审批，对不符合法律、法规和财务会计制度规定的，应责成体育行政部门及时纠正。

经同级财政部门批复的公益金收支决算，报同级人民银行和上级体育行政部门备案，由上级体育行政部门编制所属管理的公益金收支决算，并在两个月内报同级中国人民银行备案。

第七章　监督与处罚

第二十六条　各级体育行政部门要加强对公益金的管理和监督，不断完善公益金管理和核算制度，建立健全内部审计制度，定期或不定期地对公益金的收取、使用和账户管理情况进行检查。

第二十七条　各级体育行政部门应自觉接受上级主管部门和同级审计、监察、财政、金融监管等部门对公益金的收取、使用等资金活动进行的监督和检查。

第二十八条　省级以上（含省级）体育行政部门要按中国人民银行的规定，在每年7月份将上一年度的公益金的收支、使用情况在指定的新闻媒介上（国家体育总局在人民日报、省级体育行政部门在省级报刊）向社会公告，接受公众监督。

第二十九条　凡有下列行为之一的，按违反财经纪律进行处罚：

（一）体育彩票销售实现后的现金未按规定及时、足额存入体育彩票管理机构指定的银行账户的；

（二）结算后，资金未及时、足额存入体育彩票公益金收入过渡户的；

（三）公益金收入未按规定及时、足额缴入同级财政预算外资金专户的；

（四）不按规定时间和要求编报年度公益金收支计划及月、季、年度会计报表的；

（五）不接受审计、监察、财政、金融监管等部门及上级体育行政部门监督检查的；

（六）不按规定范围使用公益金，挪作他用的；

（七）瞒报或转移公益金收入、坐收坐支，私设"小金库"、公款私存的；

（八）用公益金炒股票、炒房地产、进行期货交易、投资入股以及发放奖金、津贴和补助的；

（九）营私舞弊、贪污私分公益金的；

（十）其他违反规定的行为。

第三十条 对有第二十九条行为之一的部门和单位应予以处罚：

（一）属第（一）、（二）、（三）、（四）、（五）项行为的，对单位和有关责任人进行通报批评，并核减体育彩票销售额度；

（二）属第（六）、（七）、（八）项行为的，对违反规定使用的资金全部收缴上一级体育行政部门并暂停当地当年的体育彩票销售，情节严重的，延长暂停体育彩票销售时间；追究当事人及单位领导的责任，依据情节轻重给予责任人行政处分直至撤销其职务；

（三）属第（九）项行为的，对有关责任人给予行政和经济处分，构成犯罪的，移交司法部门依法追究其刑事责任；

（四）属第（十）项行为的，通报批评，责令限期改正，并按以上相关条款进行处罚。

第三十一条 对违反本规定情节严重、构成犯罪的，移交司法部门依法追究责任人的刑事责任。

第八章 附 则

第三十二条 本办法由国家体育总局负责解释

第三十三条 本办法自发布之日起实施。